项目资助

本书是全国教育科学"十三五"规划2016年度教育部重点课题"后大众化时代地方高校的危机与转型"(DIA160349)的研究成果

后大众化时代地方本科院校的危机与转型

Crisis and Transformation of Local Undergraduate Colleges in the Era of Post-Massification

杨红旻 著

中国社会科学出版社

图书在版编目（CIP）数据

后大众化时代地方本科院校的危机与转型 / 杨红旻著 . —北京：中国社会科学出版社，2020.10
ISBN 978 - 7 - 5203 - 6950 - 3

Ⅰ.①后… Ⅱ.①杨… Ⅲ.①地方高校—教育改革—研究—中国 Ⅳ.①G649.21

中国版本图书馆 CIP 数据核字（2020）第 148327 号

出版人	赵剑英
责任编辑	赵　丽
责任校对	王秀珍
责任印制	王　超

出　　版	中国社会科学出版社
社　　址	北京鼓楼西大街甲 158 号
邮　　编	100720
网　　址	http://www.csspw.cn
发 行 部	010 - 84083685
门 市 部	010 - 84029450
经　　销	新华书店及其他书店
印　　刷	北京明恒达印务有限公司
装　　订	廊坊市广阳区广增装订厂
版　　次	2020 年 10 月第 1 版
印　　次	2020 年 10 月第 1 次印刷
开　　本	710×1000　1/16
印　　张	18
字　　数	260 千字
定　　价	98.00 元

凡购买中国社会科学出版社图书，如有质量问题请与本社营销中心联系调换
电话：010 - 84083683
版权所有　侵权必究

序

在中国，地方高校是个复杂的集合概念。广义而言，除了116所中央部属高校外，其余2500多所高校都属于地方高校。这个群体中包含了组织特性迥异、地位实力相差悬殊的多个亚群体。在后大众化时代，受多种外部因素的影响，同时在内部因素的作用下，地方高校内部的分化日益加剧。有的地方高校要资源有资源，要声望有声望，要实力有实力，甚至堪与中央高校一争高下；有的地方高校虽然难以与中央高校比肩，却能够在高等教育系统中找到自己的立足之地，过上幸福的小日子；有的地方高校虽然能够勉强维持生存，却谈不上发展前景，只能算是生存着；有的地方高校既缺乏环境支持，又缺乏资源，已经陷入生存困境，更糟的是，短期内看不到摆脱困境的希望。新世纪以来，在社会转型和高等教育深度大众化的背景下，与中央高校相比，几乎所有地方高校都面对着不同程度的危机和挑战，所谓家家都有本难念的经。

中国高等教育在进入大众化阶段的同时也面临着诸多重大变迁，其中，由学校挑学生的卖方市场转向学生选学校的买方市场是最重要的变迁。高等教育适龄人口减少和适龄人口中接受本土高等教育的意愿减弱，使处于高等教育系统边缘地带的地方高校面临日益严峻的招生危机。当学校成为被选择的一方时，越处于高等教育系统边缘的学校越有可能处于不利地位。对于绝大多数地方高校而言，学校的在校生规模与发展状态之间有着一定的关联性，其学科专业设置和教学安排均需要一定的规模来支持。一般情况下，当一所高等学校的在校生规模在8000—12000人时，学校才能够勉强维持运转；而当在校生规模低于6000人时，学校便很难生存下去了。虽然中国大多数区域仍然制定了继续扩大入学率的高等教育战略，但是，这一战略能否得到落实存在较大疑问。或许可以估计，很多地方高校在大众化的初期曾得益于大发展政策，能够依靠扩张规模的粗放式发展过上好日子。在规模持续扩张的潜力挖掘殆尽之际，相当多的地方高校恐怕不得不过艰难的日子了。

我们可以将地方高校所面对的危机视为组织合法性危机。这种危机表现为组织对环境的适应性不强，根源不仅在组织自身，同时在体制。近20余年来，中国的高等教育可以说是极速增长。高等学校在校生人数由1998年的108万人增加到2012年的3717万人，并进一步增长到2018年的近3833万余人。问题在于，一方面，地方普通高校承担了大众化的主要任务，另一方面，在政府主导的高等教育资源配置政策下，少数处于系统上层的重点高校，主要是中央高校，基本垄断了包括物力资源、财力资源和生源在内的几乎所有优质高等教育资源，而地方高校在政府分配的各类资源中均处于边缘位置。

政府主导的倾斜性高等教育资源配置和政策安排加剧了地方高校内部的分化。在特定的社会结构条件下，中国形成了高度集中统一的高等教育管理体制和行政主导的资源配置机制。在这一制度安排下，中央高校拥有充裕的经济资本，通过"211工程""985工程"直到如今的"双一流"建设的专项资金和各级政府的资金支持，从而获得了巨大的发展优势。而地方高校经济资本相对匮乏。作为高等教育规模扩张的主要承载者，地方高校的办学规模在短期内迅猛扩张的同时，教育资源的积累并没有跟上，这与纳入重点建设范围的高校形成了强烈的反差。

地方高校在语义上天然蕴含着边缘组织的意思。在此意义下，地方高校常常被视为喜欢越轨的机会主义者。但这一形象或许也是被建构出来的。社会学中的标签论可以对此做出某种合适的解释。当然，客观而言，地方高校的确常常扮演机会主义者的角色。这在一定程度上既是组织生存策略选择的结果，也是特定制度安排的结果，或许还可以视为制度化的意外后果。与地方高校对制度环境高度依赖这一现象并存的是地方高校相对于中央高校所具有的某种山高皇帝远的信息优势。这种信息优势使地方高校在高度依赖制度环境的同时，又在某种意义上处于制度环境的有效控制之外。由于这些原因，教育主管部门很难获得评估和管控该类高校所必需的信息，这就为地方高校的机会主义行为与另类"自主性"提供了条件。此处所讲的地方高校的信息优势就是地方高校与教育行政部门之间的信息不对称。所谓机会主义指组织与个人为了实现自我利益，具有随机应变、投机取巧，为自己谋取更大利益的行为倾向，在追求自身的利益过程中会采用非常隐蔽的手段和狡猾的伎俩，甚至不惜损害他人利益。事实上，在任何等级系统中，由于信息不对称的存在，都会出现机会主义现象。在中国高等教育系统中，由这种信息不对称诱发的机会主义现象尤其严重。地方高校的机会主义主要有三种情况：由于主管部门的监管盲区导致的机会主义、控制成本高引发的机会主义和重点大学资源垄断引起的机会主义。就第一种情况而言，在中国，尽管一个省级教育部门要管上百所高校，但实际上它只能区分重点高校与非重点高校有选择地管理，这样势必有一批所谓非重点高校处于"有婆婆没人管"的状况，从而使这些高校获得了一定的"被忽视"的行动空间。问题在于，对于很多缺乏自主能力的中国地方高校而言，没人管并不意味着更大的积极行动空间，而是意味着更大程度的随意作为，或者说随意折腾的空间。就第二种情况而言，对于高等学校来说，不仅控制参数多，而且控制参数的信息成本很高，有许多控制参数，如教学质量、管理制度、学习风气、校园文化等，很难用简单明了的方式来获得，即使一些如就业率、录取分数这样很容易量化的控制参数，也由于不存在完全竞争市场，而难以真实地确定其意义。这便构成了地方高校机会主义的另一个重要源泉。就第三种情况而言，在中国行政逻辑占主导地位的高等教育系统中，优质资源基本上被上层的重点高校所垄断，而大部分处于高等教育系统底层的高校运行状况自然缺乏来自政府和社会的关注，这就使得地方高校这种制度化组织能够获得某种隐蔽的相对自主性，同时，他们必须采取一些失范乃至违规措施来求得生存。主管部门或者没有充分注意到，或者即使注意到了，也可能持睁只眼闭只眼的态度。

这种机会主义虽然短期内可能取得成功，使组织能够在短期内发展出对环境的适应力，但却可能为组织带来更为深远的危机，甚至可能使其中一部分陷入困境。最开始，组织机会主义主要体现为一种行为惯性，一种思维定势，慢慢的，机会主义逐步演变为一种文化，并渗透到组织的方方面面，带来组织结构的混乱与无序化倾向，进而诱发地方高校组织功能异化，产生无组织力量。无组织力量的日积月累会使地方高校走向组织衰退，逐渐沦为弱势高校。

如今，许多地方高校或主动或被动地走上了转型发展之路。但转型发展之路并不平坦。首先是制度环境和区域经济环境并不一定切实支持地方高校转型发展，尤其是教育行政部门发出的矛盾信号（支持转型发展，却将主要资源配置在学术型高等教育方面）让地方高校无所适从。其次是资源约束难以突破。转型发展需要资源，但普通地方高校恰恰缺乏资源，包括物力资源、财力资源、人力资源和学科专业资源。再次是路径依赖难以打破。地方高校中很大一部分高度依赖于由中专升为大专、大专升为学院的发展路径，希望接下来能够由学院升为大学，进而向本科与研究生教育兼备的方向拓展，最终期待升格为教学研究型大学。第四是难以摆脱集体行动困境。基于理性计算，地方高校中多数人不会选择转型发展的坚决拥护者或者温和支持者的角色，而宁愿选择沉默观望者的角色，甚至拖延乃至反对者的角色。要达成转型发展的集体行动，实际上很不容易。最后是无法绕过诸多转型陷阱。对于地方高校转型发展而言，无论是地方化，还是综合性，或是应用型，都可能成为发展陷阱。

杨红旻副教授在其博士学位论文的基础上出版的专著《后大众化时代地方本科院校的危机与转型》，基于组织合法性理论，运用历史研究、案例研究和数据分析等方法，论证了高等教育后大众化时代的内涵与基本特征，考察了后大众化时代中国地方高校所面临的危机及其具体表现，剖析了危机的实质，探究了危机的根源，分析了地方高校重建组织合法性的背景、过程及其局限性，提出了重建地方高校组织合法性的理想路径。全书视角新颖，立意高远，思路清晰，逻辑严谨，资料翔实，观点鲜明。作者所提出的地方高校所面临的危机属于合法性危机的论断，对于现行的行政化领导管理体制所导致的地方高校学术规范与学术文化发育困难问题的剖析，对于地方高校转型发展的主体依然是政府而地方高校只能在政策的空白地带发挥自主性的现象的讨论，都很有新意，体现了作者的独到见解。

当然，对于中国地方高校组织合法性危机及重建的分析，本书也存在有待进一步研究的空间，比如对于高校组织合理性与合法性的关系的论证，对于有限理性视角下的组织改进、组织变革及组织转型的分析，对于"双一流"建设背景下地方高校宏观治理与发展策略的探索，都有待进一步深化和拓展。

是为序。

贾永堂
2019年9月

目 录

第一章 绪论 …………………………………………………… (1)

第二章 组织合法性：后大众化时代地方本科院校
　　　　危机研究的理论基础 ………………………………… (37)
　一 组织合法性的概念 ………………………………………… (37)
　二 组织合法性的分类 ………………………………………… (39)
　三 组织合法性危机的表现与测量 …………………………… (49)
　四 对危机消解的探讨 ………………………………………… (54)
　五 组织合法性理论在地方本科院校危机研究中的
　　　适切性分析 ………………………………………………… (56)

第三章 后大众化：高等院校组织合法性危机的时代背景 …… (60)
　一 后大众化等于高等教育毛入学率等指标的异常表现？ …… (60)
　二 后大众化时代高校究竟面临什么危机？ ………………… (65)
　三 后大众化是否还属于大众化阶段之内？ ………………… (75)

第四章 后大众化时代中国地方本科院校的危机
　　　　表现与实质 …………………………………………… (80)
　一 大众化进程中地方高校的发展 …………………………… (80)
　二 地方本科院校的困境 ……………………………………… (85)

三　地方本科院校危机的实质仍为组织
　　　　合法性危机 …………………………………………（106）

第五章　地方本科院校组织合法性危机的历史根源 …………（110）
　　一　制度初始化时期地方本科院校组织合法性的建立 ………（111）
　　二　制度变革时期地方本科院校组织合法性的建构 …………（127）

第六章　后大众化时代地方本科院校组织合法性的
　　　　　冲突与解构 ………………………………………（143）
　　一　后大众化时代经济社会转型及对高等教育的挑战 ………（143）
　　二　地方本科院校组织合法性的内外冲突与解构 ……………（159）

第七章　H省地方本科院校重建组织合法性的
　　　　　案例研究 …………………………………………（171）
　　一　H省高等教育发展概况 ……………………………………（172）
　　二　H省7所案例院校的案例调查与分析 ……………………（174）

第八章　地方本科院校重建组织合法性的反思与展望 …………（226）
　　一　地方本科院校重建组织合法性的行动反思 ………………（226）
　　二　地方本科院校重建组织合法性的未来展望 ………………（239）

结　语 ……………………………………………………………（245）

参考文献 …………………………………………………………（258）

附录　案例高校合法化策略调查情况 …………………………（268）

后　记 ……………………………………………………………（278）

第一章

绪　论

一　研究缘起

(一) 组织合法性问题是现代高等教育研究的核心问题之一

合法性（Legitimacy）一词源自政治哲学，现已成为政治学、法学、社会学等多学科领域的概念，一般用来表达一种由于被判断或被相信符合某种规则而被认可或被接受的状态。最早将合法性一词引入高等教育领域，并提出高等教育合法性问题的是美国教育学家霍夫曼（Stanley Hoffman）。问题提出的现实背景是20世纪六七十年代，即美国高等教育在进入大众化阶段以后所经历的具有特殊意义的"艰难时期"，高等教育受到各种社会问题的空前冲击，公众开始对高等教育的可靠性产生质疑。霍夫曼首先提出任何一种政治组织都有可能遇到合法性危机，当该组织出现决策失误，或者对其成员的需求或期望反应不充分，组织成员认为组织不再有效或者部分无效时，该组织就产生了合法性危机。然后，针对当时公众对高等教育的质疑，他分析了高等工业化社会中大学组织面临的种种危机，并将危机的性质明确界定为组织合法性危机，指出危机的严重后果：大学组织在横向（师生关系维度）和纵向（院系关系维度）上的分裂，及其所导致的具有破坏性的错误信息和广泛的不信任。①

将高等教育合法性问题系统化，并上升到哲学层面的是约翰·S. 布鲁贝克（John S. Brubacher），他在《高等教育哲学》一书中提出要建立使高等教育合法存在的哲学。他指出，各个历史时期的高等教育都是从满足其时代需要的程度中来获得合法性的，如中世纪大学从满足社会对专业人才的需求中获得合法地位，文艺复兴后随着人文主义思想的兴起和启蒙运动的开展，大学又通过发展自由教育和开展科学研究来获得合法地位。英式学院、德国研究型大学，以及美国的"赠地"大学，这些大学的合法地位都"依赖于它们把人力物力用于为社会和国家的发展服务"。② 布鲁贝克将"这些获得合法地位的不同途径"总结为"认识论"与"政治论"两种路线，即存在着两种主要的高等教育合法性哲学。

20世纪后半期以来，随着西方国家步入后现代社会或者以知识为基础的后工业化社会，学者们展开了对"认识论"和"政治论"两种哲学路线的批判，并试图重建高等教育在知识社会中的合法性。例如，比尔·雷丁斯在《废墟中的大学》一书中指出，随着经济全球化的进程以及民族国家的衰微，现代大学正在面临认同危机：洪堡意义上以承担国家和民族文化使命为己任的大学已经走到了黄昏时代，现代大学被卷入消费主义大潮之中，将面临大学功能的解体。他主张回归到康德的理性大学理念，即一种以"思想之名"办学的理念，也就是以培养学生的反思、质疑、批判的能力为旨归的教育。③ 艾伦·布鲁姆在《走向封闭的美国精神》一书中对美国以"社会服务"为大学合法性基础的高等教育哲学进行批判，认为高等教育危机的本质在于忽略人文传统和由此而带来的相对主义价值导向，他认为政治的和经济的

---

① Stanley Hoffman, "Participation in Perspective", Stephen R. Graubard & Geno A. Ballotti, *The Embattled University*, E. George Braziller, 1970, pp. 201–203.

② ［美］约翰·S. 布鲁贝克：《高等教育哲学》，王承绪等译，浙江教育出版社1998年版，第3—4页。

③ ［加］比尔·雷丁斯：《废墟中的大学》，郭军等译，北京大学出版社2008年版。

价值不能取代或垄断高等教育自身的价值，大学不应为社会服务，而应是社会为大学服务，通过高等教育促进人的自由发展；应通过具有多元价值观的大学及其课程，培养具有人文精神的学习者，从而重构具有独立性的文化现代性。[1] 杰勒德·德兰迪则认为，知识社会中知识已经融入社会深层的认知结构，作为知识的生产和传播者，大学不能仅被动地参与市场活动，还应主动引领社会的变革。因此，所谓的大学消亡论即认为后现代社会知识碎片化或者民族国家逐渐消亡引起大学的消亡，这种观点已经落伍。以社会学的建构主义理论为基础和基本方法，大学可以通过形成新的特性来摆脱危机，即"根据自身的能力来扩展以反映社会广泛的需求"，巩固大学在知识社会中的合法性。[2]

由上可见，无论合法性危机在不同历史时期和不同社会情境中的表现有何差异，重建高等教育合法性的路径有何争议，合法性已经成为高等教育组织和制度研究中最为核心的概念之一，"合法性"问题作为高等教育组织和制度研究的根本性问题，是分析作为后发赶超型国家的中国其高等教育的一般矛盾和特殊矛盾，厘清高等教育的内部逻辑与外延功能的重要理论工具。

（二）后大众化时代地方高校的组织合法性危机凸显

马丁·特罗教授（Martin Trow）在20世纪70年代提出的大众化理论对中国高等教育发展具有重大影响：不仅入学率作为代表大众高等教育阶段的量化指标被明确写入《面向21世纪教育振兴行动计划》《国家中长期教育改革和发展规划纲要（2010—2020）》等规划文件，而且政府直接推动高等教育大规模扩招。这样的政策安排使得中国高等教育毛入学率快速上升，并提前于2002年达到了15%的目标，2012年更是达到了30%，这表明中国已正式进入高等教育大众化阶段，并

---

[1] ［美］艾伦·布鲁姆：《走向封闭的美国精神》，缪青等译，中国社会科学出版社1994年版。

[2] ［英］杰勒德·德兰迪：《知识社会中的大学》，黄建如译，北京大学出版社2010年版，第1页。

继续雄心勃勃地向普及化阶段迈进。然而，随着日本学者有本章（Akira Arimoto）提出"后大众化"理论，中国有些学者也认为高等教育普及化距离我们还很遥远，更为确切地说，中国高等教育正在走向一个高速发展后的平台期，或者说一个对前一阶段大众化进程种种问题的反思阶段——"后大众化"时代。①② 作为平台期的后大众化阶段与高速发展的大众化阶段相比，除了高等教育发展速度由快到慢的差别外，最关键的还在于，大众化阶段由于规模急剧扩张所带来的黄金时代表象，到了后大众化阶段由于人们对于规模扩张模式的质疑而难以维持，前一阶段表象所掩盖的问题集中激化，高等院校组织在目标、功能、机制等方面难以得到社会认同，合法性危机凸显。

中国高等教育大众化进程的"形同质异"使地方高校的发展隐含了一种合法性危机。回顾中国高等教育大众化进程可以发现，在"追赶型"高等教育大众化模式的数字神话下，地方高校获得了大发展的合法性，成为了中国高等教育体系中的主体部分。由于中国高等教育大众化是在人均 GDP 水平较低、高等教育生均投入水平较低的基础上进行的，为快速提高高等教育入学率指标，实现高等教育规模和发展速度的"追赶"，③ 又因民办高等教育在中国的定位仅限于作为高等教育体系的"补充"，政府必然倾向于支持地方公立高等教育部门的扩张。在扩招政策影响的关键期即 1999—2009 年，普通高等学校从 1071 所增长到 2305 所，增长了 115.2%，其中地方普通高校从 952 所增长到 2194 所，增长了 130.46%。从数量来看，地方高校已占全国高校总数的 95.18%。然而，我们必须认识到，我们的大众化与高等教育发达国家相比形同而质异，即虽然我们在高等教育入学率指标上达到了大众化标准，但是从质的方面来看，急剧扩张的地方高等教育体系并

---

① 杨移贻：《后大众化阶段高等教育的审视》，《深圳大学学报（人文社会科学版）》2009年第5期。

② 王洪才、曾艳清：《后大众化与我国高等教育发展战略选择》，《华中师范大学学报（人文社会科学版）》2010年第3期。

③ 李立国：《中国高等教育大众化发展模式的转变》，《清华大学教育研究》2014年第2期。

不符合大众化的要求，特别是该体系中的地方本科院校在学术规范和学术文化上，在制度建构上，以及在其物质条件上，都不符合大众化对学术机构的基本要求。马丁·特罗教授的大众化理论除了提出高等教育发展阶段的量化标准外，还阐释了大众化的丰富内涵：高等教育发展阶段的变化不仅体现在高等教育规模的增长，还应体现出高等教育观、高等教育的功能、课程和教学形式、高等教育内部管理等方面质的变化。我们还须注意到，马丁·特罗以美国州立大学作为大众高等教育理想类型的组织基础。虽然他主张多元质量观，批判高而单一的学术标准，认为不同高校应以不同的经费和质量标准运行，但是他始终认为大众高等教育系统中的高校组织应与美国州立大学一样，是能够灵活适应现代社会的成熟的自主管理的学术机构。这种具有灵活适应性的学术机构的优势就在于通过自主而灵活地设置新型专业，重塑课程和教学体系，提高学生对迅速变化的发达工业社会的适应能力，从而得到社会的广泛认可，取得与传统精英大学平等的学术地位。总之，大众高等教育系统中的高校组织，对外应具有灵活适应能力，对内应具有自主管理能力。更重要的是，大众高等教育机构与精英高等教育机构在领导决策方面的关键差异在于，精英高等教育机构由相对少数的精英群体所控制，其决策受相对少数的精英群体的价值观和思想观念影响，而大众高等教育机构，或者说大众高等教育系统中的高校组织在继续受这些精英集团影响外，更多地受学生、校友以及其他利益相关群体的影响，即受社会"大众"的价值观和思想观念的影响，在治理方面应走向公众参与，在人才培养方面应走向以学生参与和发挥创造性为核心的人本主义。而与马丁·特罗树为标杆的大众高等教育机构相比，中国承担大众化任务的地方高校却是一种现代性发育很不完全，学术自由理念尚未建立起来的特殊学术组织，仍然延续着20世纪50年代初在"苏联模式"影响下形成的以计划性人才培养来满足社会需要的狭隘的专业教育模式。在地方高校由于承担大众化任务而由政府赋予了形式主义的合法性的背后，一直隐藏着本质上的不合理，而随着大众化进程的深入和后大众化时代的到来，这种不合理必然会以"合法性危机"的形式集中暴露出来。

根据有本章教授的观点,"后大众化"不仅意味着高等教育自身发展方式的转变,还昭示着高等教育所处的社会经济体系及其功能结构的深刻变化。而后大众化时代的中国社会,正承受着现代化、市场化、信息化、全球化和第三次工业革命等多种转型趋势的叠加影响。空前的社会变革使得社会共享价值观发生了深刻的转向,也使得社会矛盾易于尖锐和激化。几乎就在地方高校高速发展的同时,政府部门、企业部门、学生及其家长等社会各界对地方高等教育的不满和抱怨也越来越集中。张应强等学者对地方高校发展所存在的财政困境、生源困境、师资困境等问题进行深入研究,认为扩招政策下不少地方高校进入了扩大招生规模与办学资源紧张的恶性循环中,教育教学质量难以保证,人才质量存在下降趋势,学校和毕业生的社会认可度不高。在以迅速扩大规模为追求目标的政策倾向下,关于学术机构建立的要求并没有得到严格执行。因而,不少地方高校,特别是本科院校,存在着办学定位不准,片面追求学校升格,过分强调提升办学层次等现象,基本上处于粗放办学和发展阶段。[①] 而从合法性的角度来看,这些地方本科院校所面对的招生、财政等困境不仅仅是办学行为不规范不合法的问题,当我们将这些困境与后大众化时代中国社会转型的宏观背景联系在一起进行思考,就会发现在这些困境的背后,其实是后大众化时代社会转型和高等教育转型过程中地方本科院校的专业教育模式及其相联系的制度体系的"合法性危机"。

因此,需要对地方本科院校组织的制度逻辑、社会功能及其与后大众化时代转型社会的关系进行考察,以回答"后大众化时代地方本科院校的组织合法性危机有何表现?其实质是什么""其根源是什么?"等问题,为重建组织合法性打下基础,指明方向。

[①] 张应强、肖起清:《中国地方大学:发展、评价与问题》,《现代大学教育》2006 年第 6 期。

(三) 以重建合法性为目的的转型政策及其实践不能从根本上消解地方本科院校的组织合法性危机

王建华认为，危机与转型具有高度的同构性，大学转型的初衷总是超越大学危机，转型的目标总是为大学的存在提供一种新的组织合法性来源。① 虽然有学者认为，在经济发展方式转变和产业结构转型升级的背景下，转型是包括地方本科高校在内的所有高等学校面临的时代任务，② 但地方高校作为最先面临各种困境的高等教育机构，合法性危机最为突出，感受最深，要求变革和转型的呼声也最强烈。在政府的直接推动下，地方高校特别是新建地方本科院校向应用技术大学的转型，不仅被写入国家发展战略，围绕着该主题形成了一个涉及国家、地方和院校等多层面的公共政策体系，而且通过成立应用技术大学（学院）联盟，举办产教融合发展战略国际论坛，发布《驻马店共识》等活动，成为了一种高等教育实践活动。应用型大学或应用技术大学并不是唯一的转型目标，参与转型行动的也并不是只有新建本科院校这个群体。例如，在刘献君教授首倡下，武汉纺织大学等一批地方高校提出了"建设教学服务型大学"的转型计划；福州大学、南京工业大学、浙江农林大学、浙江万里学院等地方高校也曾提出"创业型大学"的转型目标；③ 哈尔滨学院等地方高校曾提出建设"特色应用型本科高校"的目标……

然而，地方本科院校的转型却困难重重，围绕转型产生的种种迷茫和争议越来越多。在没有对地方本科院校合法性危机的实质和制度根源进行充分研究的条件下，在没有从制度环境的制约上对变革全局进行深入思考的前提下，仅以地方本科院校办学行为局部而有限的改善为主要手段，这样的转型政策及其实践难以从根本上解决地方本科院校面临的种种问题，因而也无力从根本上消解地方本科院校的合法

---

① 王建华：《我们时代的大学转型》，教育科学出版社 2012 年版，第 312 页。
② 胡天佑：《应用技术大学面临的理论与实践问题》，《高校教育管理》2014 年第 6 期。
③ 邹晓东、翁默斯、姚威：《我国"革新式"创业型大学的转型路径——一个多案例的制度考察》，《高等工程教育研究》2014 年第 2 期。

性危机。张应强教授曾直接质疑转型政策的目标设定:"目前我们实施'地方高校转型发展政策'不可能对扩大就业总量有多大作用,也不可能对经济结构调整和开拓劳动力市场有任何贡献。"① 他的依据之一是芝加哥大学经济学教授古斯比的一个研究结论,即美国开拓劳动力市场和就业岗位主要是由研究型大学做出的,很多产业集群都是围绕着研究型大学而出现的,而职业教育对开拓劳动力市场的贡献并不大。根据该结论,作者认为由于受就业总量的限制,地方高校转型发展不可能从根本上缓解大学生就业难问题。学者们还认为地方高校的转型依赖于政府主导下的运动式治理方式:虽然有学者强调地方本科院校的转型主要是一场"自我革命",但是在院校行为的背后是教育部等中央决策部门和地方教育主管部门的积极行动,即将地方本科院校转型发展视为调节失业等社会公共问题的重要手段,不断进行主导和推动。围绕着"地方高校转型发展"已形成一个涉及国家、地方和院校等多层面的公共政策体系。张应强等学者认为政府不应大包大揽,而更需要将高校逐步引导到市场竞争环境中,用市场竞争而不是强制性和保护性政策来促使地方本科院校转型发展。应尊重地方高校发挥其自主性而进行的试验和探索,减少政府对地方高校转型的干预。总之,由于人们对地方本科院校转型目标、转型内容、转型路径等方面的困惑,地方本科院校转型的评价标准迟迟难定,转型高校的发展前景也不明朗。而当我们重温德兰迪所提出的大学转型目标,即根据自身能力扩展来反映社会需求,并以此来巩固大学在知识社会中的公民身份,会发现我们的地方本科院校转型距离此目标还很遥远,甚至有时走了一条相背离的道路。

因此,在对后大众化时代地方本科院校的组织合法性危机进行深入研究的基础上,需要对地方本科院校重建组织合法性的转型政策及实践进行调查,对转型的具体目标和实施策略进行合法性判定,并进

---

① 张应强:《从政府与大学的关系看地方本科高校转型发展》,《江苏高教》2014 年第 6 期。

一步探索组织转型中的路径依赖现象，以回答"如何重建组织合法性以应对危机？"的问题。

二 研究意义

（一）理论意义

以组织合法性理论为分析框架，对地方本科院校的制度逻辑、社会功能及其与后大众化时代转型社会的关系进行考察，研究地方本科院校合法性危机的表现及其因果机制，并对地方本科院校重建合法性的转型实践进行调查，对转型的具体目标和实施策略进行评价，对组织转型中的路径依赖现象进行探索，提出合法性重建的基本路径，有助于丰富和发展高等教育危机与转型理论。

从组织视角来研究地方本科院校的合法性危机及其合法性重建，还有利于消解高等教育中国模式相关研究的宏大叙事，有利于从底层视域重新反思和建构中国高等教育的发展道路。近年来，学者们对中国特色高等教育发展模式及大学的中国模式等相关研究主题给予了较多的关注，主要从宏观角度探讨了中国高等教育在政府主导实现跨越式或追赶型发展的制度特征，而本书希望从中国高等教育体系的沉重底部——地方高校的组织视角，从高等教育改革场域的底层——地方高校教师和学生的组织成员视角，来观察和分析容纳了大多数中国平民家庭适龄青年的地方高校组织发展道路的特征与问题，希望给予地方高校在现代经济社会变迁过程中以新的定位。

（二）实践意义

以组织合法性理论为分析框架，选择正处于转型过程中的地方本科院校典型案例，分析地方本科院校转型目标和策略的适切性，审视转型发展过程中存在的问题及其原因，对地方本科院校重建组织合法性的未来道路进行展望，对于促进地方本科院校成功转型，破解区域高等教育创新乏力的难题，具有重要的实际应用价值。

三 核心概念界定

（一）地方本科院校

"地方本科院校"属于外延宽泛的概念，一般认为，地方本科院校指的是中央各部委所属以外的，由省、自治区所属的各类本科院校。从管理层次上，地方本科院校又可分为两类，即省属本科院校与省以下的市属本科院校。本书中的地方本科院校主要是指与部属高校和高职高专相区别的一种相对独立的高等教育类别或类型，由省级以下（包括省级）政府财政拨款管理，招生范围以本省（市、自治区）为主的公办本科性质高校。

（二）后大众化时代

20世纪90年代日本学者有本章提出"后大众化"（Post-massification）概念，用来概括日本高等教育在进入大众化阶段后出现的一系列有别于马丁·特罗的大众化理论所描述的特征。而学者们在对美国、欧洲高等教育发展状况进行研究后，发现虽然后大众化的特征在各国的表现有所不同，但也具有一定的共性特征，如学生规模扩大导致的高校教学质量下滑、高校毕业生失业问题、高校组织的社会认同度降低等。根据学者们的研究，一般可以将后大众化时代界定为高等教育高速发展后出现的各种矛盾凸显的平台期，这一时期的高等教育在若干方面出现了显著的变化，而这些变化的特征既与马丁·特罗所言的大众化阶段有所不同，也与普及化阶段有所区别，需要我们对前期发展中所出现的一系列问题进行深入的思考，并在政策上做出相应的调整。

后大众化时代一般发生于大众化阶段的后期和普及化阶段的初期，这就是为什么我们通常将其称为"后大众化高等教育阶段"。然而我们必须认识到，后大众化时代并非大众化向普及化过渡的阶段，换句话说，它并非必然指向普及化，大众化理论已不再适用，后大众化已经不属于大众化阶段。由于这一时期，经济社会的后现代、新工业化、全球化、知识社会等转型因素叠加，共同给高等教育发展带来困境与危机，原有的高等教育大众化发展模式已无法解释或概括高等教育发展实际，在这一时期很多国家已完成或超越大众化阶段，甚至有的国家虽然还没有真正完成大众化的标志性目标，但已失去了沿着原来设计的雄心勃勃的大众化预定道路来进行的动力，仍以规模扩张为标志的普及化阶段失去了原来的意义，即不再是高等教育所追求的目标。在这样一个失去原有目标，正在探索新的发展目标的阶段，各种关于高等教育的迷茫、反思、质疑就成为了时代主题。所以，后大众化时代的标志就是大众化时代的合法性受到了挑战，形成了特有的"合法性危机"。那些所面临的困难和矛盾只是危机的表象，危机的本质在于高等教育需要新的发展模式，只有新的发展模式才能得到新的社会认可。也只有在对这样的危机进行回应，在对高等教育新的发展道路进行探索，对高等教育新的发展规律进行总结的过程中，高等院校重建新的组织合法性，通过组织创新发现新的未来，从而走向新的时代。

（三）组织合法性

组织合法性是政治学、法学、社会学等多学科领域的常用概念。社会学意义上的组织合法性涵义较为宽泛，其中，"法"不能简单等同于正式的文本形式的法律规范、法律制度，也可以指非制度形式的习惯、惯例，即人们心中认同的价值准则。无论在广义还是狭义的用法中，"组织合法性"都包含着同一要义，即组织由于被判断或被相信与某种规则相符而被认可或被接受。在这一定义中有两个要素：首先是某种规则的存在，或者人们认可、接受与信任的一种普遍条件，这种规则或普遍条件被称为"法"。"法"，不能简单等同于正式的文本形式的法律规范、法律制度，也可以指非制度形式的习惯、惯例，即人们心中认同的价值准则。其次是组织及其行动由于符合了上述之"法"而得到广泛且相对稳定的承认、接受、认可和认同。

(四) 组织合法性危机

危机的一般涵义为极端危险和困难的不稳定形势。组织合法性危机在组织社会学的语境中，就是指在不同时空条件下组织原有的制度环境或内部规则发生变迁，导致组织的被认可状态受到严重威胁或被认可程度下降到一定水平，给组织的生存与发展带来严峻挑战的不稳定形势。因此，地方本科院校的组织合法性危机，是指在后大众化时代中国经济社会转型的特殊时期，高等教育在政府主导下进行规模扩张的发展模式不再被公众信任和支持，地方高校作为规模扩张的主要机构，其现有的价值观体系和运行机制受到社会各界和组织成员的广泛质疑，在长期发展过程中形成的规制、规范和认知三维度的合法性面临冲突和解构，而其由上而下的外部治理模式、官僚化的内部运行模式和专业教育模式不足以解决的严重威胁。

(五) 地方本科院校转型

转型是指事物的结构形态、运行模式以及观念制度的根本性转变过程。地方本科院校转型则是指地方本科院校作为一种现代组织，其结构形态、运行模式以及观念制度的旧有范式受到冲击、新范式取而代之的一种根本性变革，是后大众化时代地方本科院校在人才培养、科学研究和社会服务等方面不断扩展自身能力，主动回应经济社会转型的需求，并伴随着制度模式、组织结构、价值规范等方面的变革，从而重建其组织合法性的行为。

四　文献综述

(一) 高等教育组织合法性危机研究

合法性是政治学和社会学中的重要概念，其研究历来可以归入政治学和社会学两个传统或基本的解释范式。20世纪70年代以来，组织社会学中的新制度学派关于合法性机制和合法性分类的研究引起人们广泛关注，并将其运用于企业组织和非营利组织的研究中。但高等教育领域对合法性的相关研究是从高等教育自身的特殊问题开始的，并有着独特的解释路线。

1. 高等教育合法性问题研究的开端与发展

美国高等教育在20世纪60年代由于学生运动带来的危机引发了许多学者的思考，从而成为高等教育合法性问题研究的正式开端。其中，霍夫曼分析了高等工业化社会中大学组织面临的种种危机，最早将危机的性质明确界定为合法性危机，并指出合法性危机对大学组织的严重后果：大学组织在横向（师生关系维度）和纵向（院系关系维度）上的分裂，及其所导致的具有破坏性的错误信息和广泛的不信任。[1] 这一时期的相关研究除了收录霍夫曼上述论文的由 Stephen Graubard 等人主编的 *The Embattled University* 之外，还有 *Identity Crisis in Higher Education*（1971）、[2] *Up against the Ivy Wall：A History of the Columbia Crisis*（1969）、[3] *Student without Teachers：The Crisis in the University*（1969）等众多文献。[4] 在高等教育危机相关研究的基础上，布鲁贝克提出要建立使高等教育合法存在的哲学，并将高等教育"获得合法地位的不同途径"总结为"认识论"与"政治论"两种路线。

2. 后现代主义等哲学流派影响下高等教育合法性危机的研究

20世纪后半期以来在后现代主义等哲学流派的影响下，学者们开始对高等教育在后现代社会的合法性危机的研究，并进一步展开了对"认识论"或"政治论"两种合法性哲学路线的批判。英国学者巴内

---

[1] Stanley Hoffman, "Participation in Perspective", Stephen R. Graubard & Geno A. Ballotti, *The Embattled University*, E George Braziller, 1970, pp. 201–203.

[2] H. L. Hodgkinson and M. B. Bloy (Eds.), *Identity Crisis in Higher Education*, San Francisco: Jossey-Bass, 1971.

[3] Jerry L. Avorn et al, *Up against the Ivy Wall：A History of the Columbia Crisis*, New York: Atheneum, 1969.

[4] Harold Taylor, *Student without Teachers：The Crisis in the University*, New York: McGraw Hill Book Company, 1969.

特指出,高等教育的两条路线即在认识论上追求客观知识和在社会角度上被整合进现代国家体系,都面临着严重的危机,为了重建高等教育组织的合法性,必须有效地应对这些危机。① 艾伦·布鲁姆在《走向封闭的美国精神》一书中以美国高等教育为案例进行分析。他认为高等教育危机的本质在于忽略人文传统和由此而带来的相对主义价值导向,政治和经济价值不能取代或垄断了高等教育自身的价值,提出大学不应为社会服务,而正相反,应是社会为大学服务,通过高等教育促进人的自由发展;应通过具有多元价值观的大学及其课程,培养具有人文精神的学习者,从而重构具有独立性的文化现代性。② 比尔·雷丁斯则指出,随着经济全球化的进程以及民族国家的衰微,现代大学正在面临认同危机:洪堡意义上以承担国家和民族文化使命为己任的大学已经走到了黄昏时代,现代大学被卷入消费主义大潮之中,将面临大学功能的解体。他主张回归到康德的理性大学理念,即一种以"思想之名"办学的理念,也就是以培养学生的反思、质疑、批判的能力为旨归的教育。③ 让·弗朗索瓦·利奥塔尔则对现代高等教育的知识基础——现代科学技术的合法性进行批判,并认为现代高等教育机构所培养的大学生已经不是一个来自"自由精英"的青年联合体,也不再关心社会进步、人类解放的伟大任务,而是竞相成为"职业知识分子"和"技术知识分子",成为机械复制品和劳动力市场上的商品,已经不能为知识的发展提供什么新鲜血液了。④

有别于上述学者的悲观态度,安东尼·史密斯等人在《后现代大学来临?》一书中表现出了对当代高等教育更为中肯的评价。他认为,现代大学与社会、文化的发展过程有着千丝万缕的联系,其大部分观

---

① R. Barnett, "Higher Education: Legitimation Crisis", *Studies in Higher Education*, 1985, 10 (3).
② [美]艾伦·布鲁姆:《走向封闭的美国精神》,缪青等译,中国社会科学出版社1994年版。
③ [加]比尔·雷丁斯:《废墟中的大学》,郭军等译,北京大学出版社2008年版。
④ [法]让·弗朗索瓦·利奥塔尔:《后现代状态:关于知识的报告》,车槿山译,生活·读书·新知三联书店1997年版。

念都必须反映这些过程的条件和结果,并参与到这些过程的起始、执行和结果的强化之中。只有通过参与这些实践,大学才能维持与现代社会的密切联系。但大学不应任凭自己演变成培训未来雇员可迁移技能的工具性机构,或称为一个实践虚拟社会文化生活方式的场所,而应该构建环境,并配有那些能批判性地反思当代社会发展进程的专门技术和品质。① 杰勒德·德兰迪认为,在知识社会中知识已融入处于社会深层的认知结构中,在这种社会条件下,大学应主动引领变革,扩展自身能力以反映广泛的社会需求,并以此来巩固大学在知识社会中的合法性。② 美国学者帕特里夏·加姆波特引用多位著名学者的研究来论述环境变化对高等教育组织和制度的重要影响,如本·戴维关于全球最发达工业社会中主要结构性差异对大学组织适应性、创新与变革所产生影响的研究,马丁·特罗等人关于高等教育为迎合社会期望而持续从精英教育向大众教育再向普及教育转型的扩张过程的研究,Leslie D. W. 和 Slaughter S. 等人关于市场动力如何引起高等教育组织变化和学术资本主义的研究,阿特巴赫等人关于全球化对发展中国家高等教育影响的研究,Brint S. 和 Aronowitz S. 等人关于知识社会中大学成为"智力都市"的研究,等等。帕特里夏·加姆波特认为,从以上研究中可以看出,美国研究型大学的合法性基础在20世纪最后25年发生变迁,公立研究型大学已经超出最初的"赠地"理念而基于"社会服务"和"知识中心"寻求新的合法性,并在产业逻辑下进行学术重构。③

3. 中国"适应论"与"超越论"的争论

与布鲁贝克的两条路线相对应,在中国高等教育现代化研究中一直存在适应论与超越论的争论。潘懋元先生1980年首次提出了教育的

---

① [英] 安东尼·史密斯、弗兰克·韦伯斯特:《后现代大学来临?》,赵叶珠译,北京大学出版社2010年版,第97、98页。
② [英] 杰勒德·德兰迪:《知识社会中的大学》,黄建如译,北京大学出版社2010年版,第1页。
③ [美] 帕特里夏·加姆波特:《大学与知识:重构知识城》,李春萍译,《北京大学教育评论》2004年第4期。

内外部关系规律(后被称为"适应论"),并于1984年被写入《高等教育学》,对当时的高等教育学界产生了重要影响。随后在八九年代就有一些学者对"教育内外部关系规律"展开了辩论,辩论的核心在于高等教育是否应与经济社会发展相适应。而这场关于超越论与适应论的争议从90年代一直延续至今。其中,张应强教授的《高等教育现代化的反思与建构》明确指出:"教育既具有适应性,也具有超越性,超越性是教育实践活动的根本属性。教育不仅要适应社会发展的需要,更要对社会发展的需要进行审慎的思考和批判,从而引导社会需要的发展。从根本上说,教育适应现实社会的需要,是为了超越这种需要。"① 同时,该书还对高等教育现代化过程中出现的问题和危机进行论述,他认为"工具论"价值取向在高等教育中大行其道、当阳称尊的局面导致现代化困境的出现,即令现代高等教育缺乏主体性和相对的独立性,丧失了批判精神和文化创造能力。他认为人是现代化和高等教育现代化的主题,应在思想观念上对正在兴起的"人学革命"潮流和日渐彰显的新的文化价值观念做出回应,培养具有"类意识""类观念",自我批判、自我超越精神,同时具备面向未来的开放性和创造精神的现代人,才是教育现代化的真义。

对"适应论"进行批判的主要研究还有:展立新和陈学飞以中国高等教育在追求国家工业化目标过程中遇到的突出问题、"文化大革命"时期高等院校混乱现象、"改革开放"在对商品经济和市场经济适应过程中的失误等为分析基础,对高等教育"适应论"提出尖锐的批评,主张摆脱这种突出强调高等教育发展必须与社会发展需求相一致的高等教育发展观的"适应论",回归认知理性,建设完善的学术市场。② 姚荣等认为,中国在国家工业化驱动下的高等教育结构调整

---

① 张应强:《高等教育现代化的反思与建构》,黑龙江教育出版社2000年版,第140、141页。

② 展立新、陈学飞:《理性的视角:走出高等教育"适应论"的历史误区》,《北京大学教育评论》2013年第1期。

呈现出较强的路径依赖特征，即强劲的"政经关联"逻辑。中国高等教育结构调整往往在短期内适应经济社会发展的需求，却不可避免地产生一系列"意外后果"，甚至滋生高等教育的系统性风险，亟待高等教育政策变迁的制度逻辑，建构学科逻辑与应用逻辑相对平衡与包容发展的高等教育系统，促进国家工业化与高等教育结构的松散耦合。① 黄厚明认为高等教育的社会效能是大学合法性的物质基础；学术自由则是大学合法性的精神基础，这是现代社会对大学的自我合法性证明的两个核心要求，而政府和市场的不正当干预带来了大学精神层面的合法性危机，须进行大学治理模式的改革。② 吴爱武同样是从政治哲学的视角重新诠释了布鲁贝克提出的高等教育合法性哲学，但观点有很大不同。他认为认识论和政治论都是从"为什么需要高等教育"这个层面，即从"目的的进路"来回答高等教育合法性问题的，都应服务于"人"这个终极性目的的价值。③ 共同的人性基础是认识论和政治论能够重新结盟的重要条件之一。

4. 中国学者对高等教育合法性危机的研究

姚荣认为，20 世纪 90 年代末高校大规模扩招以来，高等教育质量问题日益凸显，本科高校转型议题开始进入公共政策议程。他以本科高校向应用技术型大学的转型何以制度化为研究问题，以新制度主义为分析视角，对转型政策的执行状况进行考察，认为应促进本科高校转型从国家供给主导型的制度安排走向制度性利益驱动下的高校自主变革，推动应用技术型高等教育制度在规范性、规制性以及文化—认知性制度要素方面的整体性重构，以破除高等教育场域中各权力中心对"应用逻辑"的"系统性偏见"，实现社会制度逻辑与产业逻辑

---

① 姚荣、李战国、崔鹤：《国家工业化与高等教育结构调整——政策变迁的制度逻辑》，《教育学术月刊》2015 年第 8 期。

② 黄厚明：《大学合法性危机：大学治理的原因探究》，《高教研究》（西南科技大学）2009 年第 1 期。

③ 吴爱武：《政治哲学视角：高等教育合法性的正当与证成——重读布鲁贝克及其〈高等教育哲学〉》，《江苏社会科学》2015 年第 1 期。

两种制度逻辑的包容性发展。① 于洪军、赵坚则从组织社会学的角度分析合法性和合法性危机对大学组织同质化现象的作用,认为不恰当的政策导向、资源竞争、传统教育文化和不规范的市场运行机制导致大学组织出现过度同质化现象,即合法性荫庇着大学定位,而大学组织成员对大学行政权力和学术权力产生认同危机,以及大学行政组织和学术组织争取合法性资源产生博弈危机,使得大学产生了公共性危机、制度性危机和角色性危机,应通过加强市场资源调节,增强自主性办学,加强大学章程建设等途径重铸合法性。② 牛风蕊和王楠还借用制度同形等合法性机制分析了大学教师评价趋同和院校发展定位趋同等问题。③④ 严智雄以江西省一所独立设置的公办高职院为研究个案,运用组织研究的新制度主义视角探索公办高职院的制度化历程及其遭遇困境,认为公办高职院教育被推向市场化的前沿,缔造了高职教育大发展的"理性神话",为中国高职教育的发展提供了合法性依据,但由于制度设计上的障碍,公办高职院对市场需求的回应有限,合法性难以转化为合理性的认同,办学过程中存在定位不准等问题,构成了公办高职院生存与发展的危机。⑤

从其他理论视角进行研究的主要有:王建华认为,20 世纪中叶以来在一种新高等职业教育主义思想的控制下,大学的传统价值观念遭遇到严峻挑战,其运行模式也遭遇了合法性危机,在这场危机中大学将因退化为纯粹的职业培训场所而失去大学精神和大学理念层面的重要内涵。⑥ 他还将大学危机的性质界定为一种现代性后果,并指出大

---

① 姚荣:《中国本科高校转型如何走向制度化——基于组织分析的新制度主义视角》,《教育发展研究》2015 年第 3 期。

② 于洪军、赵坚:《合法性下大学组织同质化现象的应然与化解》,《现代教育管理》2012 年第 9 期。

③ 牛风蕊:《大学教师评价的制度同形:现状、根源及其消解》,《现代教育管理》2014 年第 6 期。

④ 王楠:《高等教育场域的组织同形现象及其机制》,《江苏高教》2016 年第 3 期。

⑤ 严智雄:《高职院教育的认同危机及其后果——江西省一所独立设置的公办高职院为例》,博士学位论文,华东师范大学,2011 年。

⑥ 王建华:《我们时代的大学转型》,教育科学出版社 2012 年版。

学危机与大学转型具有高度的同构性，即每一次大学危机的来临都预示着大学转型的开始，转型的目标总是为大学的存在提供一种新的合法性。钱志刚则以哈贝马斯关于合法性危机的定义为指导，将合法性危机界定为认同危机，认为中国大学组织中学术权力的合法性基础发生动摇，引发了文化、制度和绩效三层面的合法性危机，以致被迫让位于行政权力，要消解合法性危机，彰显学术权力，必须从弱化科层组织、强化学术组织等方面进行大学组织内部变革。[①] 俞冰等人分析了高等教育现代化过程面临的价值观解体、学术权威式微、内部异质性丛生等危机及其原因，指出高等教育现代化践行过程中的误区与困境其实是高等教育现代性的危机，应借鉴哈贝马斯的交往理性理论，重塑高等教育价值观，并进行高等教育体制改革，促进高等教育现代化。[②] 持相似观点的还有陈晓梅，她也以哈贝马斯的合法性理论为依据，通过有效性、事实性两个向度对大学的合法性危机进行分析，指出合法性危机来源于大学精神和大学责任的坚守问题、功利主义诱导问题、规范化管理缺位问题、教育管理主体混乱问题。[③] 杨惠兰则认为，由于西方后现代主义思潮对大学自由传统的知识基础和制度基础进行的批判，产生了现代大学自由的合法性危机，具体表现为知识消亡论、大学消亡论和学术资本主义三个命题。[④] 许士密从文化社会学的角度探讨了现代大学文化的合法性问题，他认为必须对社会文化表现出批判性和超越性，跳出狭隘的实用工具理性和技术操作型模式，现代大学文化才能拥有合法性。[⑤] 此外，曹云亮还以高校内相关群体的认同程度来探索高校管理制度的合法性危机；[⑥] 蓝国桥基于当下文

---

① 钱志刚：《学术权力合法性危机与大学组织结构变革》，《教育发展研究》2012年第13—14期。
② 俞冰、刘标、许庆豫：《高等教育现代化的危机与消解》，《清华大学教育研究》2012年第5期。
③ 陈晓梅：《高校"合法性危机"及其根源的思考》，《高等农业教育》2015年第2期。
④ 杨惠兰：《西方现代大学自由的合法性危机》，《中国高教研究》2010年第8期。
⑤ 许士密：《现代大学文化的合法性危机》，博士学位论文，华中科技大学，2011年。
⑥ 曹云亮：《高校管理制度合法性危机现象探析》，《现代教育管理》2012年第4期。

化语境对理论的积累系统和接受系统进行的有效破坏，探索高校理论教学的合法性危机；① 谢武纪基于就业难、生源荒导致的一些本、专科专业遭遇的合法性危机，认为应紧密结合职业发展趋势，重新定位课程，集中处理好理论与实践，授受与学生自主建构，课程自觉与市场变化间的关系；② 张永胜从制度性危机、有效性危机和学术性危机等方面探讨了大学治理权的合法性危机。③

具体到某类院校，文东茅还研究了转制学校从合法性论证到合法性危机的过程，认为该危机来自对法律和政府责任的重新认识，来自主流价值观从"效率"到"公平"的转变，也来自对转制学校办学绩效的质疑，转制学校要重建其合法性，就必须以正当的方式证明自身在促进教育公平、提高办学绩效、履行社会责任方面的意义。④ 彭华安从独立学院制度的认同危机或合法化资源供给危机出发，认为独立学院制度合法性危机主要表现为价值选择危机、公共性危机、程序性危机与有效性危机。⑤ 刘阳以大卫·拉伯雷的"无害—无益论"和哈贝马斯的"合法性危机理论"为理论视角，对中国师范大学教育学院所面临的合法性危机进行了研究。⑥

（二）高等教育后大众化研究

1996 年日本学者有本章教授发现，日本高等教育在进入大众化后期以后，其管理体制、经费来源以及学生入学方式等，都出现了与马丁·特罗教授所提出的大众化理论不相符的情况，从而认为日本高等

---

① 蓝国桥：《高校理论教学的合法性危机》，《湛江师范学院学报》2003 年第 1 期。
② 谢武纪：《专业合法性危机下专业课程改革的反思和重构》，《内蒙古师范大学学报（教育科学版）》2012 年第 11 期。
③ 张永胜：《论大学治理权合法性的危机与重建》，《国家教育行政学院学报》2010 年第 9 期。
④ 文东茅：《转制学校的合法性危机与重建》，《教育发展研究》2008 年第 7 期。
⑤ 彭华安：《析独立学院制度合法性危机》，《国家教育行政学院学报》2011 年第 10 期。
⑥ 刘阳：《我国师范大学教育学院合法性危机研究》，硕士学位论文，山西师范大学，2013 年。

教育进入了一个有别于马丁·特罗所说的普及化阶段的特殊时期即"后大众化"时代。① 在此基础上，他总结了后大众化时期高等教育发展过程的特有现象：大学产权私有化，高校办学自主化，高教发展市场化，学术管理"绩效"化，同时公共机构和公共舆论寻求新的评价模式以保障高等教育质量，从而出现更重视教育结果的趋势。最终将引发大学内部的一系列变革：在教育方面，更强调通识教育而非专门化教育，更强调教学而非科研，改革大学规范结构和教学法；师生地位日益发生改变，等等。

在有本章教授的推动下，关于高等教育后大众化的国际研讨会1997年在广岛大学召开。在这次会议上，罗伯特·吉姆斯基教授认为有本章教授提出的假设与美国高等教育的发展状况基本一致。他还分析了美国经济变革与高等教育后大众化之间的紧密联系，认为中上等收入家庭关于高等教育的期望目标不断扩展，加上地方经济对青年劳动者需求减少，导致美国高等教育后大众化阶段的种种典型特征，如日趋凸显的财政紧缩和质量危机、重新等级化和非全日制高等教育服务的"批发市场"。② 他呼吁当时的广岛研讨会对以下与后大众化有关的问题进行探讨：其他国家高等教育在大众化进程中是否也出现类似的"困难时期"？在多大程度上有着共同的原因——其中一种原因即由经济巨大变革引起对青年劳动者需求的减少？后大众化是否导致产生了机会的重新等级化，从而否定了大众化在民主方面的主要收益？高等教育课程大众化市场的发展是否降低了入读大学作为选拔青年人惯例的重要性？冈伯特等人在《美国高等教育从大众化向后大众化发展的趋势》报告中，同意各国高等教育体系都有一个类似的由大众化走向后大众化的发展过程，认为随着政府资助的削弱、学费标准的提

---

① Akira Arimoto, "Cross-National Study on Academic Organizational Reforms in the Post-Massification Stage", *Research in Higher Education Daigaku Ronshu*, 1996 (25).
② Robert Zemsky, "Seminar on Post-Massification", *Academic Reforms in the World: Situation and Perspective in the Massification Stage of Higher Education*, Reports of the 1997 Six-Nation Higher Education Project Seminar, RIHE International Seminar Reports, 1997, No.10, pp.1–20.

高、市场压力的增强,高等教育迎来了转折点,即学生一方面对学费标准提高有所不满并进行抵制,另一方面也出现了学习的持续性问题和学位获得时间的延长问题,在外来压力下大学的职业教育倾向越来越凸显,公众对高校社会责任的诉求与监督也不断增强。[1]

在解释高等教育大众化后为什么会出现停滞的问题时,金子元久教授认为,这主要是高等教育大众化导致的后果,即出现了三个重要的问题:首先是学生规模扩大导致的高校教学质量下滑;其次是具有高等教育学历的劳动力供给严重过剩;最后是受教育机会差异的增大。这些问题最终会引起公众不断膨胀的不满情绪,并导致高等教育政策取向的重要变化,政府不得不对高等教育发展进行控制和减速。[2] 正是由于众多学者关于高等教育后大众化的研究,马丁·特罗对其大众化理论进行了修正,认为划分高等教育大众化阶段的量化指标并不是对高等教育发展目标的预测,其意义更在于具有一种预警功能,标志着"高等教育规模在量的增加之后,高等教育和大学的'内部活动'要产生变化",并指出"中国的高等教育规模总有一天会有一个较快的发展,中国高等教育也需要预警"。[3]

中国对高等教育后大众化的研究始于樊建芳、郑若玲等人对罗伯特·吉姆斯基和冈伯特等人论文的翻译引进。此后虽然也有20多篇论文对国内外后大众化的特征、模式、对于中国的意义等方面进行了研究,但总的来说,这方面的研究数量还较少,而学者们在中国是否已进入后大众化阶段的问题上也存在较大的意见分歧。主要观点如下。

---

[1] Patricia J. Gumport, Maria Iannozzi, Susan Shaman, Robert Zemsky, "Trends in Higher Education from Massification to Post-Massification", *Academic Reforms in the World: Situation and Perspective in the Massification Stage of Higher Education*, Reports of the 1997 Six-Nation Higher Education Project Seminar, RIHE International Seminar Reports, 1997, No. 10, pp. 65-93.

[2] 金子元久:《高等教育大众化的政治经济学——日中比较》,刘文君译,中国教育经济学年会会议论文,北京,2006年。

[3] 邬大光:《高等教育大众化理论的内涵与价值——与马丁·特罗教授的对话》,《高等教育研究》2003年第6期。

首先，在后大众化阶段的划分和主要特征方面，冯用军认定后大众化阶段的特征是高等教育毛入学率超过25%但还未达到50%；①蒋文亮、卜雪梅也认为后大众化阶段的特征是高等教育毛入学率指标的变化，只是数值变为36%—50%。②而王洪才、曾艳清则认为，后大众化的划分标志除了高等教育适龄人口入学率指标在未达到普及化标准之前就出现的停滞和波动外，还包括了接受高等教育的学生结构的改变，即成人学生、女性学生等非传统来源学生规模和比重持续增长；③杨移贻则将高等教育规模发展的平台期视为后大众化阶段的主要特征，在这一时期质量问题受到空前重视，各国高等教育都进入剧烈变革时期，并且这样的变革将一直延续到普及化的到来。④

其次，在中国是否进入后大众化阶段的问题上，王洪才将高等教育毛入学率达到35%左右视为中国进入后大众化阶段的标志；蒋毅坚则认为，从高等教育毛入学率的不同表现来看，中国仅北京等部分地区高等教育进入了"后大众化"阶段，而就整体而言中国高等教育仍处于大众化进程中的前期；⑤杨移贻则认为中国高等教育发展已经步入发展相对停滞的"平台期"，同时也是大众化成熟阶段，即后大众化时期。

最后，在中国高等教育后大众化阶段亟待解决的主要问题和高校所面临的困境方面，有学者主要从全球化等外部挑战来解释高校所面临的困境，寻求问题解决的方案，例如温正胞认为在后大众化时代中

---

① 冯用军：《后大众化阶段行业特色型和综合研究型高水平大学发展研究——基于"985工程"序列大学的人才与科技贡献力的维度》，《教育界》2010年第2期。

② 蒋文亮、卜雪梅：《高等教育后大众化时代创新人才培养的特点及规律研究》，《文教资料》2010年第6期。

③ 王洪才、曾艳清：《后大众化与我国高等教育发展战略选择》，《华中师范大学学报（人文社会科学版）》2010年第3期。

④ 杨移贻：《后大众化阶段高等教育的审视》，《深圳大学学报（人文社会科学版）》2009年第5期。

⑤ 蒋毅坚：《我国高教面临"后大众化"挑战》，《社会科学报》2010年6月10日第5版。

国的高等教育质量保证研究面临的重要任务是要树立高等教育方面的全球意识，应积极参与全球化教育标准制定过程和全球教育市场的再分配过程。① 更多的学者则从中国大众化进程中的自身原因出发，解释高校所面临的困境和寻求相应对策。最典型的观点如杨移贻认为中国高等教育后大众化阶段面临的关键问题是结构与体系问题：高等教育质量被认为普遍下降，高等教育体系内部层次类型划分模糊，很多高校因盲目追求升格而出现定位混乱、功能趋同等现象；高职高专院校并未像西方国家的高校那样成为大众化的主力军；民办高等教育也被边缘化而不能发挥应有作用；高等教育内部改革滞后。冒荣、宗晓华也认为在后大众化时代，中国高校间非合作博弈与无序竞争现象会给高等教育系统发展造成难以承受的效率损失，因此必须建立合理有序的分工协调制度和多元评价制度，促使高校合理定位，办出特色。② 很多学者认为地方高校发展困境的主要根源就在于定位不清、办学雷同，不能满足时代需要，为区域经济建设和地方社会发展培养适应性人才，③ 因此应加强对地方高校合理定位的研究，政府也应对地方高等教育进行结构调整。冯用军认为进入后大众化阶段使得高等教育入学机会由于较大的区域差异而存在严重的教育公平问题，而该问题的解决也依赖于政府对高等教育结构的优化与协调。④

而另一些学者则将地方高校发展困境的主要原因归因于政府管理模式和高校管理问题，主张加强对地方高校管理模式转变的研究，政府也应进行相应的职能转变。例如，张应强指出，当前中国地方大学发展面临的问题包括教育规模的迅猛扩张与教育资源积累严重滞后之

---

① 温正胞：《"大众化"之后的高等教育质量保证：驱动力量与模式的转变》，《江苏高教》2010年第1期。
② 冒荣、宗晓华：《合作博弈与区域集群——后大众化时代我国高等教育发展机制初析》，《高等教育研究》2010年第4期。
③ 柳和生、程肇基：《影响地方高校发展的三大因素及相关对策》，《江苏高教》2009年第1期。
④ 冯用军：《后大众化阶段社会阶层对高教入学机会的影响——以辈出率为中心》，《现代教育管理》2010年第9期。

间的矛盾、单一的办学模式与多样化的社会需求之间的矛盾、高等教育大众化进一步发展的要求与地方政府和地方高校管理水平之间的矛盾等，其根源在于在对传统高等教育管理模式的路径依赖下，地方高校的发展模式仍然是被动式和封闭式的，因此，必须加快政府职能转变，引导地方大学主动、开放式发展。① 张文格认为十年扩增导致中国高等教育后大众化阶段面临着诸如财政紧缩、教育质量下滑、大学生就业状况恶化和高等教育机会差距拉大等危机，而危机产生的根源在于政府财政支持的乏力、高度统一的集权控制和根深蒂固的精英教育思想。② 雷长生、钟国华认为地方高校必须从政府导向型定位转变为社会导向型定位，走有序竞争的可持续的特色发展道路。③ 刘晖以治理理论为分析框架，对转型期地方大学治理环境和治理结构进行研究，认为政府、市场、社会和大学在中国社会转型中代表不同的社会诉求，采取不同的价值取向，形成了事实上的矛盾甚至冲突，应从有限政府、市场导向、社会参与、自主办学四方面来优化地方大学治理的路径。④

（三）地方高校转型研究

1. 高等学校转型的一般理论研究

国外许多学者对大学组织转型进行了论述，其中较具代表性的有：詹姆斯·杜德斯达等认为，大学组织转型应以适应甚至改变未来几十年内多变的组织环境为目的，而大学组织转型的实现取决于行动前所进行的顶层设计，要形成一个科学的具有可操作性的战略规划并进行具体实施。大学组织的转型具体包括了以下因素：领导管理人员的努

---

① 张应强：《精英与大众——中国高等教育60年》，浙江大学出版社2009年版，第182—188页。

② 张文格：《后大众化阶段我国高等教育发展面临的危机及根源》，《现代教育管理》2011年第10期。

③ 雷长生、钟国华：《论地方高校的社会导向型定位》，《国家教育行政学院学报》2006年第6期。

④ 刘晖：《转型期的地方大学治理》，博士学位论文，厦门大学，2007年。

力程度、社区的参与程度、转变契机以及对转型进程的调控。①② 美国学者帕翠西亚·冈伯特梳理了大学组织的不同模式及其发展，即从官僚主义模式、共同体模式、平等分权模式转向传奇模式、松散耦合模式和组织化的无政府主义模式，从市场模式、资源依赖模式、战略模式、矩阵模式、文化模式等，转向适应性模式、情境模式和创业型模式。③ 对于具体某类大学组织的转型或者向某种特定目标的大学组织转型，其典型研究是美国学者布瑞特和科拉贝尔等人关于社区学院的研究和伯顿·克拉克关于创业型大学的研究。布瑞特和科拉贝尔根据对 1900—1985 年社区学院职能转变过程的分析，认为社区学院由转学教育类型向职业教育、社区教育类型转变，实现了组织转型。④ 伯顿·克拉克则在《建立创业型大学：组织上转型的途径》中采用概念分析与校史描述相结合的特殊研究方法，对 5 所欧洲创业型大学的建立和改革过程进行了案例研究，归纳出了创业型大学实现转型的五要素模型，强调领导核心、学术核心、创业文化、发展空间和多元化资助等要素的重要性，并强调各要素之间的相互作用。⑤

中国学者的代表性成果有：王建华在一系列论文和专著中对大学转型进行了哲学思辨为主的研究：首先他认为大学转型是对大学深度改革的一种宏观层面上的抽象和概括，是一个理念重构、组织重塑和制度重建的过程，而大学所转之型体现了大学改革与发展的大方向；其次，指出了大学转型中的矛盾与冲突——在大学转型过程中，理想不能影响现实，理论不能指导实践，知识不能转化为行动，即关于大

---

① ［美］詹姆斯·杜德斯达：《21 世纪的大学》，刘彤等译，北京大学出版社 2005 年版。

② ［美］詹姆斯·杜德斯达、达弗瑞斯·沃马克：《美国公立大学的未来》，刘济良译，北京大学出版社 2006 年版。

③ ［美］帕翠西亚·冈伯特：《高等教育社会学》，朱志勇等译，北京大学出版社 2013 年版。

④ Steven Brint and Jerome Karabel, *The Diverted Dream: Community Colleges and the Promise of Educational Opportunity in America*, 1900–1985, New York: Oxford University Press, 1989.

⑤ ［美］伯顿·克拉克：《建立创业型大学：组织上转型的途径》，王承绪译，人民教育出版社 2003 年版，第 3—7 页。

学转型的理论、目标和知识都与转型的实际行动存在较大差异和错位；再次，分析了知识社会等最新理念对大学转型的影响，并从学科重构、性别分析和道德危机等方面对大学转型进行具体分析；最后，聚焦于中国大学转型的现状与问题对中国大学转型的可能性与路径进行探讨。①② 张慧洁认为为适应世界高等教育发展，巨型大学组织正以综合化、研究型、开放式为发展方向，从制度、权力和文化等层面进行质的变革。③ 马廷奇着重分析了中国大学内部管理体制所存在的学术权力不彰、行政权力泛化、管理低效等畸形现象，并将其归结为制度环境的影响。④ 程利认为在转型性变革情境下，为回应社会文化情境要求，大学组织文化转变应从融合、分化和碎片三个取向了解文化表现形态，运用竞争性文化价值观模型发现当前所处文化价值类型和目标文化价值类型，进而运用文化价值转变过程模型来实现转变。⑤ 刘彦军认为地方本科高校转型发展模式是一种具有建设性和前瞻性、指导性和参考性的转型发展方式方法体系，可分为目标、战略、路径三个层次，可应用整体转型、以应用型为导向的部分转型和以学术—应用混合型为导向的部分转型等战略，实现应用型本科高校的目标。⑥

2. 地方本科院校转型的具体研究

以院校类别来看，研究新建本科院校、行业院校和师范院校的成果最多。研究新建本科院校转型的成果主要有：王玉丰首先指出新建本科院校的特殊性在于形式与实质的差距，他通过对三所不同类别的新建本科院校转型发展真实状况的实地调查，提出新建本科院校只有突破常规，实施转型发展，才能化解所面临的危机；其次，他以自组织理论为分析框架，从影响新建本科院校转型发展的因素中选出3个

---

① 王建华：《大学转型的解释框架》，《中国地质大学学报（社会科学版）》2011年第1期。
② 王建华：《我们时代的大学转型》，教育科学出版社2012年版。
③ 张慧洁：《巨型大学组织变革》，博士学位论文，厦门大学，2003年。
④ 马廷奇：《大学组织的变革与制度创新》，博士学位论文，华中科技大学，2004年。
⑤ 程利：《转型性变革情境下的大学组织文化转变》，《江苏社会科学》2015年第3期。
⑥ 刘彦军：《地方本科高校转型发展模式研究》，《中国高教研究》2015年第10期。

一级变量及其相应的二级变量，将这些变量分为起辅助性作用的外源变量、起主导性作用的内源变量和起决定性作用的支配变量，并从动态层面揭示出新建本科院校转型发展的动力学机制、路径实现机制以及逻辑演进机制。王玉丰还认为教学服务型大学是新建本科院校转型发展的客观目标与现实归宿，而"战略—组织—制度"三位一体构建模式是其主要行动策略。[1] 顾永安认为新建本科院校办学定位中存在盲目草率、脱离实际、个性缺失、流于形式等弊病，而新建本科院校转型发展的内源动力在于新大学精神——参与式建设、新质量标准——社会性标准、新教育模式——产学研合作，应借鉴欧美创业型大学的成功经验，以应用型品牌大学为转型目标，通过校地互动，立足地方性的服务面向、应用型办学类型、特色化的学科专业定位，促进学校全面转型。[2][3] 陈新民在对新中国成立后中国高校经历的三次大的院校调整和转型进行梳理的基础上，总结了新建本科院校转型中存在三个误区：即教育内外部关系失衡、内涵外延发展失调、模式单一和特色缺失。他还从新建本科院校与区域经济协同发展的角度出发，以教育服务型大学为转型目标，提出区域经济视野下新建本科院校转型有自然催变、脱胎跨越和中间跳变三种基本模式，有优化学科专业布局和人才培养模式、调整科技服务方向和夯实学科基础等基本路径，须突破制约转型的校企合作瓶颈和课程瓶颈。[4][5]

地方原划转行业高校在划转地方后，普遍面临定位模糊、结构失衡和资源减少等难题，因此也成为转型研究的热点。基本观点有：高校隶属关系的改变深刻影响着招生、教学、科研等各项管理工作，给高校带来了学科发展受限、学校定位模糊以及办学投入减少等困境和

---

[1] 王玉丰：《常规突破与转型跃迁——新建本科院校转型发展的自组织分析》，博士学位论文，华中科技大学，2008年。
[2] 顾永安：《关于新建本科院校转型发展的思考》，《教育发展研究》2010年第3期。
[3] 顾永安等：《新建本科院校转型发展论》，中国社会科学出版社2012年版。
[4] 陈新民：《新建本科院校转型研究》，《教育发展研究》2009年第1期。
[5] 陈新民：《区域经济视野下的新建本科院校转型研究》，浙江大学出版社2014年版。

挑战;① 这些院校大多学科结构单一,基础学科和人文社会科学薄弱,导致特色优势学科缺乏支撑,服务面向相对狭窄,自身发展受限;②③一些原行业院校在转型过程中努力淡化原有的行业色彩,却损害了办学特色与优势;④ 地方高校是区域技术创新体系的主要部分,应在促进地方经济社会发展中发挥主导作用。学者们重视对划转行业高校进行案例研究,总结了划转行业高校在定位和发展过程中的经验教训,如叶芃认为应当坚持市场导向、特色强化、质量竞争原则,准确定位,不拔高、不气馁,注重把握时机实现转化,学校就能得到较快发展,否则就会错过学校发展的最佳时期限制发展,或者超出实际情况反而影响发展。他还认为高校定位应适度超前,因为高校定位应是对学校现存状态的否定和超越,属于一种理想建构。⑤ 韩高军、郭建如运用组织社会学的制度理论对某校划转后的组织转型过程进行了深入分析,认为知识、政府和市场是影响案例高校转型的三种主要力量,代表三种力量的各方势力经过博弈决定了组织转型的方向和过程。在转型过程中,案例高校须面对服务面向调整、资源依赖路径断裂和组织心理氛围波动等挑战,须实现由服务行业经济为主向以服务地方经济为主的转型,由以教学为主的单科性学院向教学科研并重的多科性大学的组织转型,并须明确"行业性"和"地方化"的组织特性。作者还认为创业型大学是划转院校组织转型的发展方向。⑥⑦

在教师教育大学化等国际发展趋势影响下,师范院校从 20 世纪

---

① 赵辉:《划转院校改革发展的实践与思考》,《煤炭高等教育》2002 年第 6 期。
② 罗承选:《关于行业院校在建设创新型国家中地位与作用的几点思考》,《中国高校科技与产业化》2007 年第 3 期。
③ 王洪明:《科学发展观视域下行业特色型大学核心竞争力的培育》,《沈阳建筑大学学报(社会科学版)》2009 年第 7 期。
④ 颜事龙:《特色·内涵:行业院校办学若干问题的思考》,《煤炭高等教育》2009 年第 3 期。
⑤ 叶芃:《地方高校定位导论》,湖北人民出版社 2007 年版.
⑥ 韩高军、郭建如:《划转院校组织转型研究——以湖北某高校为例》,《教育学术月刊》2011 年第 5 期。
⑦ 韩高军:《创业型大学视角下的行业院校转型》,《中国高校科技》2013 年第 3 期。

90年代起也开始了转型，具有代表性的观点主要有：师范院校的转型主要是指其办学理念上的综合性与转型形式的多元化，而并不意味着校名和办学形式的必然改变，以及教师教育特色的必然丧失；[1] 是高师院校为了适应新形势、满足为社会培养高素质、多类别人才的需要而把学校办成多科性或者综合性院校、教学型或者研究型高校的过程，[2] 是包括学科、专业和人才培养模式在内的结构性调整，是一种范式变革，[3] 这一转型的实质内涵在于抛却所谓师范性与非师范性、专业性与学术性的争议，通过组织目标和策略的转变来优化教学资源配置，突出办学优势，提高办学效益，提升市场竞争力；[4] 其实质是要实现高等师范院校组织功能的拓展和组织属性的转变，重新确定高校自身的社会地位和学术地位[5]，主要包括办学规模的转型、管理机制的转型、培养目标与发展思路的转型、学制的转型四个方面[6]，基本要素包括办学理念的转变、学校职能的转变、转型后学校的战略定位以及学科结构的调整等。[7]

以转型目标来看，呈现多样化趋势，有较早提出的"教学型或教学研究型大学"、潘懋元先生提出的"应用型本科院校"、刘献君教授提出的"教学服务型大学"、在伯顿·克拉克影响下的"创业型大学"以及近年来最富争议的"应用技术大学"，等等。其中，研究应用技术大学转型目标及相关政策的文献近期最多。"地方高校转型发展"相关政策出台后，学界主要有两种态度和观点：一是论证地方本科高校转型发展政策的科学性，研究实施的步骤、内容和面临的具体问题；二是论证地方本科高校转型发展政策目标达成的可能性，关注地方本

---

[1] 钟秉林：《教师教育的发展与师范院校的转型》，《教育研究》2003年第6期。
[2] 吴跃文：《论高师院校转型》，《浙江社会科学》2003年第4期。
[3] 郑师渠：《论高师院校的转型》，《教师教育研究》2004年第1期。
[4] 阎光才：《美国教师教育机构转型的历史经验及其启示》，《教师教育研究》2003年第6期。
[5] 张斌贤：《论高等师范院校的转型》，《教育研究》2007年第5期。
[6] 钟晨音：《师范院校转型中课程建设的困境与突破》，《教师教育研究》2003年第6期。
[7] 李喆：《地方高等师范院校的转型与发展》，中国社会科学出版社2008年版。

科高校转型困境和政策的负面影响，研究政府与大学等政策背后的深层利益关系。学界争议的焦点集中在政府和市场在地方高校转型发展中的作用上。很多学者认为，地方高校转型发展是政府根据就业市场供求失衡状况而"倒逼"高等教育进行的"深层次改革"，也有学者认为，无论是中央政府还是地方政府，其强制性和统一性的行政管理方式导致地方本科院校的发展长期处于"计划经济"模式下，严重束缚了地方本科院校的发展。因此，政府不应大包大揽，而更需要用市场竞争来促使地方本科院校转型发展。

在地方高校向应用技术大学转型的具体过程方面，史静寰明确指出对于高校而言转型比新建更加困难，但它们的转型是实现社会转型的基础和组成部分，应认清院校转型条件、基础与转型路径：各级政府要在立法和财政方面加强对地方本科高校转型发展的宏观引导，尤其是地方政府要依据区域社会经济需求科学规划和促进地方高校的特色发展；地方高校要通过培养具有理论基础知识和实践创新能力的高级应用型人才来服务于区域社会经济发展。[①] 孙诚通过调研发现，院校转型的基础不同：行业特色高校和高职升格而成的地方本科高校基础较好；民办高校虽然机制灵活，但经费来源单一，教师队伍不稳定；独立学院则两级分化；师范类院校由于历史包袱较重而转型困难。[②] 吴仁华将地方新建本科高校向应用技术大学的转型视为一种自我"革命"，即在大学本质及价值观等方面的反思与重建，需要解决人才培养目标设定问题、推进管办评分离机制转换问题、市场在资源配置中起决定性作用背景下应用技术人才综合素养提升问题、应用技术大学专业布局及实践体系构建问题、以增强实践能力为核心的师资队伍结构性转型问题、应用技术大学社会服务能力提升及实效增强问题、以

---

① 史静寰：《建设中国特色的应用技术大学》，产教融合发展战略国际论坛主题发言，驻马店，2014 年 5 月。
② 孙诚：《欧洲应用技术大学对我国大力发展职业教育的启示》，产教融合发展战略国际论坛主题发言，驻马店，2014 年 5 月。

消化转化为目的深化国际国内合作交流问题等。① 陈小虎提出，创建应用技术大学面临十个方面的问题：一是专业与学科建设之争；二是教学与科研关系之争；三是职教与普教关系之争；四是理论与实践关系之争；五是本科与专科之争；六是先进与落后之争；七是通才与专才之争；八是高级与低级之争；九是创新与继承之争；十是"应用型是什么"之争。② 孙泽平等人认为新建本科院校实现应用转型，应以区域经济社会发展需求为导向，及时调整专业设置和专业方向，积极发展应用型专业，并对文科类专业进行应用性改造。③

在"教学服务型大学"等其他转型目标下的地方高校转型文献也很多，其中具有代表性的主要有：陈建国认为，中国地方高校转型发展遇到了办学定位未能突出专业性和社会责任、教师社会服务意识能力欠缺、大学政产学研服务社会的深度力度不够等困境，因此应积极学习"教学服务型大学"办学定位，高度重视大学社会服务职能，大力开展社会服务活动，不断拓宽社会服务领域与途径，倡导"教学学术"和"服务学习"等理念，强化"双师型"教师培养。④ 王坤、蒋国平认为基于创业型大学的组织转型日益成为许多中国高校关注的议题，但在其进行组织转型的过程中存在大学身份障碍、政府职能障碍、员工认知障碍三大难题。⑤ 作者认为这种组织转型不应囿于研究型大学而应呈现大学身份的多样性，政府应进一步扩大高校的办学自主权，出台政策引导高校向创业型大学转型，大学内部员工即教师需要跨越认知障碍，积极获取多样性身份，使"学术企业家"的身份更具合法

---

① 吴仁华：《建设应用技术大学需要解决六个问题》，《中国教育报》2014年5月12日第10版。

② 陈小虎：《创建应用技术大学的十个困惑与思考》，产教融合发展战略国际论坛会议论文集，驻马店，2014年5月。

③ 孙泽平、漆新贵：《新建本科院校如何实现应用转型》，《教育发展研究》2011年第21期。

④ 陈建国：《威斯康星思想与我国地方高校转型发展》，《高等教育研究》2014年第12期。

⑤ 王坤、蒋国平：《基于创业型大学的高校组织转型障碍问题》，《现代教育管理》2010年第8期。

性。任玉珊从大批高等工程专科学校转型为应用型本科院校（大学）的现象出发，明确提出高等工程专科学校升格为应用型工程大学必须在组织上进行全面变革，实现组织转型。作者通过总结应用型工程大学组织转型要素的变革特征，指出应用型工程大学成功转型的关键要素在于领导变革、资源调配、结构重组、教学流程再造和文化重塑等方面。[①]

（四）文献评析

通过以上几个方面的文献扫描与综述，可以发现：

首先，高等教育合法性和后大众化的相关研究在中国仍处于理论引进和研究起步阶段，不仅数量上相对较少，而且对后大众化时代中国地方本科院校发展所面临的特殊矛盾关注不够。同时，对后大众化的时代特征、中国经济社会转型的社会特征与地方本科院校组织合法性的关系及合法性危机的认知和分析，既缺乏和中国高等教育发展道路及改革情境相结合的理论升华，也缺乏有关地方本科院校的案例研究和其他实证分析。因此，需要将组织合法性等理论与地方本科院校的发展实际相结合，系统梳理地方本科院校在形成与发展中获得合法地位的历史过程，对当前它所面临的危机及其因果机制进行理论解读和探索。

其次，关于某类地方本科院校转型的具体研究虽然较多，但多集中于从某种类别高校向某种转型目标下的转型发展，从整体上总结地方本科院校转型发展一般规律的较少，在转型目标、转型内容和转型路径等方面也存在很多争议，需要进行系统梳理和理论总结。同时，在地方本科院校转型实践上多借鉴西方高校的转型经验，也需要对其在中国的适宜性进行探讨。

最后，从目前地方本科院校转型相关研究来看，与全球化、知识社会、第三次工业革命等新的经济社会趋势相联系的高等教育新观念、

---

① 任玉珊：《应用型工程大学的组织转型》，《高等工程教育研究》2010年第6期。

新思想,对地方本科院校转型的指导仍需要加强。因此,需要进一步将高等教育转型的新理念与经济社会转型相结合,研究地方本科院校开发新的合法性资源实现成功转型的可行性。

因此,本书以组织合法性理论为分析框架,从后大众化时代地方本科院校所遭遇危机的性质界定着手,分析其危机表征、实质、根源与应对策略,寻求地方本科院校转型发展的一般理论性解释,并对地方本科院校在多种转型目标下的转型效果进行考察和评价。

五　研究设计

(一) 研究思路

本书拟解决的核心问题为:后大众化时代地方本科院校的组织合法性危机的表现和实质是什么?其根源是什么?该如何重建?具体来说,可以分解为以下小问题:

(1) 什么是高等院校的组织合法性及合法性危机?

(2) 如何理解后大众化时代西方高等院校面临的组织合法性危机?

(3) 后大众化时代地方本科院校是否面临合法性危机?

(4) 地方本科院校的组织合法性是如何建构起来的?具有哪些特征?

(5) 地方本科院校的组织合法性在后大众化时代的现实条件下如何走向冲突和解构?

(6) 地方本科院校有哪些重建组织合法性的实践行动?存在哪些问题?

(7) 基于对地方本科院校行动的反思,该如何重建组织合法性?

本书的基本思路为:第一,基于组织合法性理论的分析框架,结合后大众化时代西方高等院校组织合法性危机的相关研究,对中国地方本科院校组织合法性危机的表现进行分析和比较,确定危机的实质;第二,对地方本科院校组织合法性危机的根源进行历史考察和现实考察，重点关注地方本科院校是如何建构起组织合法性的，在后大众化时代的现实条件下又是如何面临冲突与解构的；第三，选取地方本科院校的典型案例，对当前地方本科院校重建组织合法性的实践行动进行案例分析；第四，对地方本科院校重建组织合法性的行动进行反思，对地方本科院校重建组织合法性的未来道路进行展望。

（二）研究方法

本书主要运用以下研究方法：

统计分析法：收集美日等国家高等教育发展的毛入学率、在校生规模、经费投入及来源等相关数据，以及中国高等教育毛入学率，地方本科院校的校数、在校生规模、经费投入等相关数据，分析其数量关系，对高等院校的组织合法性危机表现进行描述，在此基础上对危机的实质进行阐释。

历史研究法：以中国不同历史时期所发布的关于地方本科院校的设立与管理体制改革等相关政策文件为基础，根据中国高等教育制度形成与发展的宏观背景和高等教育领域纲领性文件发布的时间，进行历史分期，总结不同历史阶段地方本科院校组织合法性的建构过程及主要特征，以及后大众化时代经济社会变迁给地方本科院校合法性带来的挑战、冲突及解构。

案例研究法：选取H省7所地方所属本科院校作为案例，结合访谈法和问卷调查，以组织合法性理论为依据，研究其组织成员对组织合法性危机的感知，并对其转型政策认同状况进行分析，进一步探索组织转型中的策略偏好与路径依赖等现象。

访谈法：与案例研究法结合一起运用，对所选取的地方本科院校典型案例中，组织内部具有代表性的教师、行政人员、学生等人员，调查其对地方本科院校及其转型行动的评价与认同情况。

（三）本书框架

第一章为绪论，对问题提出的背景、研究意义、研究思路、研究方法进行介绍，以及对相关文献进行综述，对相关概念进行界定。

第二章是对组织合法性理论及其在高等教育领域的应用进行介绍，特别是对组织合法性的概念与内容分类、组织合法性危机的表现、解释及应对策略进行阐述，为本书后面的分析提供一个研究框架。

第三章是将后大众化作为高等院校组织面临合法性危机的时代背景，对后大众化的概念以及几个主要问题进行解释，并结合美日等西方高等教育发达国家的近期变化，对高校组织合法性危机的表现与实质进行研究。

第四章是对中国地方本科院校当前所面临的种种困境进行分析，总结地方本科院校组织合法性的危机表现，并与西方高等教育发达国家的变化进行比较，探讨地方本科院校组织合法性危机的实质。

第五章是对地方本科院校组织合法性危机的历史根源进行探索，即依据组织合法性理论中的合法性分类，研究地方本科院校在制度初始化时期与制度变革时期，在规制合法性、规范合法性和认知合法性等方面的主要特征和问题。

第六章是对地方本科院校组织合法性危机的现实条件进行分析，即探讨后大众化时代的经济社会变迁，尤其是中国经济下行而产能过剩的经济"新常态"和社会发展给高等教育带来的挑战，总结地方本科院校组织合法性所面临的冲突与解构。

第七章是选取正处于转型过程中的地方本科院校作为典型案例，调查地方本科院校内部组织成员对地方高校组织目标和转型策略的评价与认同情况，分析地方本科院校转型发展过程中存在的主要问题。

第八章是结合之前的研究，总结与反思地方本科院校在重建组织合法性过程中所面对的主要障碍，并对其重建组织合法性的未来道路进行展望。

第二章

组织合法性：后大众化时代地方本科院校危机研究的理论基础

一 组织合法性的概念

"合法性"概念经过政治哲学、法学、社会学等众多学科的研究，已演变成一个内涵非常复杂的概念。由于本书的研究对象为地方本科院校组织，因此本书从组织社会学的角度对组织实体的合法性问题进行梳理。赵孟营认为，一个事实的社会组织不可能绝对没有组织合法性，否则它就已经死亡而不成其为一个社会组织了。[①] 社会学意义上的合法性较为宽泛，主要是指由于被判断或被相信与某种规则相符而被认可或被接受，因此合法性被认为是客观地拥有但主观创造的。

在合法性的定义中有两个要素：首先是某种规则的存在，或者人们认可、接受与信任的一种普遍条件，这种规则或普遍条件被称为"法"。"法"，不能简单等同于正式的文本形式的法律规范、法律制度，也可以指非制度形式的习惯、惯例，即人们心中认同的价值准则。对组织而言，这种"法"既存在于组织外部的社会环境中，也存在于组织内部成员的心中。从西方学者的研究来看，在对组织合法性中"法"的来源的解释上主要有理性建构主义和经验主义两种流派。理

---

① 赵孟营：《组织合法性：在组织理性与事实的社会组织之间》，《北京师范大学学报（社会科学版）》2005 年第 2 期。

性建构主义认为"法"来自人们的宗教信仰，或者必须遵守和服从的伦理原则及自然法则。① 例如，古代政治思想家的"君权神授"论，近代政治哲学家卢梭提出的基于公义的"社会契约"论，等等。这些理论的共同之处就在于，他们认为"法"总体上都是来自组织外部的先验的社会价值规范预设。理性建构主义认为，组织应该符合社会的这些价值规范预设，并应按照这些价值规范预设来判定组织是否具有合法性。与之相对应，经验主义认为组织的合法性不应是来自先验的价值判断，而应来自组织共同认可的信念。其代表人物是马克斯·韦伯，他认为不存在所谓的先验的价值规范预设，在现代社会中上帝的统一权威已被颠覆，人们的行为趋于理性化。组织成员服从某种强制、规则或秩序的主要原因在于组织成员相信或认同其"正当性"。而正当性的基础则是这些外来的规则、秩序中包含着与行动者意向或价值取向相吻合的意义结构。韦伯认为传统、情感、价值理性的信念以及法律是某种秩序获取正当性的主要途径：从传统中获得的正当性对应于传统型的统治；来自于情感认同的正当性对应于个人或领袖的魅力型统治；来自于手段或目的判断的正当性则对应于法理型统治；而来自于价值信念的正当性即价值理性对应于自然法。② 因此，他主张对组织合法性进行价值中立的实证研究，从而使组织合法性问题"不再指向政权本身"，③ "由一个事关权力体系的性质的价值问题，转变成了对于身处权力体系中的人的信念的实证问题"；组织合法性的研究任务就是"做出有关人们对合法性的信念的报告"，④ 这个解释给后来的有关组织合法性的实证研究以有力支持，也是本书的一个基点。很多学者都将组织合法性问题视为个体的感知与信念问题，如萨奇曼认为合法性是人们对于组织实体行为在"社会建构的准则、价值观、信

---

① 郝宇青：《论合法性理论之流变》，《华东师范大学学报（哲学社会科学版）》2007年第5期。

② ［德］马克斯·韦伯：《经济与社会》，林荣远译，商务印书馆1997年版，第64页。

③ Robert Grafstein, "The Failure of Weber's Concept of Legitimacy", *Journal of Politics*, Vol. 43, 1981.

④ David Beetham, *The Legitimation of Power*, London: Macmilan, 1991.

仰及定义系统中的可取性、恰当性以及合理性"的"感知或假设",[①]这使得组织合法性研究逐渐走向心理学视角,即从心理学的角度研究"法"的建构。

合法性定义的第二个要素就是,组织及其行动由于符合了上述之"法"而得到广泛且相对稳定的承认、接受、认可和认同。所谓承认、接受、认可、认同,可以说是从心理学的层面,对组织及其行动认可程度的等级划分——承认是对事实行为表示确认,重在表示确认组织及其行为与"法"初步一致;接受是对事物容纳而不拒绝,重在表示容纳该组织的存在,并且不拒绝其行为对自身的影响;认可则更进一步,指承认和许可,是对某组织及其成员的资格予以承认的合格评定活动,即不仅承认,还许可该组织及其成员从事某项专业活动;认同则除了认可之外,还包括了同化、模仿之意,即模仿该组织及其行为进行新的机构设置,推行类似的制度和行为模式。可以看出,以上等级是一步步递进的,表示认可的最高等级是认同。也就是说,组织合法性包括对组织及其行为的认知,然后在认知的基础上,从情感层面表达的肯定态度,以及从行为层面进行的模仿和同化。

二 组织合法性的分类

组织合法性的定义对其分类具有重要的指导意义,也就是说,根据组织合法性定义中的两个基本要素,组织合法性主要有以下几种分类方式。

(一)组织的规制合法性、规范合法性与文化—认知合法性

在分类问题上,组织合法性的内容首先可以根据"法"的性质或者说组织制度的要素基础进行划分。这种分类中产生较大影响的是

[①] Mark C. Suchman, "Managing Legitimacy: Strategic and Institutional Approaches", *Academy of Management Review* 20, No. 3, 1995, pp. 571–610.

W. 理查德·斯科特的规制合法性、规范合法性、文化—认知合法性三分法。斯科特认为规制性要素、规范性要素、文化—认知性要素是构成或支撑制度或所谓"法"的三大基础要素。这三大基础要素为组织合法性提供了有力支撑,组织合法性被定义为组织的一种反映被感知到的、与相关规则和法律、规范支持相一致的状态,或者与文化—认知性规范框架相亲和的状态。因而组织合法性可以划分为规制合法性、规范合法性和文化—认知合法性三种基本类型。

规制合法性即强调规制是合法性的基础,合法组织是那些根据相关法律与准法律要求而建立的、并符合这些要求而运行的组织。由于这些规制是来自政府、专业机构、行业协会等相关部门的规章制度,组织可以通过遵纪守法、遵守规章制度和积极获得各种专业认证,来表明组织是合法的,得到认可的。

规范合法性则强调评估合法性的道德基础,即合法组织的行为必须是与社会广为接受的价值观念和道德规范相符合的。

文化—认知合法性强调通过遵守共享的情景设定、角色模板、认知参考框架来获得合法性。这里的共享设定、模板或框架是指一种处于意识深层的认知图式或共同信念,因而所获取的合法性在通常情况下难以显露,也就很难进行观察,却往往最为稳定,难以发生改变。W. 理查德·斯科特使用带有连字符的"文化—认知"一词,意指"内在的"理解过程是由"外在的"文化框架所塑造的,[①] 也有学者直接使用认知合法性一词。

这三种组织合法性有着实质性的区别,并且彼此之间有时可能发生冲突。但是,斯科特又指出,实际上在组织的制度化过程中,往往并非单一合法性在起作用,而是三大合法性之间的不同组合在起作用。上述三种合法性不必独立于彼此。例如,社会价值,可能是形成社会认知图式的驱动力,同时又影响和被规制影响。正如斯科特所言,能

---

① [美] W. 理查德·斯科特:《制度与组织》,姚伟等译,中国人民大学出版社2010年版,第66—70页。

获得法律机构认可、规范性机构支持，且实施在文化上得到认可的行动或战略的组织往往更具有生命力。需要注意的是，在不同的情景设定中它们的地位和作用各有差异，即某一合法性可能被假定为首要的合法性。迈耶、斯科特等人强调文化—认知维度对于组织合法性的重要性，他们认为组织的合法性就是指组织得到文化支持的程度。①

根据"法"进行分类，除了斯科特的三分法外，还有其他较有影响的分类，如萨奇曼将合法性分为实效合法性、道德合法性和认知合法性。其中，实效合法性是要求组织行动与其利益相关者的利益相一致。② 奥尔德利奇将规范合法性和认知合法性合并为一个新的范畴——文化合法性，在这里不再赘述。③

（二）组织的外部合法性与内部合法性

组织合法性还可以根据"法"和承认、认可主要来自组织外部还是内部而划分为组织外部合法性和组织内部合法性。一般来说，得到来自外部社会的承认、接受、认可和认同，即获得外部的组织合法性，表明该组织可以在社会中获得较为持久的生存和发展的机会。得到来自内部社会的承认、接受、认可和认同，即获得内部的组织合法性，表明该组织可以得到内部成员的一致支持。

组织社会学的学者历来偏重于对组织外部合法性的研究，且常常将组织合法性等同于组织外部合法性。例如，T. 帕森斯提出合法性来自社会的价值规范系统，即制度模式根据社会系统价值基础被合法化。而与此同时，他仍坚持韦伯的经验主义思路，强调合法性的因素在具

---

① John W. Meyer and W. Richard Scott, "Centralization and the Legitimacy Problems of Local Government", In *Organizational Environments: Ritral and Rationality*, edited by John W. Meyer and W. Richard Scott, Beverly Hills, CA: Sage, 1983, p. 201.

② Mark C. Suchman, "Managing Legitimacy: Strategic and Institutional Approaches", *Academy of Management Review*, 1995, 20 (3), pp. 571–610.

③ Fiol. Aldrich, "Fools Rush in? The Institutional Context of Industry Creation", *Academy of Management Review*, 1994, 19 (4), pp. 645–670.

体情况下始终是个经验问题，而且决不能先验地假定。① 其后的社会学学者，尤其是组织研究中的新制度学派更是强调外部合法性的重要性：较早对组织合法性进行研究的斯科特认为组织的生存和发展既需要来自外部社会的物质资源、技术和信息，也需要得到外部社会的认可、接受与信任。② 较早做出明确而具有广泛影响的定义的学者莫勒认为"合法性是组织向同行和上级证明其存在正当性的过程"，③ 并描述了外部规则对内部规则的支配与替代状况。普雷佛等人强调了文化认同在组织自我证明合法性过程中的作用，④ 认为合法性是一种评估，是组织行动所蕴含和体现的价值追求与社会行为准则的一致性，因而社会文化期待对组织的评价远比组织的自我判断更重要。迈耶和斯科特则描述了组织合法性与其所处文化环境之间的关系，认为组织的合法性在于社会承认，而非社会期待；在合法性的形成过程中，认知和对组织行为理解的特性，比价值判断的特性更为重要。⑤ 迪玛尼奥和鲍威尔也强调组织合法性是指在符合社会准则的前提下组织及其行为被接受和理解的状态与过程。⑥

上述研究者的这种做法，具有一定合理性。原因在于现代组织越来越具有开放性，组织内部成员同时也是社会成员，组织内部成员普

---

① ［美］T. 帕森斯：《现代社会的结构与过程》，梁向阳译，光明日报出版社1988年版，第144页。

② W. Richard Scott, Martin Ruef, Peter J. Mendel, Carol A. Caronna, *Institutional Change and Healthcare Organizaions*：*From Professional Dominance to Managed Care*. Chicago：University of Chicago Press, 2000, p. 237.

③ John G. Maurer, *Reading in Organizational Theory*：*Open System Approaches*, New York：Random House, 1971, p. 361.

④ Jeffrey Preffer, "Management as Symbolic Action：The Creation and Maintenance of Organizational Paradigms", In Cummings & Straw, *Research in Organizational Behavior*, Vol. 13：1 – 52, Greenwich, CT：JAI press, 1981.

⑤ John W. Meyer and W. Richard Scott. "Centralization and the Legitimacy Problems of Local Government", In *Organizational Environments*：*Ritral and Rationality*, edited by John W. Meyer and W. Richard Scott, Beverly Hills, CA：Sage, 1983, pp. 199 – 215, 201.

⑥ DiMaggio Paul and Walter Powell, "The Iron Cage Revisited：Institutional Isomorphism and Collective Rationality", *American Sociological Review*, 1983（42）, pp. 726 – 743.

遍认同或共享的规范、制度和价值准则有时就来自社会外部环境，两者必然存在一定程度上的"一致性"，或者说在一定程度上共通。然而，以组织外部合法性替代组织内部合法性的做法还需要进行质疑。这种做法的缺陷在于只承认人为组织的规范、制度、价值准则及其行动须符合社会普遍认同的规范、制度和价值准则，而忽略了组织内部相对独立的规范、制度和价值准则的存在。那么，组织内部究竟有没有相对独立的规范、制度和价值准则？对这个问题的回答取决于对"组织"性质的不同理解。哈耶克将组织限定于一种人为建构的制度安排，而组织社会学领域的很多学者认为组织既有自主形成或建构的，也有人为建构的，也不局限于一种理性系统。尤其是斯科特所代表的新制度学派以一种开放的观点重新理解组织及其演化，强调组织的发展演化不仅是受技术和物质资源的压力影响，而且还受社会文化观念、规范、习俗等的影响。从这个意义上来说，社会组织也有可能具有自生自发的内部规则，并非都是受外部规则或人为设计的理性制约，组织合法性与合理性并不能划等号。① 这种构成组织合法性的自发规则，既不是超验意志的决定，也不是人的理性设计的结果，而是通过组织漫长的进化过程将更多经验和知识整合为一体的共识。

从组织发生学上来看，组织内部相对独立的规范、制度和价值准则不仅应该存在，而且是一个或一类组织区别于其他组织进而获得社会承认的关键部分。组织有自主建构和人为设置两种形成方式。从组织的自主建构方面来说，亚里士多德认为，人类组成社群有着自然的必然性，也就是说，人类具有合群的本性，当发展到一定程度就必然要组成作为一个拥有某种共同的价值、规范和目标的实体而存在的社

---

① 合法性与合理性本身就是两个容易混淆的概念，人们在不同领域的不同层次上运用这两个概念，不同语境下可以有复杂多样的解释，因此，这里仅试图作一个简单的区分。从组织社会学的角度出发，组织合法性与组织合理性两个概念既有重叠之处，也有一定差异。两者都是指组织被认可，从字面上来说，前者指合乎规则和价值标准，后者指合乎某种客观规律和价值标准。如果按韦伯的观点，两者都包括了来自手段或目的判断的正当性和来自价值信念的正当性，既对应于工具理性，又对应于价值理性。两个概念的主要差异在于，组织合法性还可以指来自习俗的正当性，而习俗可能因其非理性被组织合理性排斥。

群。而英国社会学家麦基弗（R. M. MacIver）认为社群不是简单的个人利益的集合，它还需要一种组织作为载体，这种组织可以小到家庭，大到国家。当社群具有了高度的具体化目标和形式化结构，就实现了具有持续性的、可靠的、可控的组织化。① 而这样的组织化仍离不开导致其形成的共同价值观和规范，对于社群或共同体而言，组织是外在制度形式或技术体系，而共同价值观和规范是内在精神内核，决定着组织的运行秩序，也维持着组织的稳定与持续，因而被称为文化基因。赵孟营认为，当社会组织自觉遵循这套独特的共识性或强制的行动逻辑规则和经验惯例的时候，该组织就具有了组织理性，这种共识是以组织为载体的理性的重要内容。②

另一方面，有许多社会组织的诞生是人为设计和设置的产物，即由有势力或有资源的组织、群体或个人通过命令方式强制建立，或者通过申请、劝募、诱惑的方式非强制建立。组织研究的新制度学派提出了合法性机制的概念，即对于人为设置的组织，或者自主建构组织接受和采纳外界公认、默许的形式、做法或"社会事实"，可以通过两种机制获取合法性：首先是"强意义上"的合法性机制，即指组织行为和形式都由外部规则或制度强制塑造的，组织或个人本身没有自主选择权力；其次是"弱意义上"的合法性机制，即指通过利益驱动，诱导和鼓励人们实施受到社会认可的行为。迪马奇奥和鲍威尔认为制度同形性变迁的机制包括强制、模仿和规范三种，强制属于"强意义上的"合法性机制，而模仿和规范属于"弱意义上"的合法性机制，它们都使用制度环境即社会的共享观念来解释组织或个人的行动，阐释相同的制度环境决定了组织或个人的行为趋同性。③

因此，组织内部相对独立的规范、制度和价值准则体现了组织的自主性，是一个组织区别于另一个社会组织的核心特征。当这种具有

---

① 俞可平：《社群主义》，中国社会科学出版社1998年版，第56、57页。
② 赵孟营：《论组织理性》，《社会学研究》2002年第4期。
③ 周雪光：《组织社会学十讲》，社会科学文献出版社2006年版，第78—85页。

独特性的组织得到社会认可之时，在公共利益或国家利益的驱使下，由社会或国家力量来推广这种组织形式，人为设置具有制度同形性质的新的组织，这时这种相对独立的规范、制度和价值准则就已经进入社会共享观念层面，成为制度环境中的一个维度。由此可知，组织内外的"法"既具有一致性，又具有差异性。而仅偏重组织外部合法性的研究，或者直接以组织外部合法性来取代内部合法性的研究是不合理的。有少数学者开始重视研究组织内部合法性及其与外部合法性的关系。例如，辛格等人较早从组织内外的视角来研究合法性，并明确提出外部合法性的概念，认为外部合法性是指一个组织的行动须得到外部环境中利益相关者的支持和认可。[①] 虽然他并没有提出组织的内部合法性概念，但是他对组织的结构惯性及其与外部合法性之间的关系进行了探索。他引用汉南和弗里曼的研究结论，指出结构惯性是高效能组织加强组织再生产的一种手段，一般来说，老组织具有较高的结构惯性，并凭借着结构惯性从市场的优胜劣汰过程中获益。从他的解释可以看出，组织的结构惯性相当于组织内部稳定的制度要素。赵孟营则分别对组织外部合法性和组织内部合法性进行了界定，认为前者是指组织的权威结构获得的社会承认、支持和服从，后者是指组织的权威结构所获得的组织成员的承认、支持和服从，并将组织内外的合法性即承认、支持和服从视为组织的资源基础。在这里，所谓权威结构，就是指在社会组织的建构过程中最先形成的是与权力、权威相关的制度。权威结构的建立，以及对权威结构的承认、支持和服从与组织合法性密切相联。在自然形成的社会组织中，对于谁可以占据权威地位，谁居于从属地位，这种关于彼此"关系"的认识是组织最早形成的共识，是组织合法性的制度要素基础之一。而在那些非自然形成、非自主建构的社会组织中，权威结构是被设计好而强加给组织的，代表了规制合法性。在这类组织中，那些建立或设置新的社会组织的

---

① Jitendra V. Singh, David J. Tucker, Robert J. House, "Organizational Legitimacy and the Liability of Newness", *Administrative Science Quarterly*, 1986 (2), pp. 171–193.

社会势力（包括组织、群体和个人）一般通过委任代言人的方式来保证组织符合自己的愿望和要求。这些代言人由于其代表组织后台老板的意志而成为"代表性"组织成员，并被社会视为组织的代表。而在组织中只代表个人的普通组织成员，在刚加入组织时只是自己个人理性的代表，总是处在组织权威结构的底层。组织权威结构的被承认、支持和服从实际就是组织的"规则"嵌入到组织成员个人的价值观、道德标准和认知图式的程度。随着这种嵌入程度的拓展、加深和持久，组织内部合法性的基础逐渐稳固。

对于大学组织而言，组织内部合法性具有格外重要的意义，应重视对组织内部合法性的研究与测量。如前所述，任何组织的最初形态就是人群，也许这一个人群聚集起来只是基于某种生存的需要，某种利益的联结，但是为了更好地生存，更长久地获取利益，人群就必须稳固下来，而将这一个人群相对稳固地联系在一起的，并不是短期的生存需要或利益联结，而是在交往的基础上形成的共识。欧洲大学组织的起源就是如此，基于对知识的教与学，学者们聚集一起，对知识的追求就成为这个人群之所以联系在一起的长期目标和共识。这种共识还必须具有独特性，否则这一人群就有可能与类似人群相融合而消失。正是由于这一人群能够在自己的目标方面持续地获得成功，更加稳固和组织化，共识就会更深入人心，同时也是基于这种成功，这一具有自发秩序性质的大学组织才会得到社会的承认，获得了较为稳定的外部合法性。获得承认后，无论是基于组织内部不断向外扩张、不断复制自身的动力，还是基于组织外部的国家、宗教等更为强大的力量对于这种组织模式，包括组织的目标、权威结构、制度体系在内的不断推广，大学的组织模式就会突破具体时空条件的限制，脱耦化并广泛传播。在突破具体时空条件的限制时，组织的共识可能会有所损失，也可能发生某种改变，但总有一些最核心的要素能够保留下来，就像动植物进化过程中的遗传基因一样，能够让这一类组织之间，或者这一类组织与其他类组织之间，这一类组织与整个社会环境之间，相互识别，获得认可。

正如哈耶克曾认识到有机体与自生自发的社会秩序之间的类似，出身于生物学家的著名学者 E. 阿什比敏感地捕捉到了大学组织与有机体在传承方面的类似，以及共识对于大学传承的重要性，从而明确将这种共识——大学组织围绕着知识的教与学产生的内部规则称为"基因"，并指出"任何类型的大学都是遗传与环境的产物"。[①] 那么，究竟大学组织的"基因"是什么？他不断地分析和反思德国大学传统在英国、美国、苏联等国家发生的变化，试图将这种基因找出来。他检验了德国大学以"教学与科研相结合"等理念为代表的新人文主义大学传统，英国大学和美国大学分别对其"教学自由"和"学习自由"理念的继承和对其他一些传统的抛弃，以及新型大学的兴起，等等。然后，他对大学的遗传基因得出了较为明确的结论："就遗传的角度而看，它表现为大学教师对'大学意义'共同的一致的理解。例如，大学应代表人类的精华、客观无私、发展理性、尊重知识的固有价值等等。这些都是副校长在毕业典礼上常说的陈词老调。如果这种共同的认识强而有力，就形成一种强而有力的内在逻辑，而这种内部逻辑就由新的大学继承下去。"[②] 可以看出，这些共识具有一般性和抽象性，没有特定的目标涵义。我们应注意到的是，他之所以用"基因"而不是"本质"来命名这种共识，说明他并不相信这种共识是"大学"这一概念永恒不变的本原。本质是具有唯一性，永恒不变的，可以不依赖外部的任何关系而存在。共识却不具备这些特征，只要获得内部人员认可，它可以唯二、唯三地存在；共识只是具有相对稳定性，就像基因突变一样，一种共识可能与新的知识、经验整合而进化；更重要的是，由于在现代社会中封闭的组织难以存在，组织共识的形成与发展也要接受外部关系的制约和形塑。共识经过一代代的传播，经过不同文化和制度环境的洗礼，有时候能够保留下来的

---

① ［英］E. 阿什比：《科技发达时代的大学教育》，滕大春等译，人民教育出版社 1983 年版，第 7—9 页。

② ［英］E. 阿什比：《科技发达时代的大学教育》，滕大春等译，人民教育出版社 1983 年版，第 114 页。

仅仅是一种观念或者"信念",是"我"之所以为"我"的组织内部具有可识别性的规则、规范、符号。这种共识,现在被称为"大学精神"或者"大学文化",是包括地方本科院校在内的所有中国大学应具有的合法性。

(三) 两类划分方法的结合

虽然斯科特更倾向于研究组织外部合法性,强调制度环境对组织的制约与影响,但是从实际情况来说,规制、规范和文化—认知维度的合法性既存在于组织外,也存在于组织内。一些学者试图将两种视角或两种分类进行结合,来综合理解组织合法性。例如尚航标等曾分别从组织外部和组织内部两个视角来解读企业组织的规制、规范和文化—认知三维度合法性的来源和判定依据。[①] 根据学者们的相关研究,可进行以下阐释:

规制合法性(管制合法性)作为组织外部制度环境对组织的要求时,其来源主体是政府、专业机构、行业协会等对组织具有管理权和制裁权的权力机构或监督机构。当组织的行为符合这些机构出台的规章制度时,组织就具备了外部的规制合法性。当规制合法性作为组织内部制度体系对组织的要求时,其来源主体是组织的权力机构和监督机构。当组织的行为符合组织内部权力机构和监督机构出台的各项规章制度时,组织就具备了内部的规制合法性。

规范合法性作为组织外部制度环境对组织的要求时,其来源主体是社会公众。当组织的行为符合社会公众广为接受的价值观和社会道德时,组织就具备了外部的规范合法性。规范合法性作为组织内部制度体系对组织的要求时,其来源主体是组织成员总体。当组织的行为符合被组织成员广为接受的文化价值观与行为道德评判模式,才能获取内部的规范合法性。

---

① 尚航标、田国双、李卫宁:《组织社会学新制度主义与管理研究》,《东北农业大学学报(社会科学版)》2011年第1期。

认知合法性作为组织外部环境对组织的要求时，其来源主体是社会公众。当组织的行为符合社会公众约定俗成的文化—认知图式时，人们认为它是理所当然的，那么组织本身或组织的行为就具备了外部的认知合法性。当认知合法性作为组织内部的要求时，其来源主体是组织成员总体。当组织的行为符合组织成员某种熟悉的、约定俗成的、广为接受的文化—认知图式时，那么组织本身或组织的行为就具备了内部的认知合法性。

三 组织合法性危机的表现与测量

随着时代变迁，无论是组织外部还是组织内部，其广泛认同的规则、秩序或价值准则并不是永远不变的，即使是一些作为文化基因而被保留下来的价值准则，也在不同的时代背景下得到不同的诠释或者获得不同的表达方式。尤其是在当前以变动不居和差异化、多元化为主要特征的信息时代和全球化、后工业社会，组织合法性的稳定性经常会受到威胁，组织就有可能面临合法性的危机。然而，即使组织遭遇到种种困难和冲突，也并非都意味着合法性危机。赵孟营对组织理性和组织合法性进行了区分，认为组织遵循内部规则和经验惯例等集体共识进行行动的自觉性即组织理性，而由于因果链条的滞后效应，组织理性瓦解的组织的组织合法性未必会立即消失，只要组织合法性尚在，组织的生存就有了保障。实际上，他这里的组织理性就类似于组织内部合法性，只是将对内部之"法"的认可延伸到行动层面了。^①按赵孟营的划分，当内部合法性在危机下不断瓦解而外部合法性仍存之时，这样的组织就是"名义组织"，而当两者都具有，即作为具有

---

① 赵孟营提出的组织理性与前面所分析的组织合理性不是同一个概念，组织理性指按照内部规则和经验惯例等集体共识进行行动的自觉性，而组织合理性是指组织行为符合规制、经验惯例和价值体系而被认可的状态。如果说组织理性体现在组织的行动层面，那么组织合理性更多的体现在组织的认知层面。

完全合法性的组织时，这样的组织才是"实质组织"。① 我们要认识到，从实质组织向名义组织的转化过程是复杂的，因而组织合法性危机的表现是综合的，其测量也应是多方面多维度多方法的。根据组织合法性的基本概念，只有当冲突扩大到一定程度，导致组织的认可程度下降到一定的水平之下，才被认为是组织发生了合法性危机。对组织合法性危机的衡量，可以从宏观与微观层面，以直接和间接两种方式来进行。

首先，从宏观视角对当前的组织合法性危机进行直接的判定和衡量。根据组织合法性的基本定义，即组织合法性就是组织内外的利益相关者对组织的认可与服从，对组织合法性危机进行衡量的最直接的方式，就是调查和测度这种认可与服从的范围与水平。很多学者认为这种研究应该在心理学视角下来进行，即对组织内外的人进行具体而微观的调查和测度。而为从宏观的角度来描述和分析组织种群层面在演化过程中的"合法性"，学者们常用的替代指标有以下几种：第一是组织数量与规模。某一类的组织数量越多，规模越大，在一定程度上代表了解该类组织并愿意与其进行资源交换以保证组织生存与发展的利益相关群体越多，组织的合法性水平就越高；第二是组织所获取的资格认证，这些资格认证一般来自具有权威性的可以代表利益相关者意见的第三方机构，获得认证的组织就意味着其获得了第三方机构的认可，也就是获得了合法性；第三是代表大众意见的主要媒体报道频率及公开的组织排名。② 以上三种测量方法是在合法性实证研究过程中较为常见的，在实际运用中又根据情况进行了多种变形。例如，辛格研究的对象是加拿大多伦多地区的社会志愿者服务组织，由于这类组织产出较低，在计量其组织效能和判断组织合法性方面就面临很多困难。因此，作者采用了社会标准——组织外部的公众认可水平来

---

① 赵孟营：《组织合法性：在组织理性与事实的社会组织之间》，《北京师范大学学报（社会科学版）》2005 年第 2 期。

② 陈扬、许晓明、谭凌波：《组织制度理论中的"合法性"研究述评》，《华东经济管理》2012 年第 10 期。

评估效能和合法性，具体使用时这个标准又化作三个指标：大都市多伦多社区目录的列入、由加拿大税务局进行的慈善注册号码的发放和组织创立时的董事会规模。作者的理由是：首先，社区目录是大都市地区可接受服务的权威性参考源，经常有客户或中介机构前来咨询。当组织被列入目录时虚拟变量值为 1，如果未列入则虚拟变量值为 0。如果有的组织先被列入，但后来又被排除到目录外，则用一个新虚拟变量来表示社区目录地位的丢失，其值为 1。而那些得以在目录中保留下来的组织的新虚拟变量则相应地取值为 0。作者用这些虚拟变量的变化来表示组织合法性状态。其次，慈善注册号码是经过了对慈善机构真实性的严格审查后才发放的。有了这样一个号码，除了表明有了加拿大税务局的非营利组织许可外，还表明其所获捐款具有减免税收的资格。与上述社区目录的列入相类似，作者也用了两个虚拟变量来表示慈善注册号码的取得与失去，并在社区目录列入和慈善注册号码取得之间建立回归模型以探索两者关系。第三，由于授予董事会董事资格是组织获取组织外部利益相关者支持和资源、发展组织间承诺以获取外部环境中其他组织支持的重要途径，所以组织创立时的董事会规模被认为可以用来表明组织合法性的状态。新组织创立时董事会规模越大，说明该组织所获得的社会支持水平越高，也就更有利于新组织度过不稳定的新创期，降低死亡率。[①]

此外，如果将公共资源的分配机制视为一种组织外部合法性的获取机制，那么组织对于公共资源的追求和依赖就是一种应对外部合法性压力的表现，因此，资源获取的情况也可视为组织外部合法性的一个指标。很多学者关注组织的这种行为对组织自身的影响。例如，Kwangho Jung 和 M. Jae Moon[②] 在 1999 年和 2002 年检验了韩国文化非

[①] Jitendra V. Singh, David J. Tucker, Robert J. House, "Organizational Legitimacy and the Liability of Newness", *Administrative Science Quarterly*, 1986 (2), pp. 171 – 193.

[②] Jung M. Kwangho and Jae Moon, "The Double-Edged Sword of Public-Resource Dependence: The Impact of Public Resources on Autonomy and Legitimacy in Korean Cultural Nonprofit Organizations", *The Policy Studies Journal*, 2007, Vol. 35, No. 2.

营利组织的公共资源依赖对其自主性和合法性的影响,发现公共资源依赖具有双重效应,一方面减少了文化组织在管理上的自主性,另一方面也提高了组织合法性水平。从韩国文化非营利组织角度出发,为提高财政方面的稳定性,总是积极竞争公共资金,并认为这种公共资源的分配作为官方对其活动的认可,能够进一步加强组织合法性,然而,在政府的强干预下,对公共资源的过度依赖可能削弱组织的自主性,使组织在目标设定、资源分配和项目选择上受地方政府和中央政府的制约。从这个案例中,我们可以看出,当对公共资源的过度依赖削弱了组织在目标设定等方面的自主性时,就在一定程度上产生了组织内外合法性的冲突。安娜·科鲁兹—斯瓦雷兹等人对西班牙马德里6所公立大学进行认知合法性（CL）的测量,又将其与组织资源投入、成果产出相比较。[1] 其中,大学资源方面的变量有:教授与学生比例（Pf/S）、教职员工与学生比例（St/S and c）、雇员总数除以人员经费预算（E/Bdgt）等。

其次,要衡量组织合法性的危机,就必须先从宏观的视角去阐明组织合法性的历史与现状,反思组织合法性形成过程和建构基础,以及在何种条件下组织合法性受到了威胁。具体来说,就是从历史分析的角度,观察组织的规制、规范合法性、文化—认知合法性的形成与变迁,以及在何种变化了的现实条件下组织内外合法性的冲突。

再次,从微观的视角衡量组织内部合法性,组织成员及利益相关者对于组织及其行动的评价是最核心的指标。如前所述,组织合法性包括对组织及其行为的认知,然后在认知的基础上,从情感层面表达的肯定态度,以及从行为层面进行的模仿和同化,同化即到了组织认同的层面。所谓组织认同,一般是指组织内部成员从个体角度出发,审视自身与组织之间的关系,并评价自己在认知、情感与行为等方面与其所在的组织是否具有一致性。当组织内部成员认为自身价值观或

---

[1] Ana Cruz-Suarez, Alerto Prado-Roman, Miguel Prado-Roman, *Cognitive Legitimacy, Resource Access, and Organizational Outcomes*（http://rae.fgv.br/sites/rae.fgv.br/files/artigos/cognitive_legitimacy_resource_access_and_organizational_outcomes.pdf.）

认知理念与组织具有一致性时，其就会对组织产生归属感。① 组织认同反映出组织规则、规范和文化认知系统对组织成员的同化作用，即将个人组织化的程度，表现着组织行为与个人行为的关联，也反映着个人的自我认同和社会认同。因此，组织认同是组织内部合法性的高级表现，是重要的测量指标。在组织认同的心理测量方面，最早的组织认同量表是缪尔在其博士论文中开发的单维量表，测量的是工作者对组织整体的认同程度。② 而目前较为普遍的做法是将组织认同分为认知、情感和行为三维度。③ 认知维度是衡量组织成员对组织的认可与认同的最基础的维度，决定和影响着其他维度。认知维度的组织合法性来自个体和组织对外在环境的理解和认识，强调对"我们是谁"、"在给定环境下哪种方式对我们有意义"等问题的回答和探索。有时这种认知合法性只存在于潜意识中对"什么是对的"、"什么应该被做"的意义建构或价值观的形成，而一旦当这种认知合法性与规制、规范等其他合法性发生冲突时，就会以各种意见分歧乃至认知矛盾的形式浮出水面，成为显性的现象。同时，我们也要认识到，认知合法性依赖于被广泛接受的价值观和行为模式而存在，是组织在长期的历史过程中形成的，具有较强的制度惯性，并最终影响到组织行为。因此有学者认为，"了解一个组织做了什么远比了解一个组织试图做什么更重要"。④ 通过对同类组织在执行组织任务时反复发生的行动的实证研究，可以总结该类组织行动的共性规律，了解组织合法性的状态与危机程度。

---

① 刘灿辉：《组织认同研究回顾与展望》，《合作经济与科技》2016 年第 7 期，第 151、152 页。

② B. E. Ashforth and F. A. Mael, "Social Identity Theory and the Organization", *Academy of Management Review*, 1989, 14, pp. 20 – 39.

③ R. Van Dick, "Identification in Organizational Contexts: Linking Theory and Research from Social and Organizational Psychology", *International Journal of Management Reviews*, 2001 (3), pp. 265 – 283.

④ 王丹丹：《基于组织合法性的企业低碳管理模式构建研究》，博士学位论文，天津财经大学，2013 年，第 41 页。

四 对危机消解的探讨

很多学者试图对合法性危机进行解释，探寻危机产生的根源和消解的可能性。在合法性危机是否可能被消解这个问题上，代表性观点有哈贝马斯和利奥塔尔等人。J. 哈贝马斯对消解的可能性持积极态度，他认为基于社会共识的"交往理性"是消解合法性危机的关键。他首先反对韦伯的价值无政府主义，认为合法律性并不等于合法性，只有法律或政府的各项政策是公正合理的，具有正当性，才会获得社会的支持和服从；其次，他认为现代社会中正当性的来源只能是由民主的立法程序提供的，而民主的立法程序的正当性则来自交往理性在公共领域的发扬。[①] 但是，让－弗朗索瓦·利奥塔尔批判了哈贝马斯的观点。他认为知识商品化导致科学知识获得合法性的两条路径——思辨叙事和解放叙事发生崩溃，因此哈贝马斯把合法性的建构引向追求普遍的共识，即建立囊括一切的"总体性知识"，根本是不可能的。他认为合法性不在于哈贝马斯所说的由交往理性达成的共识中，而是来自于差异和误构中。[②] 也就是说，共识根本不存在，不同文化领域的差异和误构是永恒的，冲突很难避免，在承认冲突的常态后，组织的合法性也就不再以追求冲突的解决为目标，因为那反而意味着某种意识形态的粗暴垄断。在这一点上，W. 理查德·斯科特和利奥塔尔是一致的，他对现代主义者的组织观点进行了批评，认为："一个现代主义者的思想旨在为无序施加秩序，解决或抑制矛盾，统一相互竞争的利益和被关注的事项。如此一来，可用一种单一，和谐的形式来领导决策，也可用一套连贯一致的假设前提来管理参与者行为。很清楚，要达到此目的就必须保证权力得到实施，必须通过协商或诉诸权

[①] [德] J. 哈贝马斯：《在事实与规范之间——关于法律和民主法治国的商谈理论》，童世骏译，生活·读书·新知三联书店2003年版，第684页。

[②] [法] 让－弗朗索瓦·利奥塔尔：《后现代状态：关于知识的报告》，车槿山译，生活·读书·新知三联书店1997年版。

威而使冲突得到解决，必须把一些参与者排除到决策之外，甚至排除在对组织的连续参与之外。这些是建立统一的理性的手段。"① 因此，后现代主义者并没有将研究重点放在描摹"后现代"组织应该是什么样子上，而是削弱了现存的渗透到大多数当代组织运转过程中的现代主义霸权地位，或者说对此提出了挑战。换句话说就是，后现代主义更多地作为一种批判方法而不是组织的一种替代模式存在。后现代风格的分析模式之一就是"解构"这一秩序，表明"意义和理解对此领域而言并非天然固有的，而必须经过建构而来"。② 后现代主义者也不会将特权赋予正式解构，但他们坚持必要或"理性"的形式必须支持那些表现出要努力抵制任何类似秩序构想的各种非正式系统。后现代的组织文化支持多样性、多元论和模棱两可。在开放的组织概念下，组织边界变得越来越含糊而易渗透，其组成因素越不相同，行动者及其利益越多样化，行动者的概念和认识框架越不一致，就越不可能采纳把组织作为理性系统的简单化观点。

在如何重建组织合法性方面，组织社会学的许多学者提出了应对危机的合法化战略。例如，萨奇曼将企业可以采取的合法化策略总结为适应环境、选择环境和控制环境3种，其下又包括了9小类27种具体的合法化策略：适应环境策略是指企业服从而不是改变所处的社会环境来获取相应的规制、规范和认知合法性；选择环境策略是指企业对复杂的外部环境进行细分，选择最为友善的细分环境来适应，从而获得合法性；控制环境策略则是指企业适当改善其所处的细分环境来实现组织与环境的匹配，从而获得合法性。3种策略中，控制环境策略最难实施，组织经常采取的是适应环境和选择环境策略。瓦拉和提耶拿里提出5种合法化战略：正规化、授权、合理化、道德教化和叙

---

① ［美］W. 理查德·斯格特：《组织理论：理性、自然和开放系统》，黄洋等译，中国人民大学出版社2010年版，第300页。

② 同上书。

事化①。也有学者将合法化视为一种话语修辞战略，Amy Thurlow、Jean Helms Mills 曾对 1 所加拿大社区学院的组织叙事变迁进行案例研究，通过对校长、中层领导、教职员工等 20 人的访谈，关注校长等人如何通过讲故事等修辞策略，将学校组织目标和组织结构的变迁合法化。②

  这里需要注意的是，人们对于组织是否存在合法性危机，以及危机消解的方案难以达成一致，这种争议不仅存在于组织外部，而且也存在于组织内部。而组织成员对组织的认同与对组织进行合法化行动的认同往往交织在一起。一般来说，只有对组织产生不认同，才会感知到危机的存在而认同组织相应的变革。但是现实中出现了更复杂的情况：有时候认同组织与认同组织的变革是并存的，即人们既没有完全认同组织，也没有完全不认同组织。完全认同组织就不存在变革的前提了，而完全不认同组织就会导致激进的变革措施——甚至组织的瓦解与替代。尤其是对于一些具有较强自主文化的组织而言，一方面感知到组织合法性危机的存在，从而认同改革的必要，另一方面又极力维护组织合法性，以保持组织及其独特文化的延续。因此，在测度组织成员对组织的认知情况时，需要同时测度组织成员对合法化策略或者改革措施的认知。

五　组织合法性理论在地方本科院校危机研究中的适切性分析

  组织合法性理论对高等教育研究具有重要的指导意义。通过该理论在企业研究、社会福利组织研究等领域的具体应用，可以看出该理

---

① E. Vaara and J. A Tienari, "Discursive Perspective on Legitimation Strategies in Multinational Corporations", *Academy of Management Review*, 2008, 33 (4), pp. 985—993.

② Amy Thurlow and Jean Helms Mills, "Telling Tales Out of School: Sense Making and Narratives of Legitimacy in an Organizational Change Process", *Scandinavian Journal of Management*, 2015, 31, pp. 246–254.

论对于组织的生存、发展及转型有较强的解释力。高等教育组织本身就是社会组织中的一种，从大学的起源与发展来看，既具有自生自发秩序的内部规则，又在长期的发展中不断回应外部环境的要求。任何一类高等教育机构或组织都需要具有内部合法性和外部合法性，不能脱离社会文化环境而仅从高等教育组织内部谈论合法性，也不能完全依赖于社会的外部规则来判定高等教育组织的合法性。正如萨奇曼所指出的，高等教育组织的合法性从根本来说仍是一个文化过程。我们既要站在高等教育组织的角度，强调组织成员对组织的价值认同，以及组织成员获取和开发合法性资源的主观能动性，又要从社会的视角看高等教育组织，强调高等教育组织的社会化过程。

我们还需看到，高等教育组织与企业组织相比，在组织特性上具有本质的差异，因而在合法性的要求上也是不同的。高等教育组织合法性的特殊性体现在对学术性的要求上。高等教育组织自形成以来赖以与其他组织相区别的主要特征就在于学术性，伴随着现代社会中民主思想的发展、市场化程度的提高等发展趋势，作为学术组织的高等院校被要求具有公益性，或者被要求提高办学绩效，促进经济发展，但是这些要求都是建立在高等院校的学术性之上的，对知识的发展和传播是高等院校最根本的功能，也是高等院校获取内部合法性和外部合法性的基础。

后大众化时代地方高校，特别是本科院校，正面临广泛的社会质疑和深切的组织危机。虽然中国地方本科院校有着特殊的形成与发展背景，是学术规范和学术文化培育极不成熟，教学等活动受明确的行政计划、控制和监督的特殊的学术组织，但是在考察其当前所遭遇的危机之时，既要站在地方本科院校组织的角度，观察其内部规则所存在的缺陷对危机的影响，强调组织成员对高校价值认同的重要意义，重建其内部合法性，又要从社会的视角看地方本科院校，观察其对外部规则的盲目服从及机会主义行为乱像，强调地方本科院校对后大众化时代经济社会环境的有效回应，重建其外部合法性。

由上可以看出，组织合法性理论对于分析地方本科院校当前所面临危机的性质、根源及重建策略的选择具有较好的适切性。针对本书要解决的核心问题，即"后大众化时代地方本科院校合法性危机的表现和实质是什么？""其根源是什么？""该如何重建？"，在组织合法性理论的基础制定分析框架如下：

首先，根据组织合法性理论，一类组织的合法性危机可能会通过该类组织的数量、规模、资源水平以及社会评价反映出来，如果该类组织数量越多、规模越大、资源提供者为其提供的资源越多、对其评价越高，就代表该类组织所能获取的信任水平，也就是合法性水平越高，相反就越低。因此，对于地方本科院校所面临危机的实质与表现进行分析，或者说对地方本科院校组织合法性状态的研究，需要从地方本科院校的数量、结构、规模、资源和社会评价等方面进行多维度的综合判断。

其次，归纳总结地方本科院校在其成长过程中所形成的在规制、规范和文化等维度的合法性特征，以及现实条件下社会认知的变化对地方本科院校组织合法性的冲击，对地方本科院校的组织合法性危机根源进行反思。

研究地方本科院校的规制合法性，就需要对来自政府、专业机构、行业协会等权力机构或监督机构的具有强制力的一般性法律法规，例如本科院校的设置条件、管理体制、领导管理结构、评估制度等，对高校的影响进行研究，当组织的行为符合规章制度的要求时，高校就具备了规制合法性。从行动来说，地方本科院校可以通过遵纪守法、遵守规章制度和积极获得各种专业认证来使自己具备规制合法性。

研究地方本科院校的规范合法性，就需要对社会规范和学术规范对高校组织的要求进行研究，当高校组织的行为符合社会公众广为接受的价值观和社会道德时，或者符合学术组织固有的文化价值观、行业道德规范与学者的职业规范时，组织就具备了规范合法性。从行动来说，高校组织及其成员可以通过学习师生等相应角色的行为规范，遵守社会道德等途径来使自己具备规范合法性。

研究地方本科院校的认知合法性，就需要对社会共享或学术组织共享的认知要素或文化—认知图式进行研究，当高校符合了这种约定俗成的、广为接受的认知要素或认识论框架、模式时，那么组织及其行为就具备了认知合法性。认知合法性是最深层次的合法性，因而不容易衡量。由于知识的认知是高等教育最根本的认知要素，高校作为知识生产和传播的主要机构，其主要活动是教学与科研，那么高校组织的认知合法性的获取就是围绕着知识、知识的生产与传播以及与承担着知识生产、传播等任务的组织来进行。什么样的知识可以在高校合法进行研究和传播，以及如何进行知识的研究和传播，是衡量高校组织认知合法性特征的首要方面。例如，地方本科院校在人才培养方面的专业教育模式，其中所蕴含的实用主义知识观就代表了地方本科院校认知合法性的主要特征，相应的，在新的现实条件下专业教育模式及其实用主义知识观受到的挑战以及所产生的认知冲突，就代表了地方本科院校认知合法性的危机。

  再次，在微观视角下，对地方本科院校组织内部成员——教师和学生两大群体，从认知、情感和行为三个维度，对地方本科院校组织及其转型发展政策的合法性进行研究，解答以下问题：组织合法性危机是如何被感知的？转型发展政策是如何合法化的，其具体的合法化策略有哪些？组织内部成员又是如何感知和评价的？

第三章

后大众化：高等院校组织合法性危机的时代背景

20世纪90年代中后期，在社会经济和政治等多重因素的作用下，有本章教授发现正处于大众化后期的日本高等教育发生一系列与马丁·特罗在大众化理论中所预测的特征和发展趋势相迥异的变化，其中最典型的表现就是高等教育毛入学率长期停滞于一定水平。有本章将出现这种变化的时期称为"后大众化高等教育阶段"。[①] 此后，美国学者罗伯特·吉姆斯基和冈伯特等人也基于本国经验对"后大众化"的理论进行了一定的发展。而与相对成熟的大众化研究相比，后大众化研究出现较晚，从数量上来看较少，从研究内容上来看还主要集中于后大众化的概念界定和主要特征方面。在进行相关研究时，就必须先厘清一些问题。

一 后大众化等于高等教育毛入学率等指标的异常表现？

是否可以简单地将高等教育后大众化定义为高等教育毛入学率或高等教育在校生规模指标在增长速度上的缓慢甚至负增长？

---

① Akira Arimoto, "Cross-National Study on Academic Organizational Reforms in the Post-Massification Stage", *Research in Higher Education-Daigaku Ronshu*, 1996 (25), pp. 1–22.

大众化是以规模增长为首要特征的，从冈伯特和有本章等人关于"后大众化"的提出来看，的确是基于美日等国家高等教育规模发展中所出现的增长放缓等相对反常的停滞现象，用冈伯特的话说就是高等教育在经过大众化进入成熟期后规模扩张方面的急刹车。① 根据OECD相关数据统计，可以发现在20世纪80到90年代，欧美日等高度发达国家的学生总注册数增加率低于其他国家和地区。欧洲成员国总的高等教育学生数，从20世纪90年代到2006年，数量大约从110万增长到130万，这个数远低于世界总平均扩张数，其中一些国家的高等教育学生规模的年平均增长率还出现了适度下降。②

美国作为世界上第一个经历大众高等教育，并为其他国家和地区提供参照模式的国家，其高等教育适龄人口入学率（就读学位授予高校）在1990—2011年基本保持上升趋势，只是在个别年份出现倒退。2011年适龄人口入学率达到42%的峰值，之后不断在40%水平左右波动。从学生规模的增长速度来看，从1975年到80年代后期，美国高校在校生规模的增长就不断放缓。虽然这一时期政府将高等教育看做是一种基于公共利益的事业，为高校提供了大量的财政支持，但1975—1990年的入学人数增长开始变慢。1994—2004年学位授予高校的全日制学生规模增长了21%，2004—2014年增长了17%，而在2014—2017年，则下降了2.30%。从美国高校的总体数量（包括分校）来看，从1999年的4084所，到2009年的4495所和2012年的4724所，虽然一直处于增长之中，但是增长速度也明显减慢，2012年后高校总数出现下降趋势，到2017年已下降至4360所。

---

① Patricia J. Gumport, Maria Iannozzi, Susan Shaman, Robert Zemsky, "Trends in United States Higher Education from Massification to Post-Massification", *National Center for Postsecondary Improvement*, 1997, p. 23.

② OECD:《OECD展望：高等教育至2030》，重庆大学出版社2011年版，第152页。

表 3—1　　　　　1990—2017 年美国高等教育入学率情况

年份	适龄人口总入学率（%）	二年制高校入学率（%）	四年制高校入学率（%）
1990	32.0	8.7	23.3
1991	33.3	9.7	23.6
1992	34.4	9.9	24.4
1993	34.0	9.8	24.2
1994	34.6	9.1	25.5
1995	34.3	8.9	25.4
1996	35.5	9.5	26.1
1997	36.8	9.9	27.0
1998	36.5	10.2	26.3
1999	35.6	9.1	26.5
2000	35.5	9.4	26.0
2001	36.3	9.8	26.6
2002	36.7	9.7	27.0
2003	37.8	10.2	27.7
2004	38.0	9.4	28.6
2005	38.9	9.6	29.2
2006	37.3	9.6	27.8
2007	38.8	10.9	27.9
2008	39.6	11.8	27.8
2009	41.3	11.7	29.6
2010	41.2	12.9	28.2
2011	42.0	12.0	30.0
2012	41.0	12.7	28.3
2013	39.9	11.6	28.3
2014	40.0	10.6	29.4
2015	40.5	10.6	29.9
2016	41.2	10.1	31.1
2017	40.4	10.0	30.4

说明：数据来源于 Digest of Education Statistics2015 – 2018. table 302.60①

---

① National Center for Education Statistics, *Digest of Education Statistics* 2015（*NCES*2016 – 014），Washington, D. C. : US Department of Education, 2009.

表 3—2　　　　　1949—2017 年美国高校总数与在校生规模

年份	授予学位高校总数（所）	入学总规模（人）
1949—1950	1851	2444900
1959—1960	2004	3639847
1969—1970	2525	8004660
1979—1980	3152	11569899
1989—1990	3535	13538560
1999—2000	4084	14791224
2009—2010	4495	20313594
2013—2014	4724	20375789
2014—2015	4627	20207369
2015—2016	4585	19988204
2016—2017	4360	19846904

说明：数据来源于 Digest of Education Statistics 2015 – 2018. table 301. 20。

我们须认识到，鼓励成人学生、女性学生、留学生等非传统来源的学生入学等政策的实行对一些国家高等教育的发展带来重要影响，使得其停滞的趋势并不明显，或者仅在某个时段暂时出现。例如，日本在 20 世纪 60 年代中期进入大众化时期后，在 20 世纪 70 年代和 90 年代间高等教育总体规模的增长曾经出现了相对停滞，入学率保持基本稳定。而到了 90 年代末由于女性大学生的大量增加，入学率明显提升，1995 和 1999 年分别达到了 45.2% 和 49.1%，该水平一直保持到 2011 年。大学入学学生 1995 年达到 254.6 万（其中研究生 15.3 万，本科生 233 万），1999 年则增长至 270.1 万（其中研究生 19.1 万，本科生 244.8 万），而根据日本政府文部科学省的相关调查数据，2016 年日本大学入学学生达到了 287.3 万，平均大学入学率达到了 53.9%，已经进入马丁·特罗所定义的高等教育普及化阶段。高校总数 1995 年达到 1223 所（大学数量 565），1999 年达到 1269 所（大学数量 622），2010 年大学数量为 744 所，2016 年大学数量为 777 所，其中国立 86 所，公立 91 所，私立 600 所。因此，有人将日本高等教育在 20 世纪 60 年代的上升称为"第一次大众化",90 年代的上升为"第二次大众化"。①

根据 OECD 组织的相关研究,从 1990 年开始,许多高度发达的国家开始关注上大学的适龄人群规模缩小的问题,根据 OECD 的统计数据,如果学生注册率的改变只取决于人口因素,欧洲的 OECD 成员国的学生平均数量从 1995 年到 2004 年会减少 5%。而由于短期学习计划的选择范围增加,和职业教育机构升格等原因,OECD 国家高等教育入学率以不同的速度保持了增长。② 对于 5A 类型的高等教育(对应于传统的大学教育),OECD 国家平均入学率从 1995 年 39% 提高到 2012 年的 58%,而 5B 类型的高等教育(对应于职业教育和技术教育类型的专科教育)则始终徘徊在 16%—19% 之间。③

总之,一些学者努力将某项高等教育毛入学率指标与后大众化阶段相联系,认为后大众化就是指高等教育毛入学率具体指标的表现,这种做法是不准确的。从上述美国和日本高等教育的最新发展指标表现来看,后大众化并不必然与学生规模与学校数量的减少相联系。即使高等教育适龄人口在一部分国家出现减少,并对高等教育产生一定影响,但高等学校通过扩大非传统来源的学生入学规模在一定程度上抵消了部分影响。美日学者所提出的后大众化更多的是指高等教育所面临的一种特殊危机,这种危机的具体表现可以是多方面的,而不能简单地将高等教育后大众化定义为高等教育毛入学率或高等教育在校生规模指标在增长上的停滞。我们必须认识到,在规模扩张相关指标之外,研究者还将与长期作为"大众高等教育"规模扩张前提的价值观的崩溃或颠覆,在这种环境下某些特定类型的院校其生存能力所经受的挑战,等等,与"后大众化"的内涵相联系。如果忽视这些表现,后大众化的内涵就不完整。④

---

① Akira Arimoto, "Trends in Higher Education and Academic Reforms from 1994 onwards in Japan", *Research Institute for Higher Education*, Hiroshima University, 2001, p. 4.

② OECD:《OECD 展望:高等教育至 2030》,重庆大学出版社 2011 年版,第 157 页。

③ OECD, *Education at a Glance 2014*: *OECD Indicators*, OECD Publishing, 2014. Table C3. 2a. Trends in tertiary entry rates (1995 – 2012).

④ Patricia J. Gumport, Maria Iannozzi, Susan Shaman, Robert Zemsky, "Trends in United States Higher Education from Massification to Post Massification", *National Center for Postsecondary Improvement*, 1997, p. 23.

二 后大众化时代高校究竟面临什么危机？

后大众化研究的文献大都涉及世界各国高等教育发展中普遍遇到的困境，从高校的角度来看，其困境主要有以下几方面：

（一）政府财政支持的减少

20世纪80年代以来在新自由主义和新公共管理等理论的影响下，政府削减财政开支，导致高等教育财政支持减少，成为很多国家高等教育发展的一大障碍。以美国为例，从美国授予学位的大学经费结构来看，即使不包括对二战老兵和以学生名义下发的学费资助在内，各级政府提供的经费比例在1949—1950年已达到45%，到1969—1970年增长到50%。但是20世纪80年代以来，里根政府推行了具有浓厚的新自由主义色彩的政策，对美国经济发展和公共部门改革都产生了重大影响，政府供给的高等教育经费比例出现了明显的下降趋势，在美国授予学位的大学经费中，联邦、州和地方政府来源的经费比例从1979—1980年度的49%下降到1995—1996年度的38%（见表3—3）。

表3—3　　美国授予学位的大学经费中政府来源比例变化

年度	政府来源经费比例（%）
1949—1950	45
1959—1960	44
1969—1970	50
1979—1980	49
1989—1990	42
1995—1996	38

说明：数据来源于 Digest of Education Statistics 2007. table336[①]

[①] National Center for Education Statistics, *Digest of Education Statistics* 2007, Washington, D. C.：US Department of Education, 2009.

美国公立高校政府来源经费收入比例在总体上也出现下降趋势，这种下降趋势还由于几次经济危机而得到不断加强（见表3—4和图3—2）。20世纪80年代至21世纪初，美国曾有4次大的经济衰退（除2008年外），其中3次都对州政府的高等教育生均拨款产生负面影响。1980年至2005年，州政府对高等教育的生均拨款实值（减去物价上涨等因素）平均下降了20%。① 受2008年金融危机影响，美国有47个州面临财政预算不足的窘境，其中一些州便不同程度地削减了公立高校的拨款，同时提高了学费标准。因此，在公立高校总收入不断提高的同时，政府来源的经费比例及生均拨款水平却都在不断下降。2007—2008到2012—2013年，公立高校的全职当量学生数增长了11%，而州拨款从887亿降至720亿美元，下降了19%。2012—2013年，美国公立高校全职当量学生生均州拨款为6646美元，按2012年不变价格计算，比五年前下降了27%。②

表3—4　美国公立高校（授予学位）收入与经费来源比例

	总收入（$）	学杂费比例（%）	政府来源经费比例（%）
1980—1981	43195617	12.90	62.13
1985—1986	65004632	14.52	59.07
1990—1991	94904506	16.08	54.30
1995—1996	123501152	18.83	51.00
1996—1997	129504834	19.02	50.44
1997—1998	137570935	18.94	50.11
1998—1999	144969708	18.92	50.52
1999—2000	157313664	18.51	50.45
2000—2001	176645215	18.07	50.78
2001—2002	/	/	/

① SHEEO, *State Higher Education Finance FY 2007* (http：//www.sheeo.org/pubs/pubs_results.asp? issueID=20)

② 周娟：《美国公立高校经费投入机制》，中国教育财政高峰论坛会议论文，北京，2014年10月。

续表

	总收入（$）	学杂费比例（%）	政府来源经费比例（%）
2002—2003	/	/	/
2003—2004	221921288	15.84	49.28
2004—2005	234841504	16.40	48.16
2005—2006	246164836	16.97	47.96
2006—2007	268556045	16.67	46.46
2007—2008	273109306	17.60	48.96
2008—2009	267421029	19.39	50.88
2009—2010	303341758	18.45	47.32
2010—2011	324473342	18.57	46.18
2011—2012	317289436	20.61	45.37
2012—2013	327932633	20.76	43.76
2013—2014	353095490	19.97	41.84
2014—2015	346812800	21.19	43.73
2015—2016	364390612	21.02	42.60
2016—2017	390783205	20.28	40.66

说明：1. 数据来源于 Digest of Education Statistics 2015–2018. table333.10；Digest of Education Statistics 2007. table337，table338.

2. / 表示数字不详。

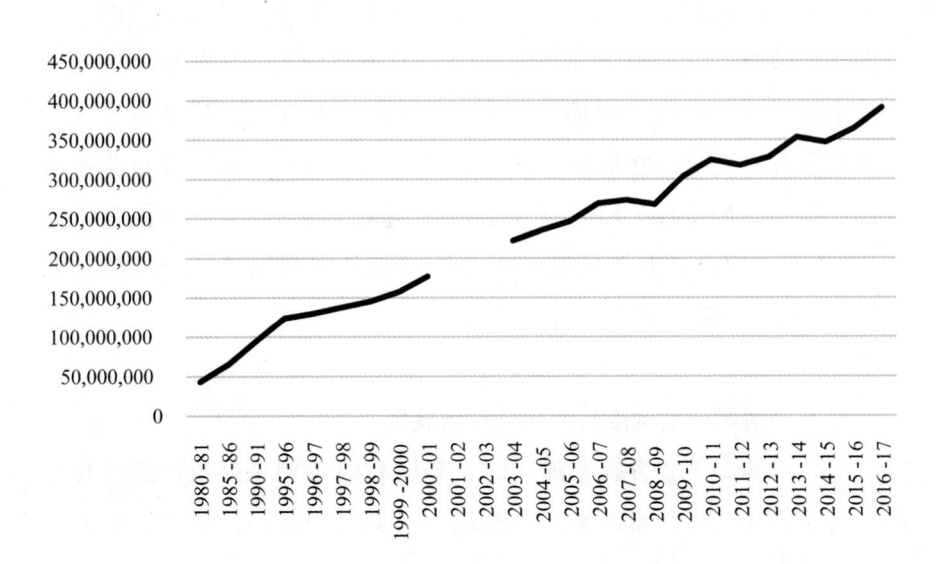

图3—1 美国公立高校总收入增长趋势

```
70.00
60.00
50.00
40.00
30.00
20.00
10.00
 0.00
```

– - – 学杂费比例 (%) ——— 政府来源经费比例 (%)

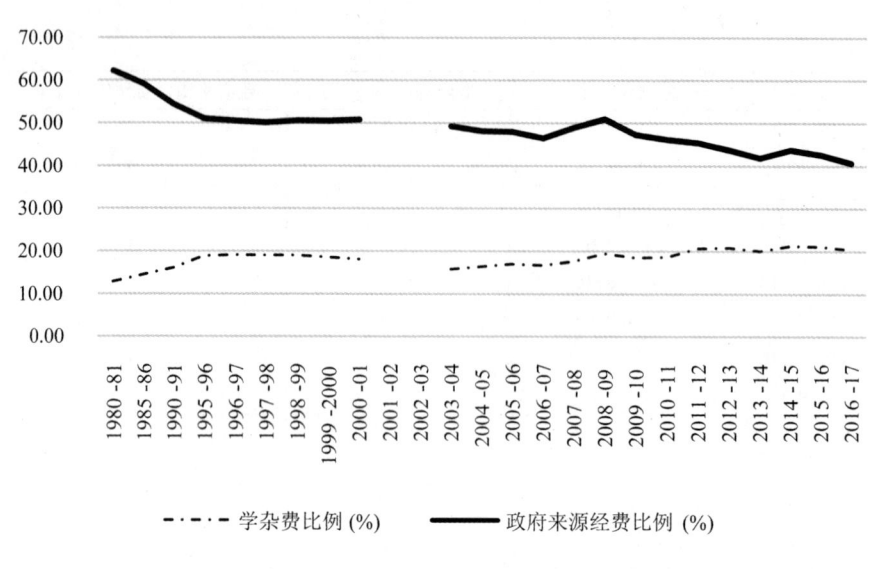

图3—2 美国公立高校不同来源收入增长趋势

从其他国家的情况来看，虽然1995至2003年OECD成员国高等教育支出占公共支出比重的平均水平上涨了3.1%，美国上涨了4%，但与同期高等教育在校生规模和高等教育成本的快速增长相比较，高等教育支出占公共支出比重的增长幅度仍相对较小。这种现象的主要原因在于政府公共服务预算所面临的压力不断增大。从政府来源经费比重来看，虽然政府仍然是高等教育经费的主要来源，但随着个人及其家庭高等教育支出相应的上涨，有些国家的政府来源经费比重下降较快，1992—2003年OECD成员国的平均值下滑了9%，美国则下滑了7%。而OECD成员国的高校由于所面临的财政困境，2010年开始其招生经历了4%的显著下降。[1]

(二) 严厉的评估制度与激烈的市场竞争

在有限的高等教育投入的同时，各国政府希望将财政拨款与高校的产出质量和效率联系起来，不断提高公共资金的使用效率，因而不

---

[1] OECD, *Education at a Glance* 2014: *OECD Indicators*, OECD Publishing, 2014, p. 331.

断推动公立高校的经费投入体制改革,在教学和科研等方面实行具有竞争性的财政拨款和趋于严格的问责制度,主要做法就是将高校的教学、科研绩效与财政拨款相联系,对高校形成一种激励,促使高校满足外部问责要求。

美国是较早在高等教育领域实行绩效拨款的国家,1979年田纳西州就率先把绩效拨款机制引入高等教育拨款方式中,该州通过10项绩效指标对公立高校进行考核,对高校施加问责和奖惩压力。在此后的几十年间,绩效拨款制度不断完善,绩效拨款制度的应用地区不断扩大,额度所占比例也不断提高,到2013年美国已有22个州在实施绩效拨款,7个州正在向绩效拨款方式过渡,10个州进入正式讨论阶段。也就是说,美国有超过1/4的州在对州立高校进行拨款时,不同程度地使用基于结果的绩效拨款公式。绩效指标体系大致有4类:包括毕业率、授予学位/证书数、获得的研究或补助拨款、就业安置率、资格考试学生通过率在内的一般成果指标;包括完成一定学分的学生数等在内的进步成果指标;包括低收入家庭的学生数量、佩尔助学金获得者数量等在内的少数群体成果指标;包括STEM专业、护理专业等高需求专业学生数量及其就业安置率在内的高需求主题成果指标。[①] 总体来说,州根据高校在其成果评估方面的表现来进行绩效拨款,促进了高校之间的竞争。在绩效拨款制度的规制下,美国大学纷纷制定了自己的绩效指标体系,如迈阿密大学的月度管理报告有100多项目标评测的数据,北卡罗来纳州立大学的绩效指标体系则包括了毕业生数量、新生学术素质、本州学生比例、学生毕业率、留级率、博士学位获得者数量、教师工作能力、授课贡献、毕业生就业率、教育成本、州拨款数额等20项指标。[②] 与此同时,显著影响教授声誉和大学声誉的联邦政府的科研支持,也基本采取市场导向的竞争机制,往往是以

[①] 周娟:《美国高等教育绩效拨款研究》,中国教育财政高峰论坛会议论文,北京,2014年10月。

[②] [美] E.格威狄·博格、金伯利·宾汉·霍尔:《高等教育中的质量与问责》,毛亚庆等译,北京师范大学出版社2008年版,第176页。

教师本人和项目而不是以大学为支持单位。高校对于承担科研项目的优秀教师资源的竞争不断加剧，而对那些内部治理不良、学术声誉滑坡的大学，同样存在教授炒大学鱿鱼的反向机制。因此，在竞争机制的作用下，高校之间"贫富分化"，差距不断拉大。

类似的改革也在日本、英国、德国等国家开始推行。如日本在20世纪80年代泡沫经济崩溃之后，政府财政拨款的削减和经济发展的不景气对大学的管理运营产生严重影响，日本开展了国立大学法人化改革，其目的就是将竞争机制引入高等教育领域，2004年该项改革正式开始实施。其主要特征就是日本政府改变以往对预算执行过程进行行政性管制的管理模式，依据各高校的规划实施情况的评估结果进行财政补助，在拨付运营费交付金时又引入效率化系数的方式，在科研方面扩大竞争性资金的比例，建立在竞争机制之上的绩效拨款模式，提高高校的管理效率，同时强化高校财务管理问责制，要求各国立大学在接受内外部审计的同时还必须公开财务信息，形成社会公开监督机制。[①] 英国 HEFCE 研究拨款所依据的研究评估制度 RAE 从 1986 年开始实施，经过六次改进与完善，并将被"研究卓越框架"（REF）取代。新的 REF 评估体系首次将研究成果的社会效益和综合影响作为评估的重要指标。德国高等教育在20世纪90年代以后开始的新公共管理议程（International New Public Management agenda，简称 NPM）中一方面扩大高校的经费、人事、招生自主权，另一方面提倡绩效拨款，推进高校之间的竞争。2005年德国出台了"卓越计划"后，更是进一步推进高校之间的竞争，以提升精英大学的科研实力。2004年OECD针对成员国高等教育改革的趋势，发布了高等学校财务管理专题报告，认为基于市场需求在一定程度上代表了公众的需求，政府应促进高等

[①] 鲍威：《法人化改革后日本国立大学财政管理体系的重构——从"行政隶属性"向"契约性"的转化》，载王蓉、鲍威主编《高等教育规模扩大过程中的财政体系：中日比较的视角》，教育科学出版社2008年版，第77—79页。

院校提高对市场需求的反应能力,从而使其在财政方面具有可持续能力。①

在趋于严厉的绩效评估和问责制度以及越来越激烈的市场竞争的综合作用下,某些处于弱势的高校所面临的危机不仅在于可能失去其已有地位,或者导致某种排名上的下滑,而且可能更进一步导致财政上的难以为继,以及教师、学生不断流失,最终将不得已退出。2009年英国自由市场政策智库发布"Sink or swim? Facing up to failing universities"报告,认为应当结束高等教育中所谓"无失败文化",即建立高校的退出机制,允许高校破产关闭,以提高公共资金的使用效率。该报告还对为挽救面临财政危机的弱势高校而进行的高校合并提出异议。② 虽然这样的合并为高校提供了重整资源提高质量的机会,但这也将是政府强力干预学术正常运行的机会,并且对于资源配置来说不一定能够真正提高效率和效益。与英国相比,美国在高校退出机制建立方面更加坚决,大学的破产关闭不再停留在纸面上,而是已经变成一种实际。1960 至 1990 年,美国倒闭的高校达到了 364 所(不包括大学分校),年平均倒闭学校数是学校总数的 1% 左右。③ 在高等教育市场竞争日趋激烈的条件下,美国也从立法上探索弱势学校的治理,其中就包括了退出机制的建立。2009 年,奥巴马总统签署的《复苏法》中专门列出了扭转、转型、重办和关闭四种薄弱学校改造模式,明确规定:如果改进难度过大且所在学区有绩效更优的学校时,学区征得利益相关者的同意后,可对已达到关闭标准的学校进行关闭。④

---

① OECD, *On the Edge: Securing a Sustainable Future for Higher Education*, OECD publishing, 2004.

② Anna Fazackerley and Julian Chant (2009) *Sink or Swim? Facing up to Failing Universities* (http://policyexchange.org.uk/).

③ 胡小娟:《论建立弱势公立高校退出机制的必要性》,硕士学位论文,华中科技大学,2014 年。

④ 吕敏霞:《〈2009 美国复苏与再投资法案〉背景下薄弱学校改造的新动向:四种模式》,《外国教育研究》2011 年第 5 期。

(三) 高校的合法性基础被质疑

与财政困境和高校间越来越激烈的竞争相比,高校所遭遇的观念层面的冲突与危机则范围更广,程度更深。石油危机后欧美国家开始对高等教育采取削减经费和私有化政策,高等教育走向市场化。市场的观念和机制通过知识的商品化和资本化,已深入到高等教育核心地带。经济领域的"管理主义""效率主义""功利主义"等价值理念的侵入,给高等教育领域原有的和正在形成的种种道德规范带来巨大的冲击。学生和家长开始质疑高等教育昂贵文凭的价值,特别是在劳动力市场中的回报能有多少。2007年斯派灵委员会报告中又指责大学是一种价格太昂贵,管理水平低下,公众难以就读,不愿承担社会责任的机构。这种观点或许过于激进,但在很大程度上反映出对于高等院校机构的信任危机。[①]

同时,大众化时代的到来使得高深知识的界限开始模糊,大学教育目标从培养学术型人才转向培养受过训练的劳动者。职业主义色彩的新型课程不断被开发出来。人们还进一步要求高校所培养的职业技能必须具有更广泛的灵活性,以能够更快地实现从一个岗位到另一个岗位,从一种职业到另一种职业,从一个领域到另一个领域的知识迁移。因此,大学原有的凭借颁发正式的学位证书所获得的垄断地位已受到了空前的威胁,大学教育所关注的核心知识必须转向更具有通用性的时间管理、问题解决、独立性和适应性等能力。

高等教育的教育目标和功能发生了重大变化,从选择和培养少数学术精英,到承担多种功能和目标,其中除了精英教育目标外,还包括了"分配职业阶梯上的等级和社会结构中的位置",即个人的社会发展和晋升的功能和目标。随着高等教育大众化进程的不断深入,人们更加关注在性别、种族、区域等方面高等教育的入学机会不均等

---

① US Department of Education, *A National Dialogue*: *The Secretary of Education's Commission on the Future of Higher Education* (transcript), Washington, D. C.: US Department of Education, 17 October, 2005.

问题。

在高等院校饱受质疑的同时,也有很多学者认为,市场力量和对公共资金的激烈竞争侵蚀了高等教育原有的合法性基础。E. 格威狄·博格等曾严厉地批判高等院校在利益驱使下不尊重学生、不维护学生利益的行为,他们举了若干他们称之为"道德暴行"的案例,如在政治等压力下招生、因考虑经济效益而擅自撤销课程,以及教学质量低下,等等。他们认为真正的质量保证是"关乎敬业精神、勇气及人品,关乎一个管理者是否知道什么是正确的,是否愿意去做"的道德范畴。任何排名或者绩效评估系统都比不上高校管理者教师的敬业精神和高质量工作所具有的影响力。[①] 作者所推崇的"敬业精神",其实是指观念、规范的矛盾冲突中坚持学术标准的精神与信念。约翰·S. 布鲁贝克还专门讨论了该如何看待教授的经济报酬的问题,认为当所担负的道德责任和所服务的公司的投资利益起冲突的时候,教授就很难从学术自由和中立的角度出发,去决定自己的行为。当教授等学术界人士用不符合学术道德规范的手段去追求和实现社会价值目标(如获取职称、学位、金钱等)时,就出现了学术道德失范。[②] 学术道德失范体现着高等院校在规范合法化过程中外部规范与内部规范的激烈冲突。

马丁·特罗在他的著名论文《从精英向大众高等教育转变中的问题》中,描述了大众高等教育和普及高等教育中高等教育合法性的危机状态。他认为从精英到大众再到普及高等教育阶段,高等院校从小社会变成综合性的"大学城"再转向没有任何密切联系的教学机构,组织逐渐失去了共同的标准、价值观和身份。一方面在组织的主要活动——教学中,由于没有高等教育理念共识,课程之间、学习与生活之间的界限被打破,学术标准也越来越多样化;另一方面,学生和教师类型也越来越多样化,在高等教育的本质和功能等方面意见趋于分歧,传统的大学理念也不断受到挑战,组织内部统一的观念意识难以

---

① [美] E. 格威狄·博格,金伯利·宾汉·霍尔:《高等教育中的质量与问责》,毛亚庆等译,北京师范大学出版社 2008 年版,第 196—200 页。

② [美] 约翰·S. 布鲁贝克:《高等教育哲学》,王承绪等译,浙江教育出版社 1998 年版。

形成,即内部合法性难以形成,成员之间关系越来越紧张甚至发生冲突,从而导致学校内部管理问题突出。[①] 组织外部的观念、规范和制度不断加大对组织内部的影响,高校与社会的界限逐渐模糊,当外部合法性替代内部合法性之时,高校与社会之间的界限就消失了。马丁·特罗认为这种趋势在未来的学习型社会中是不可避免的,应通过发展多样化的高等教育机构和课程,或者通过高等教育系统和功能的分化来满足培养英才和一般劳动者的多元任务需要。在这种理念下,政府也制定了相关政策来激励高校满足社会公平的目标。但是,多样化的高等教育也遭到了一些学者的批评,例如,贝尔指出,美国大学已经成为一个担负社会在其他地方所不能完成的各种任务的"垃圾场";莱维认为现在是停止这种趋势的时候了,大学,不能成为满足所有人需要的万能之物;海恩斯认为这种做法可能为大学带来沉重的负担,以致它无法实现其基本目的[②]。

因此,这些困境从表面上看是高等院校的财政危机,但由于公共财政的支持一向与公众的信任态度紧密相连,从根本来看,这些困境实质上反映了人们对于高等教育的信任危机,其本质是反映高等教育与社会的关系。政府对高校的拨款减少,或者财政经费的增长跟不上学生规模和培养成本的增长,公共管理部门对高校的审查和评估趋向严格,招生市场的竞争趋向激烈,或者由于就业压力增大,毕业生及其家庭、雇主等社会各界质疑高校的培养质量和培养方式乃至基本的高等教育价值观与信条,等等,这些都是高校生存环境恶化的表像,可以归结为社会对高等教育价值的认可危机。马丁·特罗曾明确指出,在高等教育和社会之间的一个基本联系是信任,无论是公共机构还是私人实体,对大学提供各种支持和资金的前提就是信任,而当前高校

---

① Martin Trow, *Problems in the Transition from Elite to Mass Higher Education*, Berkeley: Carnegie Commission on Higher Education, 1973, p. 11.

② [美] 约翰·S. 布鲁贝克:《高等教育哲学》,王承绪等译,浙江教育出版社 1998 年版,第 76—77 页。

所普遍面临的就是公众的信任危机①。这种信任危机从高校的角度来看，就是在新的时代条件下需要向社会、向政府、向公众证明自身存在价值的合法性危机。

依据合法性理论，一类组织的合法性危机可能会通过该类组织的数量、规模、资源水平以及社会评价反映出来，如果该类组织数量越多、规模越大、资源提供者为其提供的资源越多、对其评价越高，就代表该类组织所能获取的信任水平，也就是合法性水平就越高。而从上述分析来看，美国高校数量并没有急剧减少，总体规模也仍然在缓慢增长，学费等其他来源取代了政府来源支持了高校支出的持续增长，因此高校的合法性危机主要是通过社会评价，通过观念冲突下高校办学理念所遭受的质疑反映出来。为应对这种合法性危机，高校必须不断厘清并回应社会各界不断变迁的复杂的需求，即基于社会需求反思其发展规划，如发展规模的合理性，产生的多元影响，新时代的任务与目标，以及如何进行经费的筹集与分配，来回应质疑，重建社会信任。

三　后大众化是否还属于大众化阶段之内？

越来越多的学者认为，这一时期高等院校所面对的许多困难与全球经济社会的转型有一定关联。也就是说，危机的本质在于社会认知标准变化所带来的认可危机，即合法性危机。从社会大环境的变化而言，本人认为后大众化已经不属于大众化阶段，原因就是后大众化时代经济社会的特征已经明显不同于大众化理论提出时期的社会和经济特征，高等教育发展与经济社会发展的对应性——要求高等教育系统和高等院校组织都进行变革，其组织变革的特征也已超出了马丁·特罗在大众化理论中的描述。高等教育在已经进入大众化阶段后，在达

---

① Martin Trow, *Trust, Markets and Accountability in Higher Education: A Comparative Perspective*, Berkeley: University of California, 1996, June 12.

到普及化之前发生了转向,展现出不同的发展特征,那些所面临的困难和矛盾只是危机的表象,危机的本质在于高等教育需要新的发展模式,只有新的发展模式才能得到新的社会认可。

从高等教育的发展历史来看,无论是走入还是走出学术象牙塔,都离不开外部合法性即社会的承认、接受和认可:中世纪社会的社团文化为最初的大学提供了组织形式和社会认可的基础;古罗马时期开始的法人制度为1245年巴黎大学成为真正意义上的法人提供了法律依据,也为后来大学的一系列自治权利逐渐被教会和世俗王权认可提供了保障;德国大学的崛起离不开国家的财政支持和监督管理,而国家利益是国家认可和支持高等教育的驱动力;美国早期学院的发展离不开宗教的认可和支持,现代大学的兴起也离不开工商界的认可与捐赠,市场干预的力量越来越强大,以至于引起凡勃伦、赫钦斯等学者的一再批判和控诉。德里克·博克在《走出象牙塔》一书中指出:"新型大学的目标一直处于争论之中,有的人从职业、实用的角度来看待大学的使命,有的人把大学纯粹看做是为了自身利益而从事研究和获得知识的一种场所。还有一些人则强调,学术机构的价值如同自由文化的载体,在工业和商品经济的社会大潮里将起到协调、缓和社会冲突的作用。直到1910年,这些相互驳斥的观点在一定程度上才艰难地走到一起,于是大学在规模上和在公众心目中的地位大有提高。"[①]由此可见,美国高等教育的形成与发展是在社会共识的形成与发展之基础上进行的。这些社会共识构成了高等院校组织成长的制度环境,不断向院校组织提出合法性要求,促使院校组织在外部压力下不断变革。

二战后,在美国成为强大的现代化工业国家的同时,高等教育的黄金时代也随之来临。马丁·特罗教授正是基于美国高等教育在20世纪50年代的发展而于70年代提出了大众化理论。虽然马丁·特罗提

---

① [美]德里克·博克:《走出象牙塔:现代大学的社会责任》,徐小洲译,浙江教育出版社2001年版,第3、4页。

出大众化理论时并没有特别论及理论的社会经济宏观背景,但是同时期的阿什比在其1973年出版的《科技发达时代的大学》一书中指出,随着经济、人口、能源消耗等方面的快速增长,高等学校的学生人数也在不受抑制地按复利法的速度增加着。E.阿什比关注到了社会经济环境的变化给社会价值观带来的变化,他指出:"工业技术的变革使事物的量扩大了,以至现在一些评价的标准承受不了这巨大数量的压力……工业技术上新的发展,附带有一种史无前例的惊人作用,它主要显示在今日社会评价标准的变化上。如今,这种变化的迹象在青年中已经存在,但全社会人士对于这评价标准的变化,还没给予足够的重视。"而且他还进行了神一般的预言:"在本世纪内,这种增长大概也会停止。"① 这种趋势被后来的罗伯特·吉姆斯基等学者证实,并据此提出后大众化理论。罗伯特·吉姆斯基在1997年的报告里指出,美国劳动力市场对青年的需求减少,以及服务经济的兴起,都是高等教育走向后大众化的原因。这些都证明了社会经济及其带来的制度环境变迁对高等教育发展的影响力。高等教育系统和组织为了适应外部制度环境,将不得不变革自身的规则、规范和文化—认知模式,以保持与社会价值标准的一致。

20世纪50年代以来世界各国的社会经济宏观背景发生了很大的变化,这些变化里一些共同的因素导致各国在社会正式规则和社会共识——价值观念和认知框架方面共同认可的依据,即所有社会组织的制度环境,发生变迁。在整体社会观念在现代社会不断高级化的趋势中发生转变的大趋势下,工业化社会不同发展阶段的产业观、市场观、知识观、全球—地方观念等都发生了重大转变,新的社会认知不断形成。整个社会认知结构和价值观念的变化,必然将导致高等教育发展理念和模式的巨大改变,也就是说,原有的大众高等教育发展模式已不再适用,在这一时期很多国家已完成或超越大众化阶段,甚至有的

---

① [英] E. 阿什比:《科技发达时代的大学教育》,滕大春译,人民教育出版社1983年版,第3页。

国家虽然还没有真正完成大众化的标志性目标，但已失去了沿着原来设计的雄心勃勃的大众化预定道路来进行的动力，仍以规模扩张为标志的普及化阶段失去了原来的意义，即不再是高等教育所追求的目标。在这样一个失去原有目标，正在探索新的发展目标的阶段，各种关于高等教育的迷茫、反思、质疑就成为了时代的主题，克拉克·克尔指出，从20世纪90年代开始高等教育又面对一个"忧患的时代"，"公众对高等教育的信心已经降低"。[①] 因此，后大众化时代的标志，就是大众化时代的合法性受到了挑战，形成了特有的"合法性危机"，也只有在对这样的危机进行回应的过程中，高等教育才会不断探索新的发展道路，重建新的合法性，实现新的合法化。

　　基于以上分析，可以认为，所谓后大众化高等教育阶段，就是指在高等教育大众化进程中，经过一段时间的快速发展和急剧扩张，高等教育进入了一个发展缓慢的平台期，在若干方面出现了显著的变化，而这些变化的特征既与马丁·特罗所言的大众化阶段有所不同，也与普及化阶段有所区别，需要我们对前期发展中所出现的一系列问题进行深入的思考，并在政策上做出相应的调整。这一时期一般处于大众化阶段的后期和普及化阶段的初期，即我们通常所言的后大众化高等教育阶段。20世纪90年代末，马丁·特罗对大众化理论进行了修正，提出更多的人接受远程教育，走向学习社会，而并非到传统学校中接受教育。有本章教授还指出，大众化阶段通过后大众化阶段过渡之后，有可能转变为终身学习阶段，而非传统大学适龄青年的普及教育阶段。[②]

　　尽管中国高校有着与西方高等教育机构迥异的发展历史和组织特征，但在20世纪末走上大众化道路后，开始有了与西方高等教育机构相类似的发展问题，给西方高等教育机构带来组织合法性挑战的因素

[①] ［美］克拉克·克尔：《高等教育不能回避历史——21世纪的问题》，王承绪译，浙江教育出版社2001年版，第256页。

[②] 潘懋元、谢作栩：《试论从精英到大众高等教育的"过渡阶段"》，《高等教育研究》2001年第2期。

同样也在中国现实情境中存在，并因历史条件的不同而有了一定程度的变异，更加复杂化。中国的地方高校，尤其是地方本科高校究竟面临什么样的危机？危机的实质是什么？其根源又是什么？针对这些问题，本书将在以后几章展开进一步分析。

第四章

后大众化时代中国地方本科院校的危机表现与实质

一 大众化进程中地方高校的发展

有学者指出中国高等教育大众化之路是一条以"大基数、高速度、短时间为特征"的特殊发展道路。① 从1999年大规模扩招以来，中国高等教育规模增长迅速，18至22岁适龄人口高等教育毛入学率在2002年达到15%，正式进入大众化阶段，到2015年毛入学率已达40%。正如美国大众化进程中的社区学院、日本大众化进程中的私立高校，中国这样一条特殊的发展道路主要是依靠地方高校的扩张来完成的。

从经费供给的角度来说，虽然关于高校行政隶属关系的划分自新中国成立后就已开始，但1980年以后教育经费拨款由中央和地方两级财政切块安排，明确了中央各部委所属高校的教育经费由中央政府负担，各省、市、自治区政府负担本级政府所属高校的教育经费，严格意义上的地方高校才得以产生。1985年《中共中央关于教育体制改革的决定》提出"为了调动各级政府办学的积极性，实行中央和省（自治区、直辖市）、中心城市三级办学体制"。此后，按行政隶属关系所

---

① 史静寰、罗燕、赵琳等：《本科教育：质量与评价（2009—2011）》，教育科学出版社2014年版，序言。

划分的地方高校包括了由省、市、自治区教育厅（局）主管的主要为某一地区培养人才的高等学校和由地方有关业务厅、局主管的地方专科性高等学校。因为在年鉴中的统计口径问题（年鉴中的地方所属高校主要指公立普通高校），这里的地方高校不包括民办和成人高校。地方公立普通高校从数量上来看远远超过了民办高校和成人高校，是地方高校中最主要的群体。由于统计方面一直将民办高校单列，且民办高校在管理体制和制度、压力和困境方面与公立高校大相径庭，其合法性基础与公办高校有很大差异，因此认为不宜将民办高校数据计入。

从表4—1和表4—3中可知[①]，地方普通高校（不包括民办高校）数量从1988年的723所增长到2018年的1795所，在校生人数从1148074人增长到19952656人，分别增长了1.48倍和16.38倍，1999年起进入快速增长时期，在校生人数的年均增长率达到10.8%。地方普通高校校均规模从1998年的2975人增长到2018年的11116人，增长了2.74倍，年均增长率为6.81%，万人大学普遍出现。

从占全国的比重来看，地方普通高校校数所占比重1988年为67.26%，2001年飙升到90.94%后逐步下降，2018年为67.41%；而地方高校在校生数占全国普通高校在校生总数的比例从1988年的55.57%升至2018年的70.48%，提升了近15个百分点。其中，在1999年大规模扩招政策的影响下，2000年地方普通高校校数所占比重和在校生所占比重都有10个百分点左右的大幅度提升。此后由于大规模扩招已不再进行，地方高校数量和在校生规模的增长速度开始减慢。由于2008年起在统计时，原公立高校举办的独立学院被统计到民办高校中，使得同期民办高校校数的增长远远超过了地方普通高校校数的增长，所以地方普通高校校数占全国高校总数的比重在2008年下降了10个百分点以上。

---

① 本章数据除另有注释外，均来源于历年《中国教育统计年鉴》。

表4—1　　　　　1988—2018年地方普通高校发展情况

年份	高等教育毛入学率（18—22岁人口）（%）	地方普通高校数量（所）	地方普通高校在校生数量（人）	占全国高校总数比例（%）	占全国高校在校生总数比例（%）
1988	—	723	1148074	67.26	55.57
1989	—	722	1168270	67.16	56.11
1990	—	721	1160400	67.07	56.26
1991	3.5	721	1153865	67.07	56.46
1992	3.9	695	1245503	66.00	57.02
1993	5	704	1426601	66.10	56.26
1994	6	713	1573079	66.02	56.21
1995	7.2	696	1634989	66.03	56.25
1996	8.3	686	1699877	66.47	56.27
1997	9.1	675	1811013	66.18	57.05
1998	9.8	759	2257888	74.27	66.24
1999	10.5	823	2842931	76.84	69.58
2000	12.5	925	4455135	88.86	80.12
2001	13.3	1114	5910617	90.94	82.20
2002	15	1154	6898803	82.66	80.02
2003	17	1268	8771582	81.70	79.13
2004	19	1394	10369095	80.53	77.76
2005	21	1431	11886384	79.85	76.11
2006	22	1480	12963308	79.27	74.55
2007	23	1502	13727622	78.72	72.83
2008	23.3	1514	14577610	66.90	72.13
2009	24.2	1538	15359627	66.72	71.62
2010	26.5	1573	15903747	66.71	71.26
2011	26.9	1602	16369411	66.50	70.91
2012	30	1623	16896214	66.46	70.66
2013	34.5	1661	17402457	66.68	70.51
2014	37	1689	17908279	66.79	69.55
2015	40	1709	18454956	66.76	70.30
2016	42.7	1737	18954493	66.91	70.31
2017	45.7	1766	19402626	67.12	70.46
2018	48.1	1795	19952656	67.41	70.48

说明：— 表示无此数字。

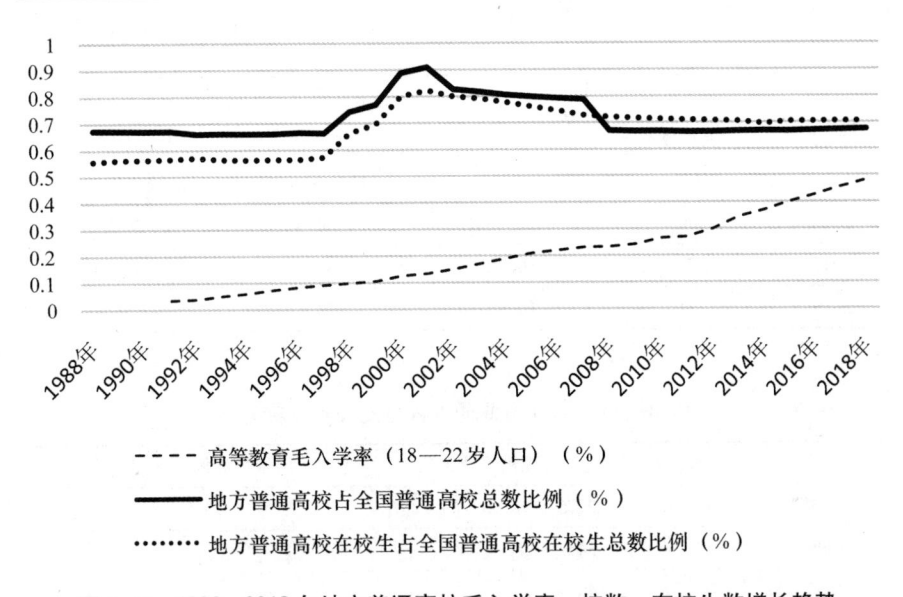

图 4—1　1988—2018 年地方普通高校毛入学率、校数、在校生数增长趋势

- - - - 高等教育毛入学率（18—22 岁人口）（%）
──── 地方普通高校占全国普通高校总数比例（%）
······· 地方普通高校在校生占全国普通高校在校生总数比例（%）

表 4—2　　　　2002—2018 年地方普通本科院校发展情况

年份	地方本科院校数量（所）	地方本科院校在校生规模（人）	地方本科院校数量占地方普通高校比重（%）	地方本科院校在校生占地方普通高校比重（%）
2002	522	3968656	45.23	57.53
2003	531	5230882	41.88	59.63
2004	571	7913755	40.96	76.32
2005	570	5956808	39.83	50.11
2006	586	6472124	39.59	49.93
2007	604	6768593	40.21	49.31
2008	604	7173188	39.89	49.21
2009	614	7613167	39.92	49.57
2010	633	8159806	40.24	51.31
2011	633	8669221	39.51	52.96
2012	646	9129857	39.80	54.03
2013	668	9578736	40.22	55.04
2014	672	9900825	39.79	55.29
2015	683	10164815	39.96	55.08

续表

年份	地方本科院校数量（所）	地方本科院校在校生规模（人）	地方本科院校数量占地方普通高校比重（%）	地方本科院校在校生占地方普通高校比重（%）
2016	700	10442073	40.30	55.09
2017	703	10670088	39.81	54.99
2018	712	10989387	39.67	55.08

表4—3 1998—2018年地方普通本科高校校均规模情况

年份	地方普通高校校均规模（人）	地方普通本科高校校均规模（人）
1998	2975	/
1999	3454	/
2000	4816	/
2001	5306	/
2002	5978	7603
2003	6918	9851
2004	7438	13859
2005	8306	10451
2006	8759	11045
2007	9140	11206
2008	9629	11876
2009	9987	12399
2010	10110	12891
2011	10218	13695
2012	10410	14133
2013	10477	14339
2014	10603	14733
2015	10799	14883
2016	10912	14917
2017	10987	15178
2018	11116	15435

说明：/表示数字缺失。

然而，从表4—2可以看出，与高职高专相比，地方普通本科院校发展速度并不快。尽管地方本科院校数量从2002年的522所增长到2018年的712所，但其占地方普通高校的比重却从2002年的45.23%下降到2018年的39.67%；地方普通本科院校在校生规模从2002年的3968656人增长到2018年的10989387人，在校生规模占全国比重基本稳定，从2002年的57.53%略微下降到2018年的55.08%。高校校数比重的减少和在校生规模比重的基本稳定主要说明，地方本科院校在扩招的同时，彼此之间发生了较多的合并现象。从表4—3还可以看出，地方普通本科院校的校均规模增长较快，其2002—2018年的年增长率为4.52%，超过地方普通院校平均水平0.57个百分点。

二 地方本科院校的困境

尽管许多学者认为中国已进入后大众化时代，但关于后大众化阶段的判断标准学者们是有争议的。一些学者试图以高等教育毛入学率的不同水平即35%或40%，作为大众化与后大众化的分界线。例如，王洪才认为中国在高等教育毛入学率达到35%左右时发生向后大众化的转变。而蒋毅坚却认为，中国京津沪等部分城市高等教育毛入学率已经超过50%，江苏、浙江等部分省份也已经超过40%，因此这些发达地区高等教育已经进入有本章教授所定义的"后大众化"。[①] 还有一些学者放弃了以单一的指标来对后大众化进行界定的做法。例如，杨移贻教授提出当规模达到一个平台期，质量问题引起前所未有的关注，高等教育进入前所未有的变革期，需要对发展中出现的种种问题进行反思，并做出政策调整，这样的一个时期直至到普及化的到来，就是高等教育发展的"后大众化阶段"。[②] 本书依据前一章对于后大众化概念的分析和对美日等国家后大众化阶段特点的分析，基本同意杨移贻

[①] 蒋毅坚：《我国高教面临"后大众化"挑战》，《社会科学报》2010年6月10日第5版。
[②] 杨移贻：《后大众化阶段高等教育的审视》，《深圳大学学报（人文社会科学版）》2009年第5期。

教授的观点,并赞同在后大众化阶段的概念界定中将后大众化与高等教育规模发展模式的危机及对危机的反思联系在一起,认为从危机和变革的角度来看,中国高等教育规模发展已进入问题较为集中的"平台期",即已步入有本章教授所说的高等教育后大众化阶段。

由于中国高等教育大众化任务的主要承担部门是地方普通高校,从其组织数量、规模的快速增长可以看出,后大众化时代高等教育发展的危机主要反映为地方普通高校群体的合法性危机。尤其是地方本科院校不仅受到了扩招政策的影响,也是院校合并调整的主要对象,容易发生组织内部与组织之间的冲突与危机。作为这种危机的某种表现,中国地方本科院校所面临的困境与前一章美日等国家高校发展所面临的困境既具有一致性,同时又表现出很大的差异。

(一) 政府财政投入仍显不足,一些地方本科院校存在财务风险

政府财政投入是地方普通高校最主要的经费来源,也最能反映出政府机构对地方高校的认可水平。从表4—4和图4—2可以看出,地方普通高校的经费收入整体上是不断增长的。从地方普通高校国家财政性教育经费增长的幅度来看,主要在实行大规模扩招政策的1999年和2011年,年增长率分别是44.91%和46.45%;财政性教育经费的主要项目预算内教育经费的年增长率也相应地在1999年和2011年出现两个峰值72.46%和47.17%。从学杂费收入的增长来看,其峰值出现在1999年,年增长近一倍(93.44%),此后逐渐下滑,除在2007年出现了较大的增长(49.50%)外,2009—2016年年增长率均在10%以下(包括10%)。这说明,地方公立普通高校的政府财政投入在政策作用下保持了一定增长:早在1995年,《中华人民共和国教育法》就规定了各级政府教育财政拨款的增长应高于财政经常性收入的增长,并使在校学生人数平均的教育费用逐步增长,保证教师工资和学生平均公用经费逐步增长,简称为教育经费的"三个增长"原则。2010年财政部、教育部联合提出调高地方普通本科高校生均拨款水平即到2012年生均拨款水平不低于12000元之后,2014年建立的高职院

校生均拨款制度又要求到2017年各地高职院校年生均财政拨款水平应当不低于12000元。与此同时，学杂费收入由于学费政策的改革和大幅度扩招的影响，在1999年出现了较大增长，然而在招生规模趋于稳定和政府部门对学费标准的较快上涨进行控制的作用下，学杂费的增长逐渐减缓，近年来更是趋于稳定。

表4—4　　　　　　1998—2016年地方普通高校经费收入

年份	地方普通高等学校预算内教育经费收入（千元）	地方普通高等学校学杂费收入（千元）
1998	11972087	4176725
1999	20646809	8079635
2000	26402802	14240838
2001	32988288	21604639
2002	39705789	30634404
2003	45174676	39664723
2004	55098498	50663546
2005	63990043	61941021
2006	77331038	67672087
2007	97425837	101170344
2008	124780846	119079475
2009	133827248	129700053
2010	167826560	142784450
2011	246996094	153170620
2012	/	/
2013	308094049	167572638
2014	331445735	170803276
2015	379533716	176533454
2016	406961355	187568314

说明：/表示数字不详。

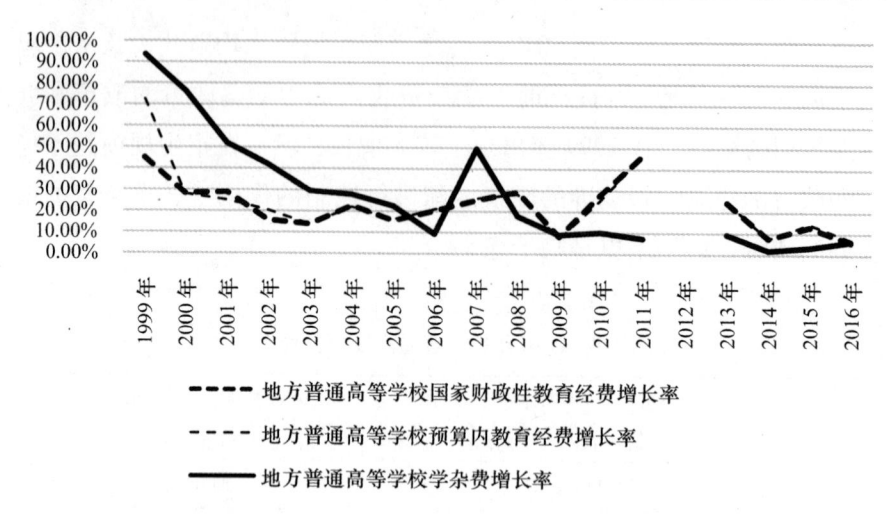

图 4—2　1998—2016 年地方普通高校不同来源经费增长趋势

图例：
- 地方普通高等学校国家财政性教育经费增长率
- 地方普通高等学校预算内教育经费增长率
- 地方普通高等学校学杂费增长率

然而从表 4—5 和图 4—3 来看，地方普通高校的政府财政性经费投入难以满足在校生人数急剧增长的需要，尤其在 2000—2003 年出现生均财政性经费增长率的负值；而从整体来看，生均财政性经费的增长极不稳定。由表 4—6 来看，地方普通本科高校的各项收入在 2014—2016 年均保持了一定增长，从生均财政性经费水平来看，2015 年增长率为 8.0%，2016 年增长率为 3.2%，与地方普通高校生均财政性经费年增长率平均水平基本一致，也面临增长不稳定的情况。

表 4—5　　地方普通高校生均财政性经费年增长率

年份	地方普通高校生均财政性经费年增长率（%）
1999	15.09
2000	-18.26
2001	-2.96
2002	-0.92
2003	-10.51
2004	3.68
2005	0.81
2006	10.26
2007	18.15

续表

年份	地方普通高校生均财政性经费年增长率（%）
2008	21.68
2009	2.60
2010	23.59
2011	42.29
2012	/
2013	16.99
2014	4.60
2015	9.75
2016	3.17

说明：/表示数字不详。

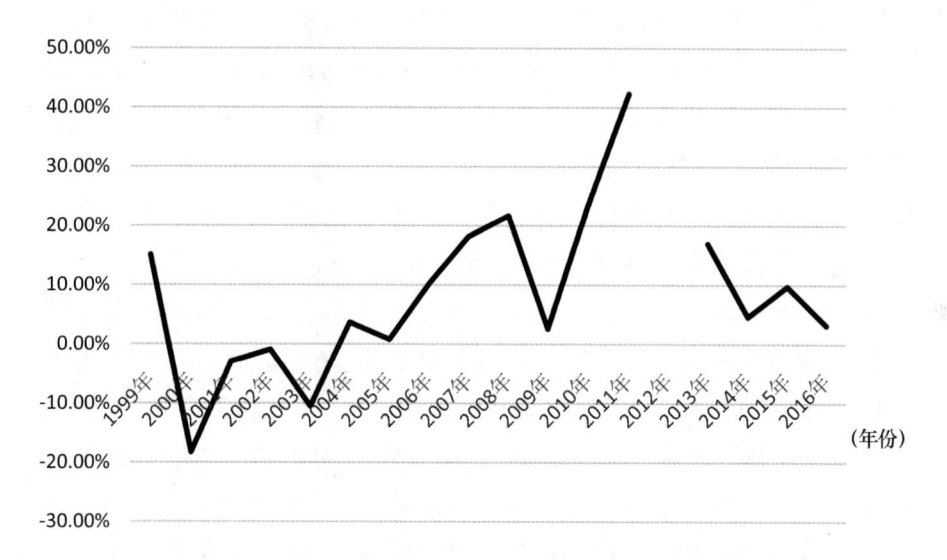

图4—3 地方普通高校生均财政性经费年增长率趋势

表4—6　　　　2014—2016年地方普通本科高校收入情况

年份	地方普通本科财政性教育经费收入（千元）	地方普通本科预算内教育经费收入（千元）	地方普通本科学费收入（千元）	地方普通本科生均财政性经费收入（元）
2014	260839119	246227794	125881116	26345.19
2015	289124275	274450745	130721460	28443.63
2016	306551975	295327601	139442026	29357.39

校均规模的扩大要求地方本科院校加强新的校区、新的办公楼和宿舍楼等基础设施建设和教学设备配备，需要花费巨额投入。根据2007年时河南省某位学者的估算，按每增加一个学生需要投入4.5万元的经费用于基础设施等资源的配套。一般来说，地方本科院校基建资金主要来自政府的财政性基本建设经费基建拨款和高校的自筹经费即非财政性基本建设经费，后者包括了金融机构贷款、社会捐集资办学经费以及其他资金等。其中，政府的财政投入以高校上一年在校生规模为计算基数，所能提供的基建经费往往是有限的。在政府财政性经费投入不足、学费标准受到政策限制、社会捐赠收入较少的前提下，同时也在很多地方政府的支持、默许甚至直接担保下，许多高校通过银行贷款等举债方式来满足基建投入的大量需求，也有一些高校趁机利用银行贷款来追求高标准超豪华的校区建设，部分高校的银行贷款甚至占其基础建设投资额的90%以上。2007年，中国人民银行第一次官方正式公布了全国高等院校贷款余额达2001亿元。而依据《2007年中国教育蓝皮书》的数据，中国高等院校贷款规模则在4500亿元到5000亿元，而且几乎所有的高等院校都有贷款，其中就包括了很多地方本科院校。例如河南省属公办高校2003—2007年累计利用信贷资金263亿元，而仅偿还了131亿元；山东省教育厅所属高校截止2005年5月贷款余额75.4亿元，每年仅利息就需要4.3亿元；[①] 海南省仅2008年全省公办高等院校负债达15亿元，其中海南大学、海南师范大学债务分别在3亿元以上。[②] 截止2010年底，甘肃省属高校贷款总额已超过70亿元（不含日本协力银行贷款46.6亿日元），每年仅利息就需支付5亿多元。[③] 类似

---

① 张娜：《高校财务风险的防范与控制》，硕士学位论文，西南财经大学，2009年，第30页。

② 冯力沛：《高等教育大众化现状下财政投入紧张的研究》，硕士学位论文，西南财经大学，2011年，第16、17页。

③ 乔晓虎：《"十五"以来甘肃省高等教育投资探析》，《西北成人教育学报》2012年第5期，第62页。

的情况在浙江省等其他省份也有出现。①

在地方本科院校的债务中，除一小部分国家开发银行等银行发放的政策性贷款外，其余为商业银行的短期贷款。巨额的银行贷款本息不仅成为地方高校的财政负担，而且由于所覆盖的高校较多，高校间管理水平又相差较大，必然存在一定的财务风险。随着还贷期的陆续来临，有些地方本科院校学费收入甚至不抵每年银行贷款的利息，而财政拨款仅能维持其日常开支，整个学校陷入"资不抵债"的财政危机中。虽然地方政府不得已安排财政专项资金专门用于偿还高校所欠银行的部分债务和贷款利息，但是很多地方高校完全消化债务负担仍需很长时间。

2. 地方高校资源配置与部属院校之间的差距拉大，竞争中处于相对弱势

组织所获资源的多寡往往能反映出组织被资源提供者所认可的程度，那么不同组织所获资源在数量和质量上的差距，也能代表其合法性水平的差距。虽然地方高校是高等教育大众化任务的主要承担部门，但扩招以来，地方高校在财力和人力资源上的配置与部属院校之间的差距不断拉大。从表4—7来看，地方普通高校的生均教育经费支出和生均预算内教育经费支出均低于普通高校的平均水平，与地方普通高校的在校生规模比重相比，这种现象是不合理的。从地方普通高校与中央所属普通高校在这两个指标上的对比可以发现，两者之间的差距不断拉大，中央所属普通高校的生均教育经费支出和生均预算内教育经费支出在1998年时分别是地方普通高校的1.53倍和1.48倍，而到了2016年分别是地方普通高校的2.18倍和1.84倍。

---

① 潘伟川：《浙江省政府对公办大学的财政支持机制》，王蓉主编，《高等教育规模扩大过程中的财政体系：中日比较的视角》，教育科学出版社2008年版，第137—143页。

表4—7　生均教育经费支出与生均预算内教育经费支出水平比较

年份	普通高等学校生均教育经费支出（元）	普通高等学校生均预算内教育经费支出（元）	地方普通高等学校生均教育经费支出（元）	地方普通高等学校生均预算内教育经费支出（元）	中央所属普通高校生均教育经费支出（元）	中央所属普通高校生均预算内教育经费支出（元）
1998	13990.8	8529.13	11182.07	6964.62	17132.25	10278.98
1999	15231.24	8914.94	12077.62	7010.81	20589.98	12150.5
2000	15974.32	8625.65	12743.42	6498.4	23500.23	13580.77
2001	15445.23	7793.44	12216.37	5798.82	24596.04	13446.33
2002	15119.56	7021.06	12262.01	5394.53	23884.75	12010.22
2003	14962.77	6522.48	12167.35	4923.34	24079.74	11737.9
2004	14928.92	6220.60	12162.88	4809.87	24847.23	11279.08
2005	15025.47	5940.77	12107.2	4741.55	26975.19	10851.34
2006	15332.8	6395.38	12544.49	5072.57	27053.96	11956.08
2007	16319.95	6963.39	13435.59	5724.06	28402.6	12261.3
2008	17972.13	8241.58	14517.44	7017.41	32828.37	13631.64
2009	18646.97	9035.33	14754.52	7298.36	36233.28	17055.44
2010	20497.92	10144.33	16349.18	8456.26	39372.3	17961.93
2011	24753.14	14442.20	20008.58	12084.61	46518.03	25421.92
2012	—	—	—	—	—	—
2013	26086.47	16188.08	21563.62	14186.42	46089.08	25269.69
2014	26790.62	16719.34	22399.13	14552.2	45926.54	26585.24
2015	29470.65	18767.44	24465.5	16277.12	51617.73	30055.67
2016	30505.15	19356.74	25151.2	16853.87	54777.28	31024.71

说明：/表示数字不详。

表4—8　地方普通本科高校与央属普通本科高校生均教育经费支出水平比较

年份	地方普通本科生均教育经费支出（元）	地方普通本科生均预算内教育经费支出（元）	央属普通本科生均教育经费支出（元）	央属普通本科生均预算内教育经费支出（元）
2014	24792.76	16849.67	46040.72	26708.93
2015	26521.86	18053.3	51835.69	30247.89
2016	27378.97	18670.83	54933.24	31143.45

从表 4—8 来看，地方普通本科高校的生均教育经费支出和生均预算内教育经费支出均低于中央所属普通本科高校的平均水平，且差距不断拉大，中央所属普通本科高校的生均教育经费支出和生均预算内教育经费支出在 2014 年时分别是地方普通本科高校的 1.86 倍和 1.59 倍，而到了 2016 年分别是地方普通本科高校的 2.01 倍和 1.67 倍。

从地方高校专任教师的数量来看（见表 4—9），从 1999 年的 274906 人增长到 2018 年的 1142668 人，增长了 3.16 倍，年均增长率为 7.79%；同时期，地方高校副高以上职称专任教师的数量从 94920 人增长到 476281 人，增长了 4.02 倍，年均增长率为 8.86%。但 1999—2018 年地方高校在校生增长了 6.02 倍，年均增长率为 10.8%，与地方高校在校生的同期增长相比，专任教师数量的增长明显不足。从表 4—10 来看，1999 年扩招以来，地方高校专任教师数量占全国比重和副高以上职称专任教师数量占全国比重长期低于其在校生数量占全国比重。这说明与部属高校相比，地方高校专任教师普遍职称水平较低，优秀教师资源缺口大。

1999 年以后成立或升格的新建本科院校是地方高校中的主要群体，据统计，在 2000 年至 2015 年短短的 16 年里，中国新建本科院校（含独立学院）共 678 所，占全国普通本科院校的 55.6%，占据了本科院校的"半壁江山"。① 随着规模的快速扩张，新建本科院校专任教师队伍数量不足和结构不合理的问题更加突出。据 2016 年新发布的全国新建本科院校教学质量检测报告的调查，尽管超过 9 成的新建本科院校生师比达到基本办学条件限制招生要求，但达到合格要求的院校不足 30%；2011—2014 年 35 岁及以下专任教师的比例从 52.1% 持续下降至 44.7%；具有博士学位的专任教师占比仅为 8.4%，具有学士

---

① 瞿振元：《新型大学"新使命、新道路、新成就"：合格评估"兜底线、促转变、提质量"》，教育部，2016-04-07（http://www.moe.gov.cn/jyb_xwfb/xw_fbh/moe_2069/xwfbh_2016n/xwfb_160407/160407_sfcl/201604/t20160406_236896.html）。

学位或无学位的专任教师占了专任教师总数的 1/3。①

表 4—9　　　　　　　　　地方高校专任教师情况

年份	地方高校专任教师数量（人）	地方高校副高以上专任教师数量（人）
1999	274906	94920
2000	340592	120537
2001	408776	147965
2002	467388	169339
2003	542329	195823
2004	634255	227239
2005	698124	251147
2006	769439	275871
2007	826717	297020
2008	868429	313476
2009	902104	331808
2010	931547	347846
2011	961646	366594
2012	990596	383699
2013	1025353	402659
2014	1046467	417467
2015	1070754	432142
2016	1090669	443955
2017	1115008	460181
2018	1142668	476281

---

① 教育部：《全国新建本科院校教学质量监测报告》，2016—4（http：//news. xinhua-net. com/ politics/ 2016-04/08/c_128875571. htm）。

表4—10　　地方高校专任教师数量与在校生数量占全国比重比较

年份	地方高校专任教师数量占全国比重（%）	地方高校副高以上职称专任教师数量占全国比重（%）	地方高校在校生数量占全国比重（%）
1999	64.58	57.44	69.58
2000	73.60	66.05	80.12
2001	76.85	69.79	82.20
2002	75.58	68.70	80.02
2003	74.84	68.42	79.13
2004	73.89	68.14	77.76
2005	72.28	67.02	76.11
2006	71.51	66.69	74.55
2007	70.76	66.60	72.83
2008	70.1	66.46	72.13
2009	69.65	66.52	71.62
2010	69.36	66.16	71.26
2011	69.05	66.13	70.91
2012	68.78	65.91	70.66
2013	68.50	65.59	70.51
2014	68.20	65.46	69.55
2015	68.09	65.59	70.30
2016	68.08	65.68	70.31
2017	68.27	65.82	70.46
2018	68.31	65.91	70.48

地方本科院校与部属院校在资源配置方面的差距必然导致其教学质量和院校声誉方面的差距，也必然影响到地方本科院校在招生市场上的空间。据估算，中国高等教育适龄人口（18—22岁）已从2007年的11387.65万人下降到2016年的9693.10万人。[①] 而一些学者还预

---

① 程瑶、章冬斌：《2020年前适龄人口变化与普通高等教育规模发展趋势分析》，《教育科学》2008年第5期。

测,到 2030 年高等教育适龄人口还将进一步下降到 7416.61 万人。①随着适龄人口的不断减少,同时也由于大学毕业生就业形势较为严峻、国内高等教育成本增加而收益降低等多重因素的影响,近年来全国高考报名人数不断下降。中国教育在线连续发布《高招调查报告》,指出自 2009 年起全国高考报名人数连续下降,2014 年报考人数略有回升,但生源下降带来的高校生存危机并未因此得到缓解,高校招生难已成常态化。根据中国教育在线发布的 2014 年和 2015 年《高招调查报告》,全国各地高校招生计划已多年未完成,形势不容乐观。而未完成的招生计划主要集中在二本以下的地方高校中。例如北京本科二批次和三批次从 2010 至 2013 年连续 4 年未完成招生计划。在考生大省河南,2012 年计划录取 69.3 万人,实际录取 55.18 万人,超过 14 万的招生计划没有完成;2013 年河南高招计划录取 60.6 万人,实际录取考生 53.6 万人。考生大省广东 2013 年二 B(本科)批次最后一次征集志愿后,有 60 余所参加征集志愿的本科院校遭遇零投档;2014 年,在二 B 批次第一次录取结束时,共有 1.5 万多个招生计划数没有完成。2018 年《高招调查报告》指出,全国高考报名人数在经历四年稳定之后迎来大涨,即便如此,部分省份整体招生计划未能完成现象依然存在。2015 年《高招调查报告》通过对高考生的调查还发现,选择上什么大学对于考生越来越重要。对于"如果在理想的大学和理想的专业之间只能选一个"的问题,65.5% 的考生选择理想的大学,34.5% 的考生则选择理想的专业。在"一流大学的二流专业"和"二流大学的一流专业"之间二选一,59.6% 的考生选择前者。在这样的偏好下,地方高校,特别是地方本科院校的市场空间必然被部属院校所挤压而面临更大的生源危机。②

---

① 胡德鑫、王漫:《2016—2032 年我国高等教育规模的趋势预测》,教育学术月刊 2016 年第 6 期。

② 《2015 年高招调查报告》,中国教育在线,2015-06(http://www.eol.cn/html/g/report/2015/index.shtml)

（三）地方本科院校在身份、地位和办学绩效等方面广受质疑

政府、学术界、企业、公众、学生及其家庭是对地方高校进行评价的主体。首先，2002年政府启动"普通高等学校本科教学工作水平评估"后，地方本科院校普遍进入评估范围。2011年，教育部对新建本科院校展开了人才培养工作水平评估与本科教学工作合格评估。其次，学术界历来重视对地方高校进行各方面的评价，尤其是近年来重视对地方高校及其毕业生和用人单位进行实际调查，从中分析和总结地方高校办学问题所在，对其办学状况进行综合评价。再次，近年来出现了有关地方高校社会评价的新趋势，即由高校科研机构或网络公司组织，对包括地方高校在内的院校进行各种评估和排行，通过网络对公众产生重要影响。在这些排行榜中，由高校科研机构组织的主要有：广东管理科学研究院课题组（武书连课题组）于20世纪90年代初开始进行的大学排行研究；高等学校与科研院所学位与研究生教育评估所自2002年开始进行全国研究生培养单位"一级学科整体水平评估"排行；上海市教育科学研究院课题组于2003年发布"中国本科院校办学能力排行"；中国青年报社与武汉大学中国科学评价研究中心于2004年联合开发的"中国高校竞争力评价"排行。而由网络公司开发的排行和评估主要有：网大（中国）有限公司自1999年起开发年度"中国大学排行榜"；"中国校友会"（http://www.cuaa.net）自2003年以来已连续开发年度"中国大学排行榜"，并编制完成《中国大学教学质量评价报告》；依托CERNET创建于2001年的"中国教育在线（www.eol.cn）"开发的常态化的各类各地高校排行；麦可思公司中国大学生就业研究课题组根据其连续多年进行的大学毕业生调查研究，发布"麦可思大学就业能力排行榜"，并出版《中国大学生就业报告》；2012年搜狐网根据用户每日访问高校人数而生成的高校热度榜，其中既包括本科、专科、民办、独立学院等不同性质高校热度榜，也包括综合、工科、师范、财经、政法、语言、医药、农业、民族、艺术、体育、军事、林业等不同院校类型热度榜；好未来公司利用教育部阳光高考信息平台公布的高校在全国各省份录取分数编制

而成的 2013—2016 年《好未来版中国大学排行榜》。从政府到学术界再到媒体和网络第三方评价机构，评价主体越来越多元化，对公众的影响程度也越来越高。尤其是网络第三方评价机构对地方高校的评价，在评价指标和模式上打破了以资源和产出为主的所谓"客观"的评估模式的垄断，更加重视对大学毕业生和企业进行实地调查，重视满意度等个体对地方高校的主观体验。这标志着一种新的质量观——建立在用户和社会公众的"认可"基础上的质量观的兴起。

从上述评价主体产生的评价结果和相关结论来看，对地方本科院校的质疑或者说对地方高校合法性的挑战主要集中在以下三方面：

首先是"是不是"的身份问题，即究竟地方本科院校是否符合一个以培养高级人才为主要目标的学术机构的身份，具有应有的完备规则和学术规范？虽然从对高校设置条件的评估来看，绝大多数地方本科院校满足了政府规定的基本要求，在政府组织的评估中获得"合格"或"优秀"的结论，只有部分新建本科院校在经费投入和设施建设方面还未达到合格要求，但是仍有很多学者和公众代表认为有相对一部分地方本科院校管理水平较低，学术规范欠缺，办学理念和人才培养方式落后，从而对这些地方本科院校作为学术机构和高级人才培养机构的身份进行质疑。在人们的心目中，地方本科院校像具有行政级别和官僚作风的衙门，像热衷于创收谋利的企业，像讲人情重关系拉帮结派的大家族……地方本科院校却最不像它应有的自己，一个作为学习的乐园、知识的殿堂而存在的学术组织。

具体来说，学术界对地方本科院校诟病最多的就是严重的行政化管理倾向。在当前的高等教育管理体制中，地方本科院校作为各级政府部门的下属机构，受地方政府控制，在人事管理、经费安排等方面缺乏自主权，而为与上级政府部门对接，内部的行政部门也掌握或"俘获"了教学和科研管理等方面的主要权力。在长期的行政主导下，地方本科院校没有被治理成它应有的学术组织样子，其组织成员没有遵守其应有的角色规范，教师不安心于教学，学生不安心于学习，整个组织模式不按照应有的学术秩序运行。因而很多学者认为地方本科院校难以建立起学术自由、学术自治、教授治学的现代大学制度。

作为地方本科院校行政权力与学术权力严重失衡的产物,高校腐败、学术失范的现象屡屡出现。有媒体文章指出,从招生录取到后勤基建,从物资采购到科研经费,从校办企业到学术诚信,"腐败重灾区"几乎涵盖了高校所有关键领域和环节。[①] 在地方本科院校的教师考核和科研奖励等活动中常有长官意志、人情关系等严重干扰,因而教授们在权力诱惑和利益驱动下纷纷以当官为荣,甚至出现"教官"专权的现象,在学术研究领域也出现了功利化和泡沫化的趋向,学术不端行为屡见不鲜。而学术失范直接影响了教风和学风——由于缺乏学术规范的有效引导和相关制度规制,一些地方本科院校缺乏学术诚信的氛围,对学术失范行为容忍度较高,其教师便在利益驱使下热衷于投机取巧,而不把主要精力投入到脚踏实地的教学和科研中。有学者在 2006—2010 年对中国 11 个省市自治区 89 所地方高校中的青年教师进行了调查,发现很多地方高校青年教师都有忽视教学、缺乏敬业精神的现象。一些青年教师备课不认真,教学内容陈旧,教学过程中照本宣科,育人意识淡薄,与学生缺乏交流,对学生缺少关爱,不能为人师表,背离了教师职业道德的要求。更有甚者,存在抄袭剽窃、任意署名、弄虚作假、潜规则横行等不良现象,既影响了地方高校的学术声誉,也在学生中造成负面影响。[②]

张英丽等曾对地方普通本科院校大学生的学术失范行为进行调查,发现大学生对失范的态度比较宽容,仅有少部分被调查者对此表示反感。[③] 这说明,在一些总体缺失学术道德教育和失范行为较为普遍的地方高校里,学生难以形成有关学术道德和学术规范的正确认知,因而也难以成为合格的大学生。《中国青年报》记者吴苾雯曾先后出版

---

① 龚洋浩:《高校缘何腐败频发》,《中国纪检监察报》2015 年 4 月 27 日第 4 版。
② 张胜利:《地方高校青年教师师德现状》,《继续教育研究》2012 年第 7 期。
③ 张英丽、褚岩:《社会学习、认知、态度对大学生学术失范影响的实证分析》,《黑龙江高教研究》2014 年第 9 期。

了两本著作——《逃离大学》和《向中国大学说不》：①② 前者讨论了大学生对大学的厌学现象，其中有一些人认为我们的大学本科教育和高中教育没有区别，很多学生戏称高四、高五；后者记录了社会各界对中国大学的各种不满与质疑，指出大学统一的教材和教学模式下不动脑子的教学方式培养的是没有个性的人，这种培养方式带来了大学生的"背叛与挑战"，即较高的逃课率和退学率。虽然这两本书都不属于严谨的学术著作，更多是用纪实文学的风格进行某种情感的宣泄，还有学者认为书中的观点有"极端的偏向"，③ 但是学者们也承认，书中所描述的一些现象在地方本科院校中普遍存在，因此，它代表了一种强烈的社会情绪，或者说是对大众化阶段的中国大学，特别是地方本科院校的一种质疑态度。

其次是"高不高"的等级问题，即地方本科院校在高等教育体系中居何等级，有何地位，才是公众普遍认可的。公众对于高校地位的认知往往来自政府通过各种政策、项目对高校进行的三六九等区分，最著名的莫过于"985""211"等重点大学的划分。而在这些国家级重点建设院校中，大部分属于部属院校。公众对于高校地位的认知还主要来自各种排行榜。现有排行榜大多采取人才培养、科学研究、办学资源、学校声誉等不同的划分方法，采用不同类型的指标体系分别对本专科院校进行综合实力、学科专业、教师水平、新生质量及本科毕业生质量、就业能力等方面的评估。从与本科院校相关的各大排行榜中地方本科院校的名次与得分来看，其共同的特点就是："大多数地方本科院校属于排名榜中的弱势群体"，无论是从办学条件、教育产出还是从人气热度等方面来看，大部分地方本科院校是排名较后的，且与部属院校的得分或"星级"差距较大。不可否认，部属院校与地方本科院校在办学实力上的确存在着巨大差距，因而这样的结果很容

---

① 吴苾雯：《"逃离"大学》，接力出版社 2002 年版。
② 吴苾雯：《向中国大学说不》，哈尔滨出版社 2010 年版。
③ 程方平：《中国大学本科教育中存在的严重问题》（http://edu.sina.com.cn/l/2010-08-23/1756192469.shtml）。

易使人认为地方本科院校是水平不高、毫无优势的"末位教育"。[①]

最后是"好不好"的绩效问题，即地方本科院校的在教学、科研、社会服务等方面的办学绩效或投入产出比是否符合社会期望？社会对地方高校的期望主要集中在地方高校的教学质量和毕业生就业方面。因此，地方本科院校的办学绩效主要通过硬性指标——学生的就业率和软性指标——学生和用人单位对学校总体和教学质量的满意度、推荐度等主观评价来体现。

在就业率方面，麦可思等社会评价机构和政府部门都做了一些调查，基本结论是地方高校毕业生的就业状况曾一度恶化，但近年来有所好转。例如，根据麦可思研究院出版的2009—2016年全国大学毕业生就业年度报告，中国大学毕业生就业率最低的约在2009—2010年，为86%—86.6%。2011年起，随着中国经济走出金融危机的阴影，大学毕业生的就业形势也大为好转。到2019年，2018届大学毕业生毕业半年后的就业率为91.5%，比2009届大学毕业生毕业半年后就业率（86.6%）高4.9个百分点；"双一流"院校2018届毕业生毕业半年后就业率为94.5%，比2009届（91.2%）高出3.3个百分点；非"双一流"本科院校2018届毕业生毕业半年后就业率为90.9%，比2009届（87.4%）高出3.5个百分点；高职高专2018届毕业生毕业半年后就业率为92.0%，比2009届（85.2%）高出6.8个百分点。

在对地方本科院校教学质量的满意度方面，政府、学术界和第三方评价机构都做了很多调查。例如，2016年教育部发布的《全国新建本科院校教学质量监测报告》中，86.6%的学生对新建本科院校的总体教育教学质量感到"满意"或"非常满意"，81%的学生表示"为学校感到骄傲，并会把本校推荐给他人报考"。清华大学教育研究院于2009年正式启动了"中国大学生学习性投入调查"。该研究通过2009—2011年的调查，发现"985""211"院校和地方本科院校在校园

---

① 朱淑华：《大学综合排名中地方高校评价存在的问题及策略研究——以2013年武书连版中国大学排名榜为例》，《现代教育科学》2013年第6期。

环境支持度等投入性指标方面的差异，与学生的收获和满意度等结果性指标的差异直接相关。例如对 2009 年 23 所被调查高校"校园环境支持度"上的得分进行比较可以发现，三类院校间的差异主要体现在：在"学业支持"和"经济支持"上"985"院校优于"211"院校，"211"院校又优于地方本科。[①] 而校园环境支持度与学生的收获和满意度直接相关，从 2011 年的调查中可知，地方本科院校于"在校满意度"维度上显著低于 985 和 211 院校。[②] 从被调查高校之一，河南科技大学的数据分析结果来看，虽然该校学生的学习态度表现良好，对所学专业的认可度即认为所学专业对自己未来过上满意生活有帮助的学生占到了 97%，但是其在校满意度仍然不高，主要原因在于"生师互动水平"和"校园环境支持度"较低，学生较少与老师交流沟通，一方面在课堂上的教学参与度不够，学习表现不能及时得到任课老师的反馈，另一方面也较少通过集体活动融入大学生活；教师过多强调"记忆""分析"等教学目标，而在培养学生"综合""判断"能力上相对薄弱。[③] 对于以培养应用型人才为主的中心城市地方大学——广州大学，学生与老师"零互动""负面互动"和校园环境支持度低的问题在其调查结果中也存在。[④] 中心城市地方大学虽然以培养应用型人才为主要目标，但其教学内容仍以较为陈旧而显得"无用"的学科知识为主，无法满足学生就业、创业的需求，教学方法也以课堂灌输为主，忽视学生学习的主动性。[⑤] 而另一所被调查的地方高校——北京农学院的数据分析报告指出，

[①] 史静寰、涂冬波、王纾等：《基于学习过程的本科教育学情调查报告 2009》，《清华大学教育研究》2011 年第 4 期。

[②] 赵琳、史静寰、王鹏等：《高等教育质量的院校类型及区域差异分析——兼论高等教育资源配置与质量格局》，《清华大学教育研究》2012 年第 10 期。

[③] 陈跃、范锐、王艳丽：《河南科技大学本科教育学情调查报告 2010》，史静寰、罗燕、赵琳等：《本科教育：质量与评价（2009—2011）》，教育科学出版社 2014 年版，第 218、219 页。

[④] 刘晖、张灵：《广州大学本科教育学情调查报告 2010》，史静寰、罗燕、赵琳等：《本科教育：质量与评价（2009—2011）》，教育科学出版社 2014 年版，第 250 页。

[⑤] 刘晖、张灵：《"以学生为中心的地方大学本科教育改革——以中心城市地方大学为例"》，史静寰、罗燕、赵琳等：《本科教育：质量与评价（2009—2011）》，教育科学出版社 2014 年版，第 255—268 页。

"学生学习动力不足和对学校教学环境的满意度不高,是此次调查数据差异的集中反映。学生缺乏学习动力、缺少学习乐趣、对个人能力提高程度不满值得高度重视,其原因既有客观外界社会环境因素,又有校园内部的教学环境因素:既与学生自身的'向学/厌学'程度相关,也与教师教学水平和管理激励因素不足,与教学内容与教学方法陈旧、学生缺少学习驱动力有关"。①

大学毕业生对所就读高校培养质量的认同与否是地方高校办学绩效评价的重要意见。麦可思公司的系列报告以满意度和推荐度来表示大学毕业生对所就读高校培养质量的认同。所谓满意度是指大学毕业生回答对母校满意范围的人数百分比,由于满意度在一定程度上受期望值影响,所以以推荐度来进行补充说明。所谓推荐度,即在同等分数、同类型学校条件下,毕业生是否愿意推荐母校给亲朋好友去就读的比例。该报告指出,近年来中国大学毕业生就业率较低的2009—2010年,恰恰正是大学毕业生对母校的满意度和推荐度最低的时期。而随着就业率的提高,大学毕业生对母校的满意度和推荐度都开始上升。从满意度来看,2018届毕业生对母校的总体满意程度从高到低依次为"双一流"院校(94%)、非"双一流"本科院校(93%)和高职高专院校(90%),分别比2009届毕业生对母校的总体满意程度("211"院校83%,非"211"本科院校74%,高职高专68%)高出11个百分点、19个百分点和22个百分点。从推荐度来看,2018届毕业生对母校的推荐度从高到低依次为"211"院校(76%)、非"211"本科院校(66%)和高职高专院校(64%),分别比2010届毕业生对母校的推荐度高出16个百分点、17个百分点和21个百分点。从上述结果可以看出,就业率对大学毕业生对所就读高校的认同影响较大,由于"211"院校或"双一流"院校的就业率始终高于地方非"211"、非"双一流"本科院校和高职高专,其满意度和推荐度也始终高于后

---

① 沈文华、乌丽雅斯、李志:《北京农学院本科生学习与发展调查分析报告2010》,史静寰、罗燕、赵琳等:《本科教育:质量与评价(2009—2011)》,教育科学出版社2014年版,第196、197页。

两者。并且，无论是"双一流"院校、"211"院校与地方非"双一流"院校、非"211"本科院校和高职高专之间，还是地方非"211"本科院校与高职高专之间，满意度和推荐度之差远远大于就业率之差，如2018届毕业生的就业率，"双一流"院校分别高于地方非"双一流"本科院校和高职高专院校3.6和2.5个百分点，而满意度就表现为"双一流"院校分别高于地方非"双一流"本科院校和高职高专院校1.0和4.0个百分点，推荐度就表现为"双一流"院校分别高于地方非"双一流"本科院校和高职高专院校10.0和12.0个百分点（见表4—11）。这说明就业率方面的差异给大学毕业生所带来的心理感受往往较强，有一定的放大效应。就业率的相对较低水平必然导致地方本科院校的毕业生对母校培养质量的质疑态度和实际行为上的不予推荐。

表4—11　近年来中国大学生就业率、满意度与推荐度调查数据

	项目	2008	2009	2010	2011	2012	2013	2014	2015	2016	2017	2018
	大学应届毕业生总就业率（%）	87.5	86	86.6	89.6	90.2	90.9	91.4	92.1	91.6	91.9	91.5
就业率	211毕业生就业率（%）	94	90	91.2	93.5	93.2	94.4	94.9	95.3	94.9	94.8	94.5
	非211本科毕业生就业率（%）	90	87	87.4	90.9	90.6	91.3	91.6	92.5	91.7	91.5	90.9
	高职高专就业率（%）	84	84	85.2	88.1	89.6	90.4	90.9	91.5	91.5	92.1	92
满意度	211毕业生对母校满意度（%）	—	86	83	88	90	91	91	92	93	94	94
	非211本科毕业生对母校满意度（%）	—	79	74	81	83	85	86	88	91	93	93
	高职高专毕业生对母校满意度（%）	—	70	68	76	80	83	85	87	89	90	90

续表

	项目	2008	2009	2010	2011	2012	2013	2014	2015	2016	2017	2018
推荐度	211毕业生对母校推荐度（%）	—	—	60	73	73	74	74	75	75	76	76
	非211本科毕业生对母校推荐度（%）	—	—	49	59	59	58	59	62	65	67	66
	高职高专毕业生对母校推荐度（%）	—	—	43	51	56	57	58	61	64	64	64

说明：①数据来源于《中国大学生就业报告》2009版、2013版、2016版、2019版

②由于《中国大学生就业报告》统计口径发生变化，2017—2018年211院校毕业生就业率、对母校的满意度、推荐度改为"双一流"院校毕业生对母校的满意度、推荐度。相应地，非211本科毕业生对母校的满意度、推荐度改为"双一流"院校毕业生就业率、对母校的满意度、推荐度改为非"双一流"本科毕业生就业率、对母校的满意度、推荐度改为"双一流"本科毕业生就业、对母校的满意度、推荐度。

此外，企业雇主对大学毕业生的能力评价直接影响到其对于地方高校人才培养水平的评价，因此，政府部门和学者们对高校社会评价的主要利益群体——雇主也进行了大量的田野调查。例如，2016年教育部对73所新建本科院校进行的用人单位满意度调查结果显示，用人单位整体满意度为91.8%。而南京大学的汪霞等人展开的"雇主对毕业生就业能力评价"调查发现，虽然从总体评价来看，雇主对于大学毕业生的就业能力比较满意，但从招聘有地方本科院校毕业生的南京、广州雇主的具体评价来看，又普遍反映毕业生"实践操作能力欠缺""创造性思维欠缺""功利性强""工作主动性较差"等问题。①

我们还须注意，与学生和企业的评价相比，同行专家对地方高校教学质量的评价往往更低。例如，教育部的相关调查中指出，"新建本科院校教师教学水平并不容乐观，同行评教中仅有49.7%的课程被

---

① 汪霞、孙俊华、宗晓华等：《高校课程结构调整与大学生就业问题研究》，南京大学出版社2013年版，第146、147页。

评为"优",专家评教中被评为"优"的课程比例则更低,仅为36.8%"。① 这说明,当专家学者以更为严格的学术标准来衡量地方本科院校时,地方本科院校尤其是新建本科院校,其教学质量是达不到期望水平的。

从上述研究可知,地方本科院校在身份、地位和办学绩效等方面都遭受较多的社会质疑,并不可避免地影响到政府对地方本科院校的管理政策。近年来政府要求600所新建本科高校转型,实际上也反映出政府基于社会对地方本科院校的广泛质疑,对地方本科院校人才培养模式及其质量的一种不认可。在强大的政策压力下,很多地方本科院校在身份、地位、绩效等方面产生了越来越严重的合法性焦虑症,并由此引发了一系列投机行为,例如,追求高大上但与实际不符的校名,投政府所好而非根据学术积淀来进行组织发展规划,超出还款能力地贷款来大搞硬件建设,为凑高层次人才数量而放松专业和素质要求,在各种项目评选和竞争中托人情拉关系,在各种评估中对评审材料和相关数据进行造假,等等。这些投机行为反过来又进一步恶化了社会对地方本科院校的认可和评价。而对地方本科院校身份、地位和绩效的质疑不仅仅发生在组织外部,当地方本科院校内部人员,即教师和学生对自身的学术性质、组织目标、管理效率等进行越来越多的质疑之时,地方本科院校就产生了自我认同危机。

三 地方本科院校危机的实质 仍为组织合法性危机

依据组织合法性理论,一类组织的合法性危机可能会通过该类组织的数量、规模、资源水平以及社会评价反映出来,如果该类组织数量越多、规模越大、资源提供者为其提供的资源越多、对其评价越高,

---

① 教育部:《全国新建本科院校教学质量监测报告》,2016—2014(http://news.xinhuanet.com/politics/2016-04/08/c_128875571.htm)。

就代表该类组织所能获取的信任水平，也就是合法性水平就越高。在第三章的分析中可以看出，后大众化阶段美日等西方高等教育发达国家，尤其是美国，其高校数量并没有急剧减少，总体高等教育规模也仍然在缓慢增长，学费等其他来源取代了政府来源支持了高校支出的持续增长，因此其高校的合法性危机主要是通过社会评价，通过观念冲突下高校办学理念所遭受的质疑来反映出来的。总体而言，美日等国政府对高校的拨款减少，或者财政经费的增长跟不上学生规模和培养成本的增长，公共管理部门对高校的审查和评估趋向严格，招生市场的竞争趋向激烈，或者由于就业压力增大，毕业生及其家庭、雇主等社会各界质疑高校的培养质量和培养方式乃至基本的高等教育价值观与信条，等等，这些都是高校生存环境恶化的表现，可以总结为社会或市场对高等教育价值的认可危机。

通过本章的分析可以看出，高校生存环境恶化和认可危机在中国地方高校的发展中也是存在的。虽然在大众化进程中，中国地方本科院校数量始终没出现过急剧减少的变化，在校生的总体规模也始终处于增长态势，政府来源的财政投入与学费等多元化的经费来源共同支持了高校支出的持续增长，但是地方本科院校在身份、地位和办学绩效等方面不断遭受质疑，这说明了地方本科院校所遭遇危机的实质仍然是组织合法性危机，即社会或市场对地方本科院校所秉承的价值观和办学模式的信任危机、认可危机。这一点是中国地方本科院校与美日等西方国家高校在所遭遇危机方面的共通之处。

我们也要看到，造成地方本科院校失去应有的自我，产生身份合法性危机的根本原因还是在于长期以来形成的由上而下的政府强有力的规制与干预，正是由于政府的这种"治"，才造成了行政秩序对学术秩序的替代，以及地方高校学术身份和自主精神的失落。这一点应是中国地方本科院校与西方高校在合法性危机上的根本不同。管理体制和院校自主性方面的差异导致中国地方本科院校合法性危机的具体表现也有所不同。正是由于中国地方本科院校是受政府规制管理的公立高校，其发展受政府干预较多，其财政危机主要是政府支持下的过快的规模扩张和盲目贷款引起的,可以通过政府的各种政策手段来解决。近年来该危机确实由于生均经费投入的增长而得到缓解,并且地方本科院校在政府主导下掀起新一轮建设热潮。这使得地方本科院校在经费投入上的发展趋势与美日等西方国家的高校经费投入状况有很大不同。同时,与美日等西方国家相比,中国高等教育市场竞争因素较弱,虽然地方本科院校资源配置与部属院校之间的差距拉大,在生源市场等竞争中处于相对弱势,生存空间被压缩,并成为人们对地方本科院校不满和不信任的来源之一,但这种竞争中的弱势更多的是政府资源配置不平等的结果,而并非市场竞争的结果。

我们要看到,准确地测度地方本科院校的组织合法性危机是很难做到的。如果说开始面对质疑和挑战、合法性不断流失、合法性困境,是危机的不同阶段或不同层级,那么这种质疑和挑战、合法性流失与困境,究竟应以何指标来量化?同时,究竟陷入不同层级危机的地方本科院校个体组织达到多少数量,才能被认定为地方本科院校群体的危机?在这里,本书尽量采用组织数量和规模的变化、资源数量和质量的变化等能够在一定程度上反映政府及其他利益相关者对地方本科院校的支持水平变化的指标,也尽量采用了具有较大影响力的政府评价、社会评价和排名,以及学术界和媒体的一些主要观点,来综合反映地方本科院校作为群体所面对的质疑和挑战,以及合法性流失的趋势和合法性困境的构成。并且,本书将在第七章的案例分析中,通过对案例高校代表性人员的访谈或问卷调查来探索地方本科院校对合法性危机的感知及应对。

通过本章研究,关键是要认识到以下两点:这种组织合法性危机,首先是关于评价地方高校是否应存在和发展的合法性评价的主体变化所带来的危机,即进一步走向公共问责下的合法性建构的危机;其次,这种组织合法性危机是关于地方本科院校存在和发展合法性评价的内容变化,是人口和经济社会发展引起的人们关于质量观念的变化所导致的。因此,这种组织合法性危机实质上反映了高等教育与中国社会的关系。不同建构主体代表政府或市场的力量,为地方高校的变革行动提供了不同程度的外部压力，对地方本科院校重建合法性的方式和内容具有不同影响。而与西方高等院校组织相比，中国高校在政府较强干预下的发展道路也使得其合法性危机更加复杂，正如哈耶克等人所曾经批判的，它还包含了政府教条式的周全规划对高等教育应有的学术秩序的替代所带来的合法性危机。

为应对这种合法性危机，高校必须不断厘清并回应社会各界不断变迁的复杂的需求，即基于社会需求反思其发展规划，如发展规模的合理性、产生的多元影响、新时代的任务与目标，以及如何进行经费的筹集与分配，来回应质疑，重建社会信任。换句话说，地方本科院校所面对危机的根本在于人口和经济社会发展的新形势新常态引起的人们观念的变化，导致对地方本科院校的运行模式和治理模式的不认同、不满意，紧密相连的就是对现有高等教育规模发展模式和资源分配模式的不认同、不满意，在实质上是地方本科院校合法性方面的危机。这种危机以一种公共问责的方式被空前凸显，要求地方本科院校在外部认同带来的压力下，重新审视自身合法性的建构过程，从社会意义系统与内部制度体系和价值体系的联系入手，即从组织合法性建构的规制、规范和认知三层面，寻求组织合法性危机的历史根源与现实根源。

第五章

地方本科院校组织合法性危机的历史根源

本章主要对地方本科院校组织合法性危机的历史根源进行探索。组织合法性寻求的就是一种有关组织身份、地位和组织绩效的心理认同，如何将这种认可、认同或服从意识规范固定下来呢？新制度学派的奠基性学者指出：从组织的角度而言，在规制、规范和文化—认知层面建构起来的认可或认同，即规制合法性、规范合法性、认知合法性，是其合法性的三大基础要素。那么对于地方本科院校为什么得不到组织内部的认同和社会的认可，即面临合法性危机，这样一个问题，就需要从地方本科院校的规制、规范和认知三个要素或基本维度进行分析。由于地方本科院校中的大多数不是新创组织，通常有着一定的形成与发展历史，因此要分析合法性的形成与发展，即合法性危机的历史根源。换句话说，通过这三大基础要素，组织合法性一方面整合了组织所处场域与组织内部的理解、评价和行动的作用，使组织中的个人能够在各种情境中建构他们自己的行为，另一方面又整合了过去的经验与现实的需求。分析合法性危机的共性与特殊性，寻求其独特的历史根源——合法性建构和发展历程，需要从规制、规范和认知三个基本要素或者基本维度进行分析。

这一部分的研究主要以历年中国教育年鉴和中国高等教育史、地方高等教育史、地方高校校史等相关著作为资料来源，结合改革开放30年高等教育改革亲历者的回忆录，对地方本科院校的制度逻辑进行历史考察。依据组织合法性理论中斯科特对合法性的分类，研究地方本科院校在规制合法性、规范合法性、认知合法性三维度的主要特征，及其给地方本科院校发展带来的积极和消极影响。根据中国社会经济制度的宏观特征和地方本科院校发展的主要特征，可以将地方本科院校组织合法性的建立与发展历程大致分为制度初始化与制度变革两个时期。

一 制度初始化时期地方本科院校组织合法性的建立

建国初期，与政治上建立社会主义制度相适应，经济和文化等方面也要求对作为社会主义制度模板的苏联经验进行全面的学习和模仿，以获得作为社会主义国家的合法性。因此，无论在经济制度方面，还是在文化教育制度方面，都以集中统一的规制为主要特征，在规范上则强调要适应政治和社会发展的需求，在认知方面则以政治至上论和强调实用主义的行动原则的交织为主要特征。

（一）规制合法性方面的主要特征——自上而下集中统一的管理模式

中国高等教育制度在初始化时期，主要在政府权威的推动下以模仿和移植前苏联高度集中的教育管理体制为主。在完成对国民党统治地区的高校进行的接管、接收、接办与初步改造之后，1950年6月1日在教育部积极筹备下，汇集全国数百位专家、学者的第一次全国高等教育会议在北京召开，会议对大学课程改革委员会提交的20个本科和54个专科的课程草案进行讨论。此次会议最终向中央人民政务院提交了《高等学校暂行规程》等文件，并于1950年7月28日在政务院第43次会议通过。这一系列法规及有关会议的政策决定，标志着新中国高等教育制度的初步建立。根据这次会议制定的相关法规和政策，逐步建立起来自上而下集中统一的高等教育领导管理体制，以及在这种管理体制下制定并运行统一的专业标准和课程体系，形成专业教育模式，对高等院校的内部管理结构和教育教学行为等方面进行强有力的规制。

在政府的各项规制政策措施下，高校首先从内部的领导管理体制上进行调整，来符合政府要求，建立组织合法性。这一时期主要的政策依据有：《各大行政区高等学校管理暂行办法》（1950年5月5日）、《关于高等学校领导关系问题的决定》（1950年7月28日）、《关于修订高等学校领导关系的决定》（1953年10月11日）等。通过这一系列政策的实施，强调"全国高等学校以由中央人民政府教育部统一领导为原则"，各大行政区高等院校正副校长分别由中央教育部和各大行政区政府机关提名，由中央人民政府委员会任免，并规定"凡中央教育部所颁布的关于全国高等教育的方针、政策与制度、高等学校法规，关于教育原则方面的指示，以及对于高等学校的设置变更或停办，大学校长、专门学院院长及专科学校校长的任免，教师学生的待遇，经费开支的标准等决定，全国高等学校均应执行"。[①] 1953年《关于修订高等学校领导关系的决定》之后，强调中央人民政府高等教育部必须与中央人民政府各有关业务部门密切配合，有步骤地对全国高等学校实行统一与集中的领导，并对各高等学校的直接管理工作做了明确的分工。随后大区一级党政机关被撤销，综合大学和部分专门院校由高等教育部直接管理或委托有关业务部门管理，一些师范、农业、药学等院校则分别委托省、市人民政府管理。这种委托关系并不代表地方政府有独立举办高等教育的权力，高等教育仍为集中统一的领导管理体制。以甘肃农业大学为例，其前身为西北畜牧兽医学院，1950—1954年学院由中央教育部和高教部统一领导，委托西北教育部管理，一般地方性行政事务由省政府教育厅管理，1955—1957年西北大区行政机构撤销后，学院由高教部委托中央农业部领导管理。

为建立自上而下集中统一的领导管理体制，国家还进行了大规模

---

① 何东昌主编：《中华人民共和国重要教育文献》，海南出版社1998年版，第14页。

的院系调整,这也成为地方本科院校得以建立和发展的起始。1951年政务院批准全国教育工作的方针和任务的报告,报告中提出高等教育要"配合国家建设的需要,适当地、有步骤地充实和调整原有高等学校的院系",在院校的功能方面,要"以培养工业建设干部和师资为重点,发展专门学院和专科学校,整顿和加强综合大学",还对各高校组织的身份和应具有的功能目标进行基本规制:"专门学院和专门学校又分为多科性和单科性两种,它的任务是根据国家的需要,培养各种专门的高级技术人才。综合大学的任务,主要是培养科学研究人才和中等学校、高等学校的师资。"[1] 随即中央政府开始对全国高校进行全面的院系调整。据有关统计,1955年调整后的高等学校行政隶属关系中,高等教育部直属院校为75所,占38.7%;教育部下属院校40所(占20.6%),中央其他各部委所属院校79所(占40.7%)。[2] 虽然从正式的行政管理关系来看,并没有真正属于地方管辖的高等学校,但是分布在各区域的高等院校却在事实上成为地方高等教育发展的肇始和基础,并对地方经济社会的发展起到促进作用。院系调整后,中国许多省份都有一所综合性大学并设有工、农、医、师等专门学院。但对于一些发展历史比较悠久的地方本科院校,则产生了一些负面影响。例如源于1912年河南留学欧美预备学校的河南大学,在1942年已发展成为设有文、理、工、农、医、法6个学院的综合大学,学术实力雄厚,享誉国内外。通过1952年的院系调整,河南大学的医学院、农学院、行政学院分别独立建成河南新的地方高校,财经系等院系并入其他院校,中文等系科改为师范性质。虽然经过上述调整,河南的高等学校数量得到增加,农、医、师院校有所加强,为河南经济和文化建设进行了必要的准备。但这样一所历史悠久、系科齐全,在国内外都具有一定影响的综合大学被分散肢解,不仅削弱了该校已形

---

[1] 《人民日报》1952年9月4日,转引自纪宝成主编《中国大学学科设置研究》,中国人民大学出版社2006年版,第19页。

[2] [日]大塚丰:《现代中国高等教育的形成》,北京师范大学出版社1998年版,第126页。

成的办学优势，而且也导致河南省高等教育基础长期薄弱。

从地方本科院校的内部管理而言，在这种集中统一的领导管理体制下，全国高校都应执行中央教育部所颁布的全国高等教育方针、政策与制度、高等学校法规、原则等，地方本科院校也不例外。而执行、服从等行动的第一步就是接受由上级主管部门任命的新校长。如当时的湖北省立安陆师范学院，后来的孝感师范学院，其新中国成立后第一任校长申纪文原为随县文教科副科长，1949年10月奉湖北省教育厅之命才任职的。1958年9月湖北省成立孝感大学时，孝感专署专员樊作楷兼任校长，张玲任党委书记，他们也都是上级政府任命的，在就职前都没有高等学校工作经历。① 又如1951年西北兽医学院改称西北畜牧兽医学院时，其院长盛彤笙是由政务院任命的。② 而一些建校历史较为悠久的高校，尤其是私立高校，在被政府接管初期基于稳定考虑而保持了原有的校长等人事安排，但在后继的院校调整时期随着原来院校的合并或撤销，其主要领导就被更换了，如岭南大学及其校长陈序经。

地方本科院校采取执行、服从等行动的第二步，就是随着国家对高校内部管理体制的调整和改革，高校的领导管理体制从校长负责制（1950—1956）到党委领导下的校务委员会负责制（1956—1961），再到党委领导下的以校长为首的校务委员会负责制（1961—1966）不断演变。后两种形式都体现出学校行政工作由集体领导的特色，尤其是党委领导下的以校长为首的校务负责制为后来转变为稳定的党委领导下的校长负责制打下基础。仍以甘肃农业大学为例，1949—1955年其前身西北畜牧兽医学院的组织结构为在院长下设教务处、总务处、秘书室及各种委员会，实行校长负责制；1950年学院成立党小组，1955年成立党的总支委员会，1958年甘肃农业大学成立后，大学由甘肃省领导管理，学校成立了党委，并于1959年7月24日成立校务委员会，

---

① 丁么明主编：《孝感学院志（1943—2008）》，湖北人民出版社2009年版，第17、23页。
② 储常林主编：《西北高等农林教育史》，中国农业出版社1995年版，第15页。

下设办公室、教务处、人事处、总务处和 5 个系,开始实行党委领导下的校务委员会负责制;1961 年《中华人民共和国教育部直属高等学校暂行工作条例（草案）》（即《高校六十条》）颁布后,学校向党委领导下的以校长为首的校务委员会负责制过渡,但时间较短,到 1968 年学校成立革命委员会,该体制的建设被打断。直到 1976 年文革结束后学校才恢复了党委领导下的校长负责制。① 我们注意到,1966—1976 年为文化大革命期间,高校内部正常的领导管理体制被打乱,先后出现了中央和各级政府向高校派驻工作组、工宣队、军宣队进行管理的现象,在地方本科院校内部也出现了文化革命委员会、"革命学生代表、革命教职工代表、革命干部代表"三结合的革命委员会、"革命干部代表、革命群众代表、军队代表"三结合的革命委员会、工农兵学员"上管改"委员会等形式的管理机构。

应当注意的是,中国高校的管理体制虽然源自对苏联高等教育管理体制的移植,但在实际运作中,由于政治原因的考量及学术基础的薄弱,很多官僚主义因素和特有的官本位文化就更多地进入到高校中来,并作为中国式高校特有的基因一代代传承下去,从而更加弱化了高校独立的学术组织性质。

1958 年至 1963 年,对高等学校的集中统一领导管理模式曾一度转变为分散管理体制,即强调权力下放、分散管理,将大部分高等学校下放给各省、市、自治区领导管理。1958 年 8 月出台的《关于教育事业管理权力下放问题的规定》中,强调"必须改变过去条条为主的管理体制"和"加强地方对教育事业的领导管理"。高校内部管理体制也相应地有了变化,即取消最初的校长负责制,实行党委领导下的校务委员会制等,强调权力下放,因地制宜、因校制宜,学校对上级的规章制度可以采取存、废、修订的变通。但我们应认识到,这种分散管理体制并不是真正的分权改革,高校自身所拥有的自主权仍十分有限,且由于时值大跃进运动时期,这种分散管理模式导致了不顾条

---

① 储常林主编:《西北高等农林教育史》,中国农业出版社 1995 年版,第 137 页。

件大办高等学校的热潮，打乱了正常的高等教育秩序，产生了严重的负面影响。以河南为例，目标提出后不到半年时间，河南全省高等学校猛增到 42 所，是 1957 年的 6 倍。没有校舍和教师，就将中学改大学，中专升格办大专，所谓"穿靴戴帽"。这种做法把大学生的文化水平降低到只有初中、小学程度，甚至认为大学就是大家都来学。①1961 年开始在"调整、巩固、充实、提高"八字方针下纠正"大跃进"中的错误，教育部也制定了《教育部直属高等学校暂行工作条例（草案）》，即《高校六十条》。《高校六十条》虽然是针对 26 所教育部直属院校提出的，但 1963 年试行该条例的高校已达 220 余所，其中就有各部委领导的 71 所，省、市、自治区领导的 127 所。通过《高校六十条》，重新强化集中管理，使高校各项工作逐步走上正轨。虽然在 1966 年文化大革命开始后该条例被批判，但在 1978 年以后最先进行修订和恢复实行，对中国高等教育发展产生了重要影响。

其次，在由上而下集中管理的体制下，政府对地方本科院校的人才培养模式也进行了强有力的统一规制，逐步建立起计划性较强的专业教育模式，高校内部也相应建立了基层教学管理制度以获得合法性。

旧中国的高等学校只有院、系，不设专业。在新中国成立后，苏联作为已经成功工业化了的社会主义国家，其专门化人才培养的高等教育经验必然被中国所重视，而相应地，从民国时期因袭而来的美式"博雅教育"难以满足工业化建设的需求。因此，1952 年 9 月《人民日报》社论对旧中国高等教育制度提出批评，认为其院校设置是盲目的，只能培养不切合实际的所谓"通才"。而在努力实现工业化的新中国，更需要大量的合格的各种专门人才，尤其是"工业建设的专门人才"，因此要以培养专才为目标，制定并运行统一的专业标准和课程体系，形成计划性较强的专业教育模式。在具有高度计划性的专业教育模式下，以国家经济建设各部门所需人才的规格要求为依据，高等院校改变民国高等教育以来的系科体系，按照国家统一的各类高等

---

① 马纺：《河南高教 90 年》，河南大学出版社 1995 年版，第 15、16 页。

学校人才培养目标与要求，以及 1954 年颁行的专业目录设置专业，进行统一的计划性规制，即统一招生、统一培养直至统一分配。根据国家制定的五年计划，高校数量不断增多，高校所招收的学生规模也在不断扩大。1953 年至 1957 年，普通高等学校由 182 所增至 229 所，在校学生由 21.2 万人增至 44.12 万人。全国高等院校根据这一时期工业化建设的人才需求，以机器制造、土木建筑、地质勘探、矿藏开采、动力、冶金等工科专业为重点，1953 年初共设置专业 215 种，其中工科专业 107 种，占比近 50%。1958 年初全国 219 所高校的专业共有 363 种（不包括 1958 年新建院校的数字），到 1962 年，全国高校专业种数增加到 627 种，专业点达到 3703 个。在此期间，高教专业结构主要呈现以下两方面的发展变化：一方面是工科和师范专业发展较快，另一方面由于忽视了文科、财经、政法专业的发展，致使高教专业结构的整体均衡状态遭到破坏。

包括地方本科院校在内的全国高校，统一在内部设立教研组作为基本的教学单位，所有教师按其所教课程组织到各教研组展开教学与科研活动；同时在教学方面统一教学模式，从教学计划的制订、教学大纲的编写、教材的选用、教学的方式都由高教部统一要求，教育思想、教学内容和教学方法都以苏为师，一方面吸收了苏联学校重视基础理论，重视实验和实习，重视教学法和比较严谨的教学组织形式，但另一方面这种"向苏联一边倒"的局面，在各校从课程设置到教材使用的实际运作中，由于操之过急而产生了意想不到的混乱，例如教学分量过重、教材缺乏、师资困难等问题。[①]

总之，地方本科院校作为高等教育组织，通过遵纪守法、符合政府和相关机构在高校设置方面的规定，接受各级政府由上而下的领导管理，遵守规章制度，发挥相关的功能，不仅在内部领导管理体制上校长等主要领导由上级政府部门任命，建立校长委员会等领导机构，

---

① ［日］大塚丰：《现代中国高等教育的形成》，北京师范大学出版社 1998 年版，第 175 页。

并且在人才培养方面，建立计划性较强的专业教育模式和基层教学管理制度，遵守国家关于专业设置和统一的课程体系建设方面的各种规定，使自己具备规制合法性。

（二）规范合法性方面的主要特征——适应论哲学下的高等教育规范

高等学校需要从新中国成立初期工业化建设的需要和对苏联高等教育制度的模仿中寻求经济合法性和政治合法性，建立符合要求的组织行为道德规范和内部成员的角色规范。教育部部长马叙伦在第一次全国教育工作会议上指出，新中国的高等教育作为新民主主义教育的一个组成部分，其性质为"民族的、科学的、大众的"，①"反映新的政治经济，巩固与发展人民民主专政的一种工具"。在1950年的第一次全国高等教育会议上又指出，中国高等教育应密切配合经济、政治、文化、国防建设的需要，尤其是要为经济建设服务，因而必须进行实行专门的科技教育。②这段话说明，在这一时期，以适应经济和政治需求为主要内容的适应论哲学既是高等教育发展所遵循的总体思路，也是建立地方本科院校规范合法性的主要特征，这就要求地方本科院校的组织结构和行为，以及师生等内部成员的角色定位，符合政治规范和学术规范，并且政治规范优先于学术规范。

这一时期的政治规范和学术规范被总结为"又红又专"。国家权威机构和领导人多次对"又红又专"的道德规范要求进行阐述：1956年，高教部颁发《中华人民共和国高等学校章程草案》规定，高等学校的基本任务是"培养具有一定的马克思列宁主义水平、实际工作所必需的基本知识、掌握科学和技术的最新成就和理论联系实际能力"的对祖国和社会主义事业忠诚的高级专门人才。1957年，毛泽东在

---

① 高等教育部办公厅：《高等教育文献法令汇编（1949—1952）》，高等教育部办公厅1958年，第2页。
② 马叙伦：《教育部马叙伦部长在全国高等教育会议上的开幕词》，《人民日报》1950年6月14日第1版。

《关于正确处理人民内部矛盾的问题》一文中提出,"红与专应该是统一的,只专不红,只红不专,都是不对的。高等学校师生的红,不但应该表现在政治思想方面,而且应该表现在他们教学和学习的实际行动中"。这就要求高校的教师不仅要在教学和科研活动中具备专业知识和教学科研能力,而且要在思想方面以无产阶级道德为标准,忠诚于社会主义教育事业;要求学生成长为在政治思想上符合无产阶级道德要求,忠诚于社会主义事业,又具备服务社会经济建设的专业知识和能力的高级人才。

在政治规范合法性的要求下,地方本科院校首先要在校级及院系等层面上建立党务机构和相应的宣传部门、政治工作部门,任命专人负责相应工作,颁布相应的规章制度,对组织行为或角色表现进行规范,并通过一系列具有组织性的政治活动,进行政治教育,整顿校风、教风和学风,将一般组织成员卷入到政治教化的运动过程中。地方本科院校内部成员师生通过政治学习、思想改造等手段,在角色定位上努力符合政治规范和学术规范的一般性道德要求,即又红又专的要求。

有学者通过对这段历史的研究,认为地方本科院校师生"又红又专"的角色规范的建设,在解放之初主要是通过较为散漫的各种思想学习活动来进行,而在后来则是通过高校有组织的活动来推进。[①] 例如,1949 年 2 月,据《人民日报》报道:"解放后的天津各大、中学校师生,正以空前未有的愉快心情,热烈学习毛主席名著《新民主主义论》等革命理论。南开大学、北洋大学、河北工学院、省立女中、私立耀华中学等校内的社团,在学习热潮中最为活跃,纷纷举办讨论会、座谈会讨论《新民主主义论》。"[②] 而到了 1952 年左右,北京、天津高校教师首先开展改造思想的学习运动。《新华月报》报道:"北

---

① 刘颖:《除旧布新:新中国成立初期中共对高等教育的接管与改造》,人民出版社 2010 年版,第 62—64 页,第 98—107 页。
② 《天津各大中学校师生愉快学习毛主席著作 津市召开第一届学代大会》,《人民日报》1949 年 2 月 24 日第 1 版。

京、天津的二十所高等学校三千余人,在中央教育的领导下,在九月下旬展开了以改造教师思想、改造高等教育为目的的学习运动"。① 参加这次学习的高校中就包括了河北师范学院、河北医学院等地方本科院校。而学习方式是通过听报告和阅读文件,联系本人思想和学校状况,展开批评与自我批评。学习时间定为四个月。各高校师生的思想改造学习运动,对全国高校,包括地方高校在内,具有较强的示范作用。例如,1958年后,为了实现"又红又专"这一培养目标,孝感师范学校各教研组、各教学班及教师个人都制订了"红专规划",在教育观念、教学内容、教学方法等多方面作了适当调整,主要包括:严把教育质量关,德智体三方面只要学生有一方面不合格就不能升级或不能毕业;培养学生多方面能力,使学生毕业后能适应多科教学任务的需要;引导学生树立牢固的专业思想,献身农村教育事业。②在地方本科院校中建立"又红又专"的道德规范,还体现在高校开设一系列的政治理论课程。1952年教育部发布了《关于全国高等学校马克思列宁主义、毛泽东思想课程的指示》,要求综合大学及财政艺术等学院和工、农、医等专门学院开设"新民主主义论""政治经济学"等课程,并规定了这些课程的授课时数、授课提纲、参考书。1956年,高教部又下发了《关于高等学校政治理论课考试评分问题的意见》。至此,中国高等学校的思想政治教育从它在高校教育中所处的地位、课程设置、学时的安排,一直到教学方法、成绩评定以及师资培训、教学组织领导,形成了一个较为完整的体系。

  作为政治规范合法性构建的一部分,对于地方本科院校师生思想改造运动的评价,有积极的一面,也有消极的一面。高等教育部曾在1954年指出,"大多数教师改变了盲目崇拜欧美资产阶级科学技术的

---

  ① 《北京大学教员的政治学习运动》,《新华月报》1952年第11期,参见刘颖《除旧布新:新中国成立初期中共对高等教育的接管与改造》,人民出版社2010年版,第62—64页,第107页。

  ② 丁么明主编:《孝感学院志(1943—2008)》,湖北人民出版社2009年版,第22页。

思想，强烈要求学习苏联先进的教育经验"。① 日本高等教育专家大塚丰在回顾这段历史时却指出："大学中敢于反对相关政策的气氛不复存在。"② 例如毛泽东在《论人民民主专政》一文中提出"向苏联一边倒"的主张，在社会科学领域原本有一些不同意见，譬如社会学家潘光旦教授、哲学家张东荪教授等，随后就受到多次批判。③ 而到了文化大革命期间，在教学中实行的所谓工农兵学员对高校要"上管改"，将知识的学习与政治因素联系在一起，把刚在包括地方本科院校在内的中国高校中培育的学术精神和学术规范破坏殆尽。一些当年的工农兵学员回忆说："老师的教学基本上还是从数学本身提出问题，逻辑推导合理，有明确的结论这样一种状况，我认为这是适应过去修正主义教育路线培养'三脱离'知识分子的。我还振振有辞地说，现在教学对象变了，培养目标也不同了，我们工农兵学员检验教学的标准是实践。我说老师讲课'太空'，正好揭露了修正主义教育路线的流毒在老师身上远远没有肃清。……他们搞什么从公理到公理，这些我们工农兵接受不了，这种流毒现在还在毒害我们。""如何帮老师上好课呢？我认为：帮，就要帮在根本上，帮助教师在转变世界观上下功夫，从封、资、修的精神枷锁下解放出来。"对于考试中要求"不准交头接耳，要按时交卷"这样一条基本的学术道德标准，就以"不信任工农兵"的帽子扣下。随着政治运动在高校的扩大化，政治标准还进一步影响到高校教师的选拔、教材的编写等方面。④ 这对于地方本科院校学术规范和学术文化的建设是十分不利的。

---

① 中央人民政府高等教育部：《关于目前高等学校教学改革的情况与问题的报告》（马叙伦部长在政务院第170次政务会议上的报告），《高等教育文献法令汇编》第一辑，1954年版，第104页，参见［日］大塚丰：《现代中国高等教育的形成》，北京师范大学出版社1998年版，第173页。

② ［日］大塚丰：《现代中国高等教育的形成》，北京师范大学出版社1998年版，第220页。

③ 石新明：《大学文化形成的外部因素（一）：国际影响与大学文化——以北京钢铁学院（1952—1966）年为例》，《北京科技大学学报（社会科学版）》2014年第3期。

④ 李江源：《我是一个工农兵学员——泛政治化教育中的受教育者》，福建人民出版社2006年版，第651—653页，第657页。

总之，地方本科院校及其师生通过学习制度初始化时期政府要求也是社会广为接受的价值观和道德要求，使自身具备"又红又专"的规范合法性。但这种适应论哲学下的高等教育规范在很大程度上忽视了地方本科院校作为学术组织所应有的学术道德规范与职业规范，因而存在潜在的规范合法性的危机。

（三）认知合法性方面的主要特征——狭隘的实用主义知识观

新中国成立后，在高等教育制度的初始化时期，由于实行自上而下集中统一的管理体制，政府对高等学校及其教育活动进行规制，同时，又在适应论哲学下要求高校组织及其成员符合"又红又专"的道德规范要求。因此，在政府集中统一的规制和"红"的规范要求下，中央政府及相关部门的知识观决定着其对高等教育领域的知识的选择，即中央政府根据服务于政治需求的原则，规定了哪些知识可以进入高等教育领域，哪些知识是被排除在外的；在"专"的规范要求下，高校服从中央政府对专业课程知识的选择与制度安排，建立起符合社会经济发展需求的专才教育模式及与之相适应的实用知识体系。

新中国成立之初进行的关于实施通才与专才教育的争论，对地方本科院校形成专才教育模式及与之相适应的实用知识体系起到了关键性影响。早在晚清时期，自然科学类专业在京师大学堂中的设置就已经标志着西方科学技术在最高学府或者说在大学教育中获得了合法地位，但是在民国高等教育中，科学技术知识并没有获得垄断地位，尤其是在梅贻琦等学者所强调的"通才教育"模式中，大学重视为学生打好宽厚的文化基础和专业基础，中西合璧的人文社会科学知识也颇受重视。而1952年人民日报社论旗帜鲜明地批判了民国时期的通才教育模式，强调知识要以"用"为主，明确要在新中国高等教育中以实施偏重工科的专才教育为主，通过大量专门人才的培养，在文化—认知层面建构一种实用主义知识观以适应传统工业化社会的大机器生产。1968年毛泽东发表讲话："大学还是要办的，我这里主要说的是理工科大学还要办。"这表现了一种技术科学优先的实用主义倾向。① 以技术科学知识为主的理工学科获取了认知合法性，在这种实用主义知识观支配下，中国高校在专业结构上以发展工科专业为主，因而在整个制度初始时期，其工科专业始终占比较大，发展较快；人文教育长期被忽略，或在政治实用主义要求下被思想政治教育取代。同时，出现了高等教育职业化的趋向，高等院校不仅以行业部门和职业对口为依据设置专业，而且还在专业课程方面加强与职业所需知识和技能的对口性，缩小课程中理论知识的涉及面，让学生更早开始高度专业化的学习，使学生能尽快学有所用，有效地为国家经济建设服务。这种趋势在新中国成立初期学习苏联高等教育模式时就已经存在，在大跃进时期被加强，导致理论教育进一步被削减和忽视，过分强调实践，从而影响到教学质量。

西安理工大学在其校史中回顾这一段历程时指出，学校的前身之一陕西工业大学"在大跃进时期，学校教学秩序紊乱，一度强调边干边学，忽视了系统的基本知识，过分强调实践，忽视了基本训练，在教学方法上搞'单科独进''下厂下乡'，影响了教学质量"。1972年北京机械学院与陕西工业大学合并后，成立陕西机械学院。1975年学院在学习朝阳农学院教育革命经验的过程中，决定撤销系（部）建制，设立铸造、热处理、机械工艺及设备等8个专业委员会，"按开门办学和以典型任务组织教学的设想制订教学计划和教学方案。根据事先选定的典型产品，一边组织学生实践，一边进行教学，强调在干中学。这种教学组织形式违背了教学规律，教学质量受到严重影响"。②而忽视理论教学的情况在地方高校不仅普遍存在，而且在招收工农兵学员后更加严重。由于工农兵学员普遍文化程度较低，不具备应有的知识基础，在学习理论知识时面临更大的困难，在"泛政治化"的政治实用主义思想下，理论教育进一步受到削弱。从当时一些工农兵学

---

① 毛泽东：《从上海机床厂看培养工程技术人员的道路》，《人民日报》1968年7月21日第1版。

② 李友林主编：《西安理工大学校史（1949—1999）》，西安理工大学出版社1999年版，第19、25页。

员的回忆来看，当时甚至连基本概念的教学也无法正常进行。①

这种实用主义知识观还体现在政府要求地方本科院校学习延安时期高等教育经验，将教育与实际相结合，将生产劳动引入高等学校的教学计划，甚至出现了以生产劳动代替教学活动的相关规定，如1958年3月召开的全国农业教育工作会议上要求农业院校的学生每年必须参加3—4个月的生产劳动。随后刘少奇提出中国要逐步建立两种教育制度和劳动制度等指示，使全国高校贯彻教劳结合方针的运动，由学校大办工厂、学生大量劳动推进到把生产劳动和教学、科研结合起来的新阶段。1959年5月教育部召开的教学准备会议指出，生产劳动时间以每年2—3个月为宜。例如，甘肃农业大学1971年起先后在兰州、天水、陇南、甘南、武威、张掖、酒泉等地建起数十个"三结合教学基地"，一面教学，一面支农。② 对于一些地方高校而言，虽然这一阶段由于政治运动和生产劳动过多，教学秩序被严重打乱，但是在"教学、生产、科研三结合"的活动中，总结了实践性教学、教学实习与生产实习等独特经验，形成了自身的教育特色，并保留至今。而这种生产劳动与教育的结合方式虽给地方高校的发展带来一定益处——非正规高等教育的地方性知识被纳入课程内容，丰富了知识体系，同时也加强了高校与地方社会的联系和交流，但是从长期来看，其消极影响远远大于积极影响，以生产劳动替代教学打乱了教学的正常秩序，混淆了高深知识与普通知识的界限，破坏了高等教育知识的规范性。

从实施的具体结果来看，高等院校专业结构经过调整，较大提高了对当时社会发展需求的适应性。因而，这种实用主义知识观获得并巩固了其在中国高等教育中的合法性，并形成了高等学校的一种惯例、信念或者说组织文化，对高等学校的发展产生深刻影响。然而，很多专家学者对这种狭隘的实用主义知识观是不接受的。例如，著名学者费孝通就曾在1950年的高等教育问题座谈会上就"通才"与"专才"

---

① 李江源：《我是一个工农兵学员——泛政治化教育中的受教育者》，福建人民出版社2006年版，第651—653页。

② 储常林主编：《西北高等农林教育史》，中国农业出版社1995年版，第134页。

之争发表意见,指出:"有很多人不喜欢'通才'两字。我觉得我们实在谈不到这两个字,我们现在并不是在争'通才'与'专才'哪一个才重要,而讨论是要不要打好基础的问题。先有基础,包括文化水平和工具知识,比如语文、算术及一般史地知识,然后才能有所专长,最后才能有照顾全局,照顾全面的'通才'。通才是不必反对的,只能说通才不会太多,不能太快,不能希望去大学培养罢了,大学只能为通才打基础。"① 在第一次高等教育会议上,费孝通又指出:"在否定旧教育的教条主义的过程中,又发生了另一种偏向。那就是借口为实际服务,而抹杀有系统的理论研究的重要性,把教育工作和科学工作降低为只见树木不见森林,只问此时此地不问长远需要的倾向。这就成了狭隘的实用主义了。"② 金岳霖则直接批评了与这种实用主义知识观联系紧密的专科学校体系。③ 这种实用主义知识观对中国高等教育的发展影响深远,对此的批判也一直延续到了20世纪末21世纪初。例如,文辅相曾批评这种实用主义知识观支配下的专才教育模式,认为由于苏联模式的影响,文理分割,重理轻文,重专业教育轻通识教育,加上过于集中统一的管理,使普通高等本科教育带有较强的职业教育特征。④ 也有学者认为,随着社会和科技的发展,中国高等教育过分专业化的弊病开始逐渐显露出来,过分强调教育的"工具意识",注重科学教育,强调狭窄的专业教育,注重人才培养的批量生产,最终导致培养的人才知识面偏窄、人文底蕴薄弱,不能适应社会的发展和变化。⑤ 从知识论的视角出发,"如果知识在性质上和类型上无法联

---

① 《高等教育问题座谈会记录》,《清华大学史料选编》第五卷(上),清华大学出版社2005年版,第143—174页,参见刘颖《除旧布新:新中国成立初期中共对高等教育的接管与改造》,人民出版社2010年版,第62—64页。
② 《费孝通文集》(第六卷),群言出版社1999年版,第217页。
③ 《高等教育问题座谈会记录》,《清华大学史料选编》第五卷(上),清华大学出版社2005年版,第143—174页,参见刘颖《除旧布新:新中国成立初期中共对高等教育的接管与改造》,人民出版社2010年版,第62—64页。
④ 文辅相:《素质教育:社会与教育发展的必然》,《高等教育研究》1997年第6期。
⑤ 樊平军:《知识视野中的中国大学专业设置研究》,北京师范大学出版社2011年版,第72页。

系整合，那么知识本身就缺乏合理性，或者说，在教育中任何知识类型如果不是为了人类心灵的完善，不是为了优秀的德行，不是为了卓越的人格，那么这些知识类型的合理性是被质疑的"。①

总体而言，实用主义知识观给地方本科院校的发展带来了很多弊端。在这种实用主义知识观支配下，一直到改革开放之前，高等教育的专业设置总体上走的是一条专业不断细化窄化的道路，从而导致专业结构失衡，工科专业比例过大，从1961年的39.2%上升到1964年的43.3%，文科和财经科专业在校生规模始终偏小。由于专业划分过细，专业口径狭窄，抑制了专业知识面的广与博，使得许多本来就有着紧密联系而又不宜割裂开来的专业知识，被专业的细分和专业课程的设置而人为割裂开来，造成所培养的人才难以从整体上把握客观知识，也无法在生活中整合经验。更严重的是，在实用主义知识观的支配下，工具理性和功利主义不断膨胀，不仅高等学校被"工具化"，其作为学术组织的自主性以及学术活动的独立性经常被忽视，并且在高等教育活动中，人的多样化需求被轻视，从而不利于人的全面发展。

总之，在实用主义知识观的认知特征支配下，地方本科院校通过专业教育模式和实践学习来获得知识论方面的合法性，建立了初步的学术文化合法性和地方社会文化方面的合法性，然而这种合法性在合理性——学术机构应具有的学术精神和学术规范方面存在严重缺陷，因而是不稳固的。

由规制、规范和认知三维度来分析制度初始化时期的中国大学，特别是与地方社会关系密切的地方本科院校，可以看出，他们与西方具有明确的学术精神和办学规范的高校组织是完全不同的，是在特定历史条件下，建立在极具中国特色的合法性基础上的制度化组织。这种中国特色还在于，高校的管理体制虽然源自对苏联高等教育管理体制的移植，但在实际运作中，由于政治原因的考量及学术基础的过于薄弱，很多官僚主义因素和特有的官本位文化就更多地进入到高校中

---

① 金生鈜：《规训与教化》，教育科学出版社2004年版，第356页。

来,并作为中国式高校特有的基因一代代传承下去,从而更加弱化了高校独立的学术组织性质。这样的制度化组织以其政治功能和育人功能,在工业化初期计划经济体制下构成国家统治的基本工具。然而即使这样的工具,也因政治运动发展到极致,又因经济困难等因素影响,而无法将办学维持下去。很多地方高校的教学活动被彻底中断,学校人员解散。

二 制度变革时期地方本科院校组织合法性的建构

20世纪80年代后期,中国开始了意义深远的市场取向的经济体制改革。1992年召开的中国共产党第十四次代表大会确定了中国经济体制改革的总目标,即建立社会主义市场经济,实现从计划经济向市场经济的全面转轨,实现经济体制和增长方式的根本转变。在经济社会转型时期,人们的行为方式和价值观念都会发生明显的变化,并对高等教育产生影响。高等教育从20世纪80年代初的恢复重建,转向深化改革、迅速发展的道路。进入90年代以来,随着经济的持续快速发展,初等和中等教育的迅速普及,社会、经济和文化的发展对高等教育的需求持续增大,中国高等教育取得了突飞猛进的发展,尤其是1999年高等学校大规模扩招之后,高等教育的发展规模和速度更是远远超出了人们最初的预期。到2002年高等教育毛入学率就已达到15%,比预定计划提前了8年进入高等教育大众化阶段。在整个社会管理体制发生重大变革和高等教育飞速发展的大背景下,地方本科院校在规制、规范和认知三维度的合法性特征发生了一些重要的变化。

(一)规制合法性方面的主要特征——分权理念主导下的高校管理体制改革

1978年以来主要是恢复集中统一的管理体制,恢复正常的高等教育秩序。而对这种管理体制进行分权改革以适应市场经济的发展,则要到 1985 年中共中央国务院颁布《关于教育体制改革的决定》之时。该文件一方面提出"实行中央和省（自治区、直辖市）、中心城市三级办学体制"，将更多的高等教育权力下放给地方，另一方面又提出要改变政府对高等学校统得过多的管理体制，扩大高等学校办学自主权。1986 年，国务院又颁布了《高等教育管理职责暂行规定》和《普通高等学校设置暂行条例》，分别就国家教委、国务院有关部委、省（自治区、直辖市）政府在管理高等教育方面的职责、关系，普通高等学校设置的软硬件标准和审批程序等方面作了规定。在这一系列政策文件的规制下，高等学校与省、市、自治区教育行政部门的关系呈现出三种情况：一是中央部委所属高校，由其协助管理；二是一般地方高校，受其主管；三是由地方有关业务厅、局主管的高等学校，由其负责业务指导。为了建立与社会主义市场经济体制相适应的高等教育新体制，中央于 1993 年又颁发了《中国教育改革和发展纲要》，提出了高等教育逐步实行中央和省、自治区、直辖市两级管理，以省级政府为主的体制，扩大省级政府的教育决策权和统筹权。1994 年开始按照"共建、调整、合作、合并"的原则，对高等学校采取"共建、合并、划转、协作、合作"五种改革形式，地方本科院校群体开始壮大。1998 年《中华人民共和国高等教育法》的颁布进一步落实和扩大了高等学校办学自主权。到 2000 年，中国原有的自上而下集中统一的高等教育管理体制已发生历史性的变化。高等教育分权改革的确取得了一定的成效：地方高校群体得到了快速发展，初步形成了多样化的地方高等教育体系。省级政府管理权限扩大后，随着区域经济的发展，尤其是经济体制改革的推进省会城市的高等学校迅速增加，在珠江三角洲等经济发达地区，地级中心城市的高等学校也逐渐增多。这一发展进程说明，随着区域经济、市场经济的发展，高等学校的布局逐步下移。① 2001 年，全国地方高校总数为 1114 所，其占比也增至 90.9%，达到历史最高峰。虽然此后民办高校发展迅速，地方高校占

---

① 谈松华：《序》，载王保华《高等教育地方化》，人民教育出版社 2005 年版，第 1 页。

比降至66%左右，但不可否认的是，地方高校依然是中国高校的主体部分，以大基数、高速度、短时间为特征的中国高等教育大众化之路正是依靠地方高校的超常扩张来完成的。

应当看到，无论是大中专学校升格而来，还是新建、划转而来，大量的地方本科院校是在这一时期真正形成的，可以说这一时期，尤其是20世纪90年代末到21世纪初，是很多地方本科院校的组织初始化时期。这一时期，地方本科院校除了在设立之初，要按照国家颁布的普通高校设置的基础设施等硬件标准进行建设外，还在内部领导管理体制、财政体制、招生就业体制、专业结构等方面接受了各级政府不同程度的规制，也被赋予了一定限度的办学自主权。

首先，地方本科院校对内部领导管理体制进行了改革。1978—1988年主要探索了新的校长负责制，而从1989年后则开始重建党委领导下的校长负责制。与这样的领导体制相配合，很多地方本科院校还建立起一套行政化的管理体系，逐步形成了"校—学院—系—教研室"四级管理结构。在校一级，与校长、副校长等主要领导的负责工作相衔接，成立有教务处等行政管理部门，这些行政管理部门对校级领导负责，虽然与学院处于平级，但由于其往往代表学校行使教务等相应管理职能，与学院也形成了事实上的管理与被管理的关系。学院集行政机构、学术机构和民主管理机构于一身，既具有学术权力，又具有行政权力，但学院的学术机构要向学院行政领导负责，没有独立决策的权力。而大多数地方本科院校的教研室只是行政机构的附属，并非独立的学术组织。

在上述领导管理体制改革的同时，根据政府颁布的法律和规章制度，地方本科院校还逐渐建立起一些具有一定学术权力的新型管理机构。例如，在《中华人民共和国学位条例》（1980）颁布实施后，各校普遍设立学位评定委员会，行使学位与研究生教育相关职权；1983年起很多高校设立了教师职务评审委员会和教学工作委员会，分别行使教师职务晋升评审权和教学工作评定权；1998年《中华人民共和国高等教育法》颁布实施后，地方本科院校也开始重视设立学术委员会，审议学科专业的设置，教学、科学研究计划方案，评定教学、科学研究成果等有关学术事项。这些机构的设立与发展，成为地方高校可贵的学术基础和组织保障。

但是我们要看到，由于大量的地方本科院校仅是20世纪90年代末才得以成立的，距今也不过十几年的历史，办学时间过短，加上最初成立时有的院校的条件还不十分具备，对其内部学术组织的建立和学术规范的完善，以及学术文化的建设，都未给予足够的重视和强调。同时，一些地方本科院校在逐渐升格之前仅仅是中专等不具有高等教育组织性质的学校，原有的非学术组织的行为习惯和文化观念也成为地方本科院校重建学术秩序的一种障碍。之所以后来的地方本科院校总是难以改变与学术组织身份不符的行政化管理倾向、行为习惯和组织模式，难以建立起学术自由、学术自治、教授治学的现代大学制度，就是与这样的组织初始化状态有关。或者说，与建校历史久、学术制度较为完善、学术氛围较为浓厚、更符合学术组织特征的中央高校相比，地方本科院校自其形成之日起，就携带了一种有悖于学术组织模式的基因，为其后来合法性危机的凸显埋下伏笔。

其次，地方本科院校对内部财政管理体制进行了改革。1980年4月，教育部提出《关于实行新财政体制后教育经费安排问题的建议》，规定"从1980年开始，教育经费拨款由中央和地方两级财政切块安排"，各省、市、自治区政府负担本级政府所属高校的教育经费，成为本省区所属高校的投资责任主体。这有利于提高省级政府的高等教育投入积极性，加上后来的学费制度改革，地方本科院校的经费收入有所提高。1986年起开始的"综合定额+专项补助"的拨款方式，并实行"包干使用，超支不补，节余留用"，又使地方本科院校在经费支出安排上具有了一定程度的自主空间。

再次，地方本科院校对招生就业制度进行改革。在分权理念下，政府对高等院校招生逐步放松了严格的计划性规制，并开始实行扩招政策，而就业方面则走向市场化为主，以促进就业为目标的激励与规制为辅。因此，地方本科院校在招生计划方面，从20世纪80年代初期的注重加强计划性，逐步转向突破计划限制，不断扩大招生。按照1999年颁布的《中共中央、国务院关于深化教育改革全面推进素质教育的决定》和《面向21世纪教育振兴行动计划》中所提出的发展目标，到2010年，中国高等教育毛入学率力争接近15%，进入"大众化"阶段。1999年6月政府高层在经济学家汤敏等人的建议下突然决定大规模扩招，教育部只能执行，并将扩招任务分解下达到基层部门和各高校。仓促的扩招政策给高校的教育教学活动带来了一定负面影响，例如，一些地方本科院校为应付突然扩大的招生，放松了在教师教学和设施配备等方面的要求。有亲历者曾向笔者讲述了当时教师采用超大班授课的方式，以及学生被安排在尚未彻底完工的宿舍等经历。2014年国家教育体制改革领导小组办公室的《关于进一步扩大省级政府教育统筹权的意见》提出，要扩大省级政府在高等教育招生方面的自主权，而自主权仅被限制在高职高专院校范围内。我们还须注意到，虽然在扩招过程中，严格的计划性被打破，但这种打破来自政府由上而下的干预力量，而并非来自真正的市场调节，直到现在地方本科院校招生仍然受教育部主管部门的管制，省级政府在招生方面的统筹权还没有得到落实，地方本科院校自身的招生自主权更无从谈起。

与此形成对比的是，政府在地方本科院校毕业生就业方面的规制已逐步走向市场化，1985年《中共中央关于教育体制改革的决定》提出要改变国家负责分配高校毕业生的做法；1993年《中国教育改革和发展纲要》明确提出废除大学毕业生包分配的体制，实行大多数毕业生"自主择业"的就业制度；2001年中国高校毕业生全面进入"自主择业"阶段。地方本科院校均建立起专门的就业管理和服务机构，一方面对学生进行职业规划和就业技能培训，另一方面通过参加和召开就业招聘会等形式促进学生就业。而随着高校扩招的持续进行以及国家产业结构的一些深层次问题，2003年以后高校毕业生就业形势不断严峻起来。这说明完全以市场配置为主要方式的毕业生就业制度仍然存在一些缺陷，政府需要在某些方面进行规制，以矫正市场失灵，缓和社会矛盾。为此，2003年全国人才工作会议提出将高校毕业生就业纳入经济、社会发展规划，要求给高校毕业生"自主择业"创造更加宽松和优越的社会环境。此后，国家开始以高校毕业生创业补贴、"大学生村官"工程、"西部特岗"计划以及高校毕业生见习制度以及失业补助等方式，进一步促进高校毕业生的就业。相关政策文件之多、涉及方面之宽、措施力度之大、惠及学生之广都前所未有。然而，这种计划性招生与市场化就业之间的矛盾仍随着经济新常态等环境变化而越来越突出。

最后，地方本科院校在专业结构方面也根据国家政策不断进行调整。在改革开放后的制度变革时期，国家进行了多次高等教育专业结构方面的调整和规制：第一次是在1978年，教育部颁布《关于做好高等学校专业设置和改造工作的意见》，提出集中领导高校的专业设置，并成立了专门的学科专业设置与调整办公室，对中国高校专业进行调整，将财经、政法、轻纺、食品等专业的招生比重逐步增加，并适当增加了文科的招生比重。根据调整，到1980年底，中国高校所设置的专业种类已达到1036种，其中理工科专业占总数的66%。第二次是在1982年，在五届全国人大五次会议的指导意见下，高校专业目录修订工作由1982年持续到1987年。1987年国家教委还颁布了《普通高等学校本科专业设置暂行规定》，成为中国高等院校专业设置方面的第一部法规。此次修订后的专业目录将专业总数从1982年的1343种压缩为644种，同时减少了工科专业的数量，大幅增加了文科专业的数量。在调整后的专业目录中，专业名称的规范性与科学性增强，专业内容更加丰富，专业口径得到拓宽。根据调整，到1989年，中国高等院校所设置的专业达到879种，计13877个。其中，工科和理科成为专业种类增加最多的，合计占总数的58.3%。① 第三次是1990—1992年，本着拓宽口径、增强适应性的原则进行了本科专业目录的修订工作。到1992年，中国本科高校专业总数调整至812种，其中工科专业366种，医科专业25种，农科专业53种，林科专业17种，政法

---

① 曲士培：《中国大学教育发展史》，北京大学出版社2006年版，第437页。

类专业12种，艺术类专业47种，理科专业123种，财经类专业45种，体育类专业13种。1993年颁布了全国本科专业目录，这是中国第二次颁布全国性高校专业目录。同时，国家还颁布了高校专业设置管理办法，明确本科专业设置的审批权限下放。一些地方高校在专业设置方面有了盲目追求热门的错误做法，因此，1994年国家教委又下发《关于近期普通高等院校本科专业设置审批和备案工作的意见》，决定对高校专业进行复核和审批，抑制中国高等院校盲目设置专业的趋势，特别是抑制了师范类高校对非师范类专业增设的势头。第四次是在1997年进行的本科专业目录修订工作，从过去强调"专业对口"转为强调适应不断变化的社会需求，减少专业种类，拓宽专业口径，增强适应性。经过修订，专业种类由原来的504种减至249种，缩短了50.6%，根据分类指导的原则，为有利于进一步加快和深化工科教育教学改革，教育部同时颁布了新一轮《工科本科引导性专业目录》，提出专业面向宽的引导性目录专业14种。教育部于1999年颁布了《高等学校本科专业设置规定》，对专业内容方面的控制提出了进一步规定：要求依照专业目录设置专业，控制专业设置，允许高校设置较少的目录外专业。对增设的专业数量、专业类型等进行限制。第五次是从2012年开始，教育部颁布实施新的《普通高等学校本科专业目录（2012）》和《普通高等学校本科专业设置管理规定》，专业类别从修订前的73个增加到92个，而专业数量则从修订前的635种缩减到506种。总体说来，更加注重拓宽专业口径，"以宽为主，宽窄兼顾"，并设置综合性交叉学科专业和战略性新兴学科专业。地方高校可以根据专业目录自行设置本科专业，也可以申请设置尚未列入目录的新专业。

须注意的是，在专业结构调整方面的分权改革是与学科与院校评估制度的建立、"质量工程"的实施、课程体系的完善等方面的规制措施相配套的，其主要目的还是为了加强专业教育模式，提高高校教学质量。此外，中央政府还在人事管理制度、职称制度等方面也进行了分权改革，在一定程度上加大了省级政府的管理权限和高校自主权。

但是，从实际进程与效果看，中国式的高等教育分权改革在政策设计和实施中出现的问题也越来越突出，例如，重财政责任转移，轻高等教育决策分权，且行政部门控制和干预较强，缺乏法律规范和法律授权等，容易使分权改革陷入"放乱收死"的恶性循环。①

总之，制度变革时期，在分权理念主导下的管理体制改革下，地方本科院校在内部领导管理体制、财政体制、招生就业体制、专业结构等方面进行了变革，建立了分权理念下新的规制合法性。但是由于地方本科院校通常建校历史较短，在成立初期又未能对其内部学术组织的建立和学术规范的完善给予足够的重视和强调，加上一些地方本科院校原有的非学术组织的行为习惯和文化观念的沿袭，这些都成为地方本科院校重建学术秩序的障碍。而在不彻底的改革下政府对地方高校仍然管的过多过死，新的规制合法性在"放乱收死"的恶性循环下极不稳固，集中统一的管理思维和旧的规制合法性也并未完全消失，新旧两种规制合法性之间的冲突和矛盾，随着经济新常态等环境变化而逐渐突出，为地方本科院校的合法性危机埋下伏笔。

（二）规范合法性方面的主要特征——适应论哲学下高等教育规范的新表达

改革开放后，在政治环境走向宽松，市场经济体制逐步建立和完善的大背景下，以适应经济和高等教育的市场化改革为主要内容的适应论哲学成为高等教育发展所遵循的新的总体思路，也是建立地方本科院校规范合法性的新的特征，即从对地方本科院校人才培养的一般性学术道德要求，上升为对地方本科院校在学术规范基础上"平等"与"效率"方面的组织行为规范要求，这是一种适应论的新表达——对市场化进程中社会道德新标准的适应。尤其是在制度变革的宏观背景下，政府对高等教育的调控本身就体现出其对于"效

---

① 贾永堂、杨红旻：《改革开放以来高等教育分权模式的问题与治理》，《高等教育研究》2015年第3期。

率"和"平等"的价值追求,而人民群众对于高等教育机会在数量和质量方面的空前需求已形成了强大的对高等教育"效率"和高等教育"平等"的社会期望,也必然对高校组织行为和决策产生深远影响。大众化政策及其在地方高校组织行动上的具体落实,本身就体现出"效率"和"平等"的双重考量。地方本科院校要想获得规范合法性,就必须以正当的方式证明自身在提高办学绩效、促进教育公平、履行社会责任等方面所发挥的作用。

地方本科院校组织行为的学术规范:这一时期,高等教育领域对于教师和学生的政治要求逐渐放松,在邓小平所提出的"尊重知识、尊重人才"的指导下,在对西方发达国家高等教育体制的学习中,在学术委员会等具有一定学术权力的新型管理机构设置之后,"又红又专"的规范要求已不适应,学术道德和学术规范开始得到尊重和重新树立。地方本科院校出台了很多关于如何建设学术道德的文件,强调按照学术规范来提高人才培养的质量,开展科学研究活动。特别是在学术研究活动中,要求内部成员自觉遵守各种学术规范,养成严肃、严格、严谨的学术作风;维护学术评价的公平公正,不搞权钱交易和权学交易,反对学术造假和学术腐败。但是在地方本科院校的教学实际中并没有严格按照质量标准进行,对学生的学术道德教育也很不足。例如,在对毕业生的要求上,为提高本校学生的毕业率而放松要求的现象还很普遍。对教师职称评审过程中的照顾"人情"、拉"关系"的现象,对科研成果评价中学术造假和学术腐败的现象,容忍度还较高。这造成地方本科院校在学术规范上的后天发育不良。

地方本科院校组织行为的"效率"规范:所谓"效率",在经济学意义上指以投入与产出之比表现的社会生产率。而在制度变革时期,整个中国社会处于市场化进程之中,其"效率"便超越了经济学意义,从社会生产层面进入社会道德层面,指一种广义的包括经济价值、社会价值和道德价值等多重价值在内的综合性的肯定效应或积极效应,其表现既包括了经济的持续增长,又包括了社会秩序的稳定和社会福利的普遍提高。而衡量一个组织是否有效率,关键的一点就是要考虑该组织行为的合目的性，我们无法确认与组织目的无关的效率。组织目的是基于多数人对组织的价值认同，一种相对广泛的共识，才得以确立的。因此，对组织效率的判断是对组织行为有效性的广泛的社会认可。由于高校组织与其他社会组织相区别的最主要的活动是人才培养，那么社会对地方本科院校的效率要求就主要体现在人才培养方面。

第一，制度变革时期最早体现效率考虑的应是地方本科院校在招生方面的择优录取原则。早在恢复高考招生之初，邓小平就认为高考招生要以择优录取为主，此后普通高校在录取规则中表述频率较高的一个词就是择优录取。而与按出身录取等方式相比，择优录取除了体现了一种能力面前人人平等的原则外，从人才培养的角度来看也能够体现更多地培养合格人才的效率原则。

第二，20世纪80年代以来，为提高人才培养的效率，高校进行了招生就业管理体制方面的改革。例如，地方本科院校于80年代开始在指令性计划招生之外实行委托培养等多种计划招生形式和收费方式的变革，并在90年代初实行招生并轨，改革上大学由国家全包的政策，实行全面收费制度，90年代末又开始大规模扩招，走上大众化道路，同时普遍废除毕业生统一分配制度。对地方本科院校而言，招生就业管理体制的改革具有以下优点：一是有利于发挥高等学校的办学潜力，提高教育资源使用效率；二是有利于增加高等教育投资，发挥企业或社会办学的积极性，解决地方高校经费不足问题，促进高等教育的发展；三是有利于打通地方本科院校为集体所有制单位、专业户等非传统国营部门培养高级专门人才的路子，使高等学校和用人单位建立直接的联系，促使高等学校在教学管理、教学内容、教学方法等方面不断进行改革，沟通高等学校与社会的信息往来，使高等学校主动适应社会需求的能力大大增强。

第三，高校专业结构的变革也体现出一定的效率考虑。如前所述，中国高等教育在制度变革时期进行了多次专业结构调整，其目的也是为了提高人才培养对经济社会发展需求的适应性，使人才培养能够"适销对路"，减少高校专业结构变化与市场对人才的需求之间的错位与脱节。有学者通过对某省省级相关行政管理部门有关文件的文本分析，以及对数十位高校教学管理人员及省教育厅有关工作人员的访谈发现，[①] 原有的专业目录不利于新专业品种的产生，使专业内部的课程设置难以根据市场需要实现跨学科组合，影响人才知识结构适应市场的需要。因此，政府基于效率考虑就必须对高等院校专业目录制度进行不断的调整。也正是在市场化改革之后基于对办学效率的追求，地方本科院校更多地通过增设低成本的文科专业来实现扩招。

第四，高校加入重点建设项目的行动也体现了效率规范的作用。为加快建设高水平大学，国家启动了重点大学和重点学科建设，采取经费重点倾斜等措施，促使学校整体实力发展。在政策的大力支持下，地方本科院校努力从基础设施、师资队伍、人才培养、科学研究等方面进行建设，提高相应指标的办学绩效，从而提高高校的地位，获得政府和社会更多的认可。然而，与地方高等教育的庞大规模相比，由于地方本科院校相对部属院校来说，在学术规范和学术文化建设上的问题更为突出，能够进入重点建设名单而获得政府和社会更高认可的地方本科院校便为数过少。据统计，2001年在91所进入"211工程"的大学中，省属院校仅有20所。[②]

地方本科院校组织行为的"平等"规范：改革开放以来，市场经济给中国社会带来了巨大进步，一个重要方面就是带来了对社会平等的空前重视。地方本科院校要获得社会认可，其行为与决策就必须符合这种平等规范。主要表现在以下方面。

首先，对地方本科院校而言，恢复高考招生制度以来所长期秉持的择优录取原则既是基于效率规范，又是基于平等规范的行为原则。以学业成绩为标准的择优录取，极大程度上改变了旧体制下由家庭出身、阶级成分决定的高等教育入学机会分配方式。

[①] 罗丹：《规模扩张以来高校专业结构变化研究》，广东高等教育出版社2010年版。

[②] 中国高等教育学会组编：《改革开放30年中国高等教育发展经验专题研究（1978—2008）》，教育科学出版社2008年版，第503页。

其次，基于地方本科院校与地方社会的紧密联系，地方本科院校在招生就业政策方面体现出具有地域特色的平等考虑。为了解决农村及工作和生活条件比较艰苦的地区人才缺乏，"招不来，分不去，留不住"的问题，1980年开始，部分地方本科院校开始实行"定向招生，定向分配"的办法。为了保证定向招生的改革，必要时可以适当降低录取学生的分数要求。1985年教育部进一步规定：为有利于毕业生到农村及比较艰苦的地区工作，省属农、林、医、师范院校应实行定向招生、定向分配的办法，确定适当比例，招收农村考生。有关部门应制订相应的物质鼓励政策和降分录取政策。这种对地域平等的考虑也体现在近年来的招生政策中，要求高校招生计划向中西部倾斜，扩大"支援中西部地区招生协作计划"规模。2009年北京等14个教育相对发达省市安排计划招生6万名，投放到山西、内蒙、安徽、河南、贵州、甘肃等6省市。京、津、沪等地将所属高校招生计划调出近2万名，投放到广西、宁夏、新疆等省区。据统计，2009年中部11省招生计划总量比2008年增长6.5%，西部12省区增长了7.3%，均高于全国平均5%的增幅。

然而，我们必须清醒地意识到，这一时期地方本科院校中学术道德规范的建设历史较短，学术文化氛围尚未形成，在行政化管理体制下行政权力与学术权力的关系仍然失衡，在这样的情况下，"效率"与"平等"的规范要求就很容易与学术道德和学术规范发生冲突。E·格威狄·博格等曾严厉地批判高等院校过于考虑在"平等"和"效率"等方面的政治主张，而产生的一些不尊重学生、不维护学生利益的行为。他们举了若干他们称之为道德暴行的案例，如在政治等压力下招生、因考虑经济效益而擅自撤销课程，以及教学质量低下，等等。① 类似"道德暴行"的现象也不同程度地出现在中国高等教育领域，尤其是地方高校组织的教学和科研活动中。20世纪90年代末

---

① [美] E. 格威狄·博格、金伯利·宾汉·霍尔：《高等教育中的质量与问责》，毛亚庆等译，北京师范大学出版社2008年版，第196—200页。

以来政府在大众化理念下所推动的大规模扩招政策,更是放大了地方本科院校学术规范和学术文化建设方面的缺陷,使得地方本科院校这一天生不足和后天发育也不良的合法性问题越来越突出——很多地方本科院校所采取的投机行为,例如,不顾学校条件盲目扩大招生,在各种评估中对评审材料和相关数据进行造假,在各种科研项目评选和竞争中托人情拉关系,对教师教学质量和学生学习质量放松要求,等等,体现了大学理性精神的欠缺,和修正的"伪"市场逻辑——政府主导下的市场竞争逻辑的负面影响。而学术道德与学术规范方面的天生薄弱,也使得地方本科院校师生的角色规范出现混淆与失范,出现教风与学风的滑坡,从而加剧地方本科院校所遭遇的既来自社会,又来自组织内部成员的信任危机。

总之,制度初始化时期"又红又专"的人才培养的合法性要求已不适应于制度变革时期的高校组织,因而在这一时期地方本科院校的人才培养和科学研究活动中,强调学术道德和学术规范的树立,以及在市场经济体制背景下和大众化思想的初步影响下,"平等"与"效率"成为地方本科院校行为的新的规范要求。地方本科院校需要在一种灵活的宽容度更高的适应论哲学下来理解新的规范要求,并与学术规范的培育相协调。而地方本科院校仍以不符合大学理性精神的适应论哲学为基础,由政治逻辑主宰和修正市场逻辑的道德规范为主,从而导致地方本科院校规范合法性的冲突与解构,为地方本科院校的合法性危机埋下伏笔。

(三)认知合法性方面的主要特征——实用主义知识观的强化与短期功利主义趋向

在制度变革时期,虽然地方本科院校的专业结构和课程体系进行了一定程度的变革,在一定程度上对知识的高深性和自主性有了一定认识。但是总体来说,地方本科院校以培养专才为目标的专业教育模式并没有发生改变,其所蕴含的实用主义知识观也依然对知识的生产与传播发挥着决定性作用。尤其是在高等教育市场化进程中,实用主义知识观不仅得到了强化，并且在工具理性的主宰下更趋向于短期功利主义，从而使知识的高深性难以维持，知识的自主性不断失落。

20 世纪 70 年代末到 80 年代初，高等教育领域重新开始了培养"通才与专才"的辩论。许多学者提倡"通才教育"，反对教学中实用主义的倾向和狭隘的专业教育模式。武汉大学前任校长刘道玉还认为通才与专才的概念是相对而言的，都只是形容培养的学生知识面宽与窄的区别，不应将二者完全对立。① 但是，在政府规制仍占主导的条件下，由于国家教育主管当局对通才教育模式的不认可和对相关意见的漠视，第二次关于倡导通才教育的讨论最终还是不了了之，没有任何一所大学敢冒天下之大不韪进行通才教育改革试验。因此，有学者认为，从本质和深层意义上说，"文化大革命"之后直至整个 80 年代，中国大学的课程体系和教学制度仍然是以苏联模式为主，构成该模式的基本框架和要素尚未改变，特别是在计划思维下，以专业为中心，组织设置课程体系实施专门化人才培养的专才教育模式没有得到改变，强调"岗位对口"或"行业对口"成为地方高校中一种普遍的共识。在这种模式下，课程设置由国家的指令性教学计划和教学大纲所决定，缺少弹性，往往不能灵活反映时代要求。②

在 20 世纪 50 年代院系调整后，大部分地方高校成为专门学院，而在 90 年代的院校合并热潮后，很多地方本科院校开始突破单一的学科格局，大力发展新学科，试图改变原有的专门学院的身份。与之相应，20 世纪 90 年代以来，专才教育模式开始转向重视综合素质教育的通专结合模式。到了 90 年代中期，一些高校根据"普通教育基础上的宽口径专业教育"的指导思想，开始建构一种将普通教育与专业教育融为一体的整合型课程结构模式。但总体而言，高等教育管理体制依然是政府管得过多、统得过死。尤其是政府对于地方本科院校的管理，经常忽视高等学校组织的自主性以及学术活动的独立性。在这种

---

① 刘道玉：《中国高校之殇》，湖北人民出版社 2010 年版，第 211—213 页。
② 陈兴明：《中国大学"苏联模式"课程体系的形成与变革》，社会科学文献出版社 2012 年版，第 167 页。

僵化的管理体制下，新的课程体系和教学运行机制很难在地方本科院校中获得建立的土壤和条件。

进入21世纪后，为使中国大学与国际接轨，关于通才与专才进行了第三次大讨论，一些重点大学率先开始了通才教育的改革试验，冲破了传统专业教育的阻力，重新开启了通识教育之路。同时，学术界关于大学分类的新研究逐渐引起社会关注。武书连教授以科研规模为主，最早对中国大学进行研究型、研究教学型、教学研究型和教学型分类。他的研究对中国高校的办学定位、学科建设和人才培养影响较大。很多地方本科院校也开始以这种分类来明确自身定位，树立新的发展目标，换句话说，就是试图建立新的身份合法性。然而对于众多的地方本科院校而言，在僵化的管理体制下，长期以来形成的实用主义知识观难以得到根本改变，对高深知识的探索和传播就受到限制。旧有的知识观和思维方式，以及与之相适应的旧的课程体系和教学制度作为一种文化教育观念，经过长期的历史发展已经深深根植于大多数教育工作者乃至教育行政部门领导者的心理定势中。在这种心理定势之下改革始终难以落到实处，地方本科院校的专业口径始终偏窄，专业划分过细，与现代科学技术发展的综合化、整体化趋势明显不符合。当这种心理定势与利益相结合时，会形成一种固化的利益格局，并对真正的能够触动利益的创新造成排斥。在这种利益格局下，专业壁垒、学科壁垒森严，而新兴的、交叉性的、综合性的学科专业发展缺乏支持，使得地方本科院校的人才培养模式不能及时反映新兴学科和交叉学科的发展趋势。

近年来，很多地方本科院校提出建设"应用技术大学"的新目标。在此目标下，一些本就缺乏严谨的学术文化的地方本科院校主张面向职场培养人才，从岗位能力倒推培养方案，强调学生对职场的适应性，而不要求在专业教育中学科知识的完备性和系统性。这种改革方向要求对市场短期变化具有极强的敏感性，但是人才培养并非短期培训，要求注重学生的全面发展和长期发展，在这中间有一定的矛盾性。在市场功利主义的诱惑下，一些地方本科院校大力发展一些所谓的紧俏专业，短平快低成本，不注重培养人才的思考能力，从而"心中无人"，失去了教育的根本。因此，著名经济学家钱颖一不主张这样以市场短期目标为主的人才培养模式，并提出要警惕市场功利主义对人才培养的负面影响。他认为当今社会对权力和金钱的极度崇拜，政府部门对短期指标的追求，都给大学教育带来巨大伤害。教育是一个长期见效的事业，评价高校不能只看学生毕业时能否找到工作，而是要放眼看学生在未来会成为什么样的人。①

总之，在忽视地方本科院校自主性的政府规制和忽视学术性的高等教育规范下，长期以来形成的实用主义知识观没有得到根本改变，在短期功利主义趋向下，旧有的办学模式与固化的利益格局结合在一起，从而不利于地方本科院校建立在新的知识观基础上的新的合法性，为后大众化时代新的经济社会发展条件下地方本科院校认知合法性的冲突和解构埋下伏笔。

---

① 钱颖一：《论大学本科教育改革》，《清华大学教育研究》2011年第1期。

第六章

后大众化时代地方本科院校组织合法性的冲突与解构

本章主要对地方本科院校合法性危机凸显的现实根源进行研究，即分析后大众化时代经济社会变迁，特别是中国经济下行而产能过剩的经济"新常态"及社会发展对高等教育的新挑战，总结地方本科院校组织合法性所面临的冲突与解构。

一 后大众化时代经济社会转型及对高等教育的挑战

从高等教育发展和转型的阶段来看，当前中国处于后大众化时代，而从经济社会发展的维度来看，现代化、市场化、信息化、全球化和第三次工业革命等，这些给西方高等教育机构带来挑战的经济社会转型趋势同样也在中国现实情境中存在，并因历史和具体条件的不同而有了一定程度的变异。这些转型趋势推动中国社会走向更加多元、更加开放。传统与现代、个体与社会、区域需求与国家需求、地方化与全球化，等等，各种社会发展趋势和各种文化观念之间不断冲突、不断解构也不断重构，从而给高等院校带来合法性方面的挑战。在这里，将从社会转型、产业转型、市场转型、知识生产与传播模式的转型以及全球—地方关系转型等方面结合国际形势和社会认知观念的主要变化，概要地总结后大众化时代中国经济社会转型的主要问题与基本特征,以及其对高等教育的挑战。

(一) 社会转型的挑战

从现代到后现代的社会类型的转变,挑战了高等教育促进社会公平与进步的假设,也就是高等教育在现代社会的合法性基础。

大众化的提出,显然是以20世纪五六十年代美国兴起的现代化思想为背景的。以民主化、自由化和理性秩序为核心的现代化思想促使西方各国开始描绘一幅现代社会建设的宏伟蓝图,即从国家和民族利益出发,实现经济的、政治的、社会的、文化的现代化,取得人类社会的革命性变迁和整体性发展。霍夫曼曾总结了三个支持高等教育发展的现代社会制度特征:首先是在组织形式方面的官僚制(Bureaucratic),其次是在准入方式方面的精英制(Meritocratic),第三是权力基础方面的专家治国制(Technocracy)。现代社会的这三个特征是将人类理性行动放大为一种解放力量,与旧有社会的以出身贵贱论高低、具有严格的阶级界限、社会资源不足且难以自由流通的制度模式相比,标志着理性的胜利和社会的进步。[1] 在这样的制度环境下,教育获得合法性的基础如下:对于国家而言,教育的发展关系到国家综合实力的提高,是"满意的生活、开明和文明的社会、强大的经济和安全的国家的基础";[2] 对于个人而言,教育所提供的学历证书可以证明个人的知识或能力方面的成就,是人们打破出身限制走向社会权力位置的重要途径。1959年著名经济学家舒尔茨提出人力资本理论,继而该理论对美国社会乃至全世界的影响都极为深远——各国政府与民众普遍相信人力投资是一项最好的投资。基于上述社会认知,各国政府包括中国在内,开始积极以公共资金投入高等教育,并制定各项法律法规政策措施,对相关活动进行规制。

---

[1] Stanley Hoffman, "Participation in Perspective", Stephen R. Graubard & Geno A. Ballotti, *The Embattled University*, E. George Braziller, 1970.

[2] 国家教委教育发展与政策研究中心:《发达国家教育改革的动向和趋势》,人民教育出版社1986年版,第1、12—14页。

然而，当现代工业社会从初级走向高级，围绕着这三个特征却出现了社会认知方面的冲突，现代社会的神话不断被打破。人们越来越认为，现代社会通常只会神化和固化早先存在着的不平等，现代社会也不能保证科技最广泛地应用于解决社会问题，做出关键社会决策的人通常并不将是否对大多数人有利放在优先考虑的位置，而更多地考虑是否对少数人有利可图，或者是否有利于维护主要社会集团的利益和声望。民众开始认识到，高等教育并不能一定促进社会公平，高等教育的增长并不一定与社会进步划等号，反而会带来权力和财富的持续集中、阶级固化等社会问题。更多的学者展开对所谓现代性的批判，并提出"现代性危机"的理论，在对工具理性的盛行和价值理性的丧失进行批判的同时，要求进行社会改革，并提出后现代社会的思想。学者们认为后现代社会是从文化维度上对社会形态的一种表述，而从产业形态上是"后工业社会"，从知识形态上是知识社会或信息社会、高技术社会。而在学者们的表达中，既可以将"后现代"理解为与"现代"的决裂，又可以理解为对"现代"的继承和强化。这种思想反映在对高等教育的社会认知和公共政策中，就表现出一种更为复杂的态度，一方面在20世纪七八十年代石油危机后，欧美国家开始对高等教育采取削减经费和私有化政策，另一方面继续强调高等教育的重要性，主张对高等教育质量和组织效能进行审查，以促使高等教育更好地服务于国家目标和公众利益。20世纪80年代后期至90年代初，"治理"的观念开始从产业领域蔓延到社会领域。新的治理理论认为，通过更多利益相关者直接参与高等教育的决策和管理，有利于进一步保障普通民众的高等教育权利，而避免高等教育沦为权力和财富的游戏。

改革开放以来，中国经历着从传统社会向现代社会、农业社会向工业社会转型的过程，也经历着从计划经济体制向社会主义市场经济体制转轨的过程。30多年来中国在经济上创造了"奇迹"，人民的生活水平有了很大提高，但是社会的现代化却面临双重难题，即在当前这一历史时期同时遭遇前现代、现代和后现代错综复杂的矛盾，一方面要弥补在某些领域、某些地区尚未现代化的缺陷,另一方面还要克服某些现代病。这样一个双重难题在中国当下表现为复杂多变的社会问题:第一,在户籍等制度制约下,区域经济社会发展严重不平衡,居民收入的城乡差距和区域差距也在不断拉大。与现代化程度较高的东部沿海地区相比,广大的中西部地区的发展尚未完全纳入到现代化轨道上来,尤其是在社会的内在机理或生活世界的文化共识层面,依旧处在较为封闭的"前现代"情境中,血缘和地缘等差序格局对其社会资源的分配仍具有重要影响。第二,在权力、财富和声望相分离的条件下,社会阶层结构不合理和阶层固化成为社会不稳定的重要影响因素。根据相关学者的研究,① 发现中国80%以上的工农大众处于社会中下层(68%)和社会下层(14%),而具有中等收入的人群所代表的中间阶层比重过小,整个社会呈现金字塔结构,这成为中国社会不稳定的重要因素。尤其是由于社会转型、制度转轨时期,社会财富的流动呈现无序化,受过高等教育,或者知识和能力水平较高的人不一定能获得相称的权力和财富。20世纪90年代以后,在既得利益集团等多重因素作用下,社会阶层向上流动的空间越来越小,社会阶层开始出现固化现象。同时,由于法治的不完善和社会保障体系的不健全,劳动力市场上的不公平交易和不平等竞争往往使弱势群体应得的权益受到损失,从而带来一定的社会矛盾。第三,在市场逻辑的渗透下集体与个人之间、平等与效率之间的冲突引发严重的社会焦虑。长期以来,富国、强国的梦想形成了民族、国家、社会一体化的形貌,也通过集体化社会的概念反映了社会结构的刚性状态及对个人活力的禁锢。市场经济的兴起及其对社会生活的不断交织与渗入,激活了个人的主体意识和自由追求。但当市场竞争越出经济领域,侵入社会生活的方方面面之时,对市场法则的遵循和对资本力量的服从最终又导致个人丧失真正的主体性,失去了真正的自由和独立,成为被市场和资本牵引和左右的行动者,于是便产生了集体社会对人的异化,"铁

---

① 杨继绳:《中国当代社会阶层分析》,江西高校出版社2011年版,第352页。

笼"隐喻再生。① 而在市场逻辑的渗透下，传统道德规范体系受到质疑，社会共享价值观发生了深刻的转向，物质主义、消费主义、集体主义、个人主义、公平正义、契约观念等多种价值观念均对社会群体具有深远影响，② 各种价值观念复杂的冲突与矛盾加重了社会焦虑，并演变成为一种"现代病"，对社会认知产生长期的消极影响。

金耀基先生最早进行中国高等教育现代化研究，认为中国曾先后借鉴和学习日、德、法、美等西方国家的高等教育模式，社会主义中国早期高等教育则基本依循苏联模式，在本质上属于技术教育，而当今更需要朝国际化方向发展。③ 如前所述，地方高校组织合法性建构长期以"适应论"为基本价值取向，认为高等教育具有生产性和社会性，④⑤ 要与经济、社会的现代化发展相适应，培育满足现代经济和社会建设要求的新型劳动者和高素质人才。⑥ 然而，雄心勃勃的大众化进程并未从根本上改变中国高等教育资源区域分布失衡的状况。虽然从 20 世纪 90 年代末以来，中国通过新建和划转等途径改变了地方高校的区域分布格局，在一定程度上促进了区域高等教育公平，但要看到高层次高质量的教育资源在各省区分布仍有很大差距，这种差距主要表现在本科录取率和一本录取率上：2014 年左右，京津沪地区的本科录取率均高于 65%，一本录取率均高于 20%，远远超过全国平均值。北京本科录取率（66.6%）与广东本科录取率（34.83%）之间相差了 31.78 个百分点，与河南本科录取率（44.07%）之间相差了 22.53 个百分点；而从一本录取率来看，北京（24.81%）与广东

---

① 郑杭生、杨敏：《现代性过程中"个人"的创生与集体化——行走在自我创新前夜的"个人"》，《社会》2006 年第 2 期。
② 王俊秀、杨宜音：《社会心态蓝皮书：中国社会心态研究报告（2014）》，社会科学文献出版社 2014 年版。
③ 金耀基：《大学之理念》，生活·读书·新知三联出版社 2001 年版，第 162—171 页。
④ 顾明远、马忠虎：《教育现代化：中国教育改革和发展的路径与愿景——顾明远教授专访》，《苏州大学学报（教育科学版）》2014 年第 1 期。
⑤ 顾明远：《试论教育现代化的基本特征》，《教育研究》2012 年第 9 期。
⑥ 瞿振元：《实现高等教育现代化要理论先行》，载范笑仙等《改革·质量·责任：高等教育现代化——2013 年高等教育国际论坛文集》，中国人事出版社 2014 年版，第 7 页。

(8.07%)之间相差了 16.74 个百分点,与河南(6.93%)之间相差了 17.21 个百分点,差距非常显著。不同省区的地方普通高校生均教育经费支出也存在巨大差异,1999 年以来 31 个省份之间无论绝对差距还是相对差距都在拉大。省际间的生均教育经费支出差距必然造成省区高等教育质量的差异,客观上形成不同省区学生接受高等教育质量的不平等。近年来,这种高等教育区域不公平已引起广泛的社会关注,在持续不断的呼吁下,2014 年 9 月国务院通过《关于深化考试招生制度改革的实施意见》(国发〔2014〕35 号),其中强调要"提高中西部地区和人口大省高考录取率""在东部地区高校安排专门招生名额面向中西部地区招生"。① 而在社会阶层趋于固化、社会流动日益艰难的情况下,"寒门难出贵子"已成常态,"因教致贫"也屡有发生,曾经的社会共享价值观发生了深刻转向,"读书无用论"正在抬头。在某种程度上,人们已经开始不再信奉"高等教育是改变命运的金钥匙"。虽然近年来学者们呼吁进行高等教育治理结构的变革,增加社会力量对高等教育领域的介入,但是都收效甚微。

(二) 产业转型的挑战

从工业化到后工业化、再工业化的产业转型,挑战了人们关于高等教育能增加就业机会的假设,即高等教育在经济方面的合法性基础。

工业化是现代化的核心指标,一个现代国家的工业化水平是衡量其综合国力和人力资源的重要标志。其具体表现是:工业,尤其是制造业的增加值在国民生产总值中的比重不断上升,工业就业人数在总就业人数中的比重不断上升。而随着经济的飞速增长,欧美国家的产业结构开始发生有别于工业化要求的重大变化,即工业部门的就业比重不断下降,服务业部门就业比重迅速增加,信息技术产业开始成为带动经济增长的关键部门。1962 年美国教授弗里兹·马克卢普(Fritz

---

① 国务院:《关于深化考试招生制度改革的实施意见》(http://edu.sina.com.cn/gaokao/2014-09-04/1016432710.shtml)。

Machlup）较早提出知识产业论和知识（信息）社会论，1973年美国著名的社会学家丹尼尔·贝尔提出以服务经济取代生产经济的后工业化理论。这些理论都强调在新型社会中高等教育的轴心地位，强调新型社会对大量接受过高等教育的高素质人才，特别是高科技人才的需求。"高学历、高工资"的社会现实也开始影响各国民众，不仅推动了美国高等教育的大众化进程，而且为付费接受高等教育的理念铺平了道路。

然而，现实数据并不总是支持高等教育促进就业的乐观论点。在工业和服务业中的就业竞争越来越激烈，大学生就业难的问题，已成了世界性的社会经济问题。进入21世纪以后，尤其是金融危机以来，欧美很多国家的失业率都保持在较高水平。[1] 大学毕业生面临着的就业压力越来越大，且由于信息化时代的发展和知识更新速度的加快，大学毕业生既无法进入衰退产业，又因知识或技能水平不够难以进入新兴产业，因而产生了高等教育的信任危机。20世纪90年代，一个国家性的高等教育方面的专家小组对大学教育的质量提出严厉批评，许多大学毕业生的读写水平还非常有限，知识的深度和广度以及技能水平也难以达到时代的要求。[2] 2008年金融危机以后，美国开始了"再工业化"的历程，即重新重视制造业，回归实体经济。为了复兴制造业，美国重视职业教育与培训的作用。从工业化到后工业化和再工业化的产业观的变化，挑战了人们关于高等教育能增加就业机会的假设，带来了欧美国家新的职业主义浪潮。

改革开放以来，中国经济快速发展，创造了世界经济史上的"中国奇迹"。但是2008年国际金融危机以来，全球经济呈现出"总量需求增长缓慢、经济结构深度调整"的特征，支撑中国经济高速增长的

---

[1] 张彬、桑百川：《美国人力资本结构与再工业化的需求矛盾》，《经济与管理研究》2015年第5期。

[2] Elaine Ray, Casper Addresses Higher Education Cost Commission（http://www.stanford.edu/dept/news/pr/97/971022cost.html）

外需环境发生巨大变化：① 中国改革开放以来形成的以低成本比较优势为基础的外向型经济模式越来越难以为继，在此影响下，经济增长速度由高速向中高速转换，成为"经济新常态"的基本特征，对社会投资、劳动力需求等方面产生重要影响。而在长期依靠投资与出口拉动下产业发展方式比较粗放，科技创新能力不足，导致在新工业革命的挑战下第二产业疲弱与第三产业乏力的严重问题，也成为"经济新常态"的主要表现。有专家指出，当前中国还没有全面实现工业化，而以服务业为主导的中后期工业化才刚刚开始，范围也有限（即只在少数发达地区实现）。很多产业竞争力不强，核心技术受制于人，尤其是就业人口集中的制造业长期处于低技术水平、低附加值和过度无序竞争之中。在全球经济竞争的冲击下，劳动力低成本优势正在逐步消失，落后产能供需矛盾加大，中国制造业衰退甚至崩溃的论断不绝于耳。同时，虽然中国研究与试验发展（R&D）经费支出总额逐年提高，已成为仅次于美国的世界第二大研发经费投入国，并且到 2016 年中国发明专利申请量已连续 6 年位居世界首位，新一代信息技术产业、高档数控机床和机器人等重点领域发明专利年均增长率超过 23%，②一些知识与服务密集型现代产业发展相对强劲，但是从总体来看，中国距科技强国仍有很大差距，研发支出占 GDP 比重、专利申请数量、有效发明专利拥有量等指标与美日等西方发达国家相比仍处于较低水平。加强创新驱动型经济的发展已成为中国当前供给侧改革的重要内容。

目前中国高等教育结构在层次、科类、规模上还不适应产业结构升级的要求，主要表现在：高等教育机构多样化发展不足，不适应产业结构升级的要求；"偏振型"的学科结构不利于产业结构的调整与升级，尤其是与第二产业关联性强的学科占比最大，工学学科的规模

---

① 国家行政学院经济学教研部：《中国经济新方位》，人民出版社 2017 年版，第 20—32 页。

② 《中国制造业有能力创造新辉煌》，光明思想理论网（http://theory.gmw.cn/2017-03/13/content_23951114_2.htm）

最大,哲学学科的规模最小;高等教育布局结构的不均衡加剧了区域产业结构的失衡。① 尤其是高等教育对创新驱动型经济的贡献还很薄弱,科技成果虽多但转化率低,大学毕业生规模庞大但创新型人才较少,这导致一方面大学毕业生就业难的现象较为突出,另一方面新技术、新业态、新模式等新经济的发展又严重受阻。

(三) 市场及市场认知观念的转变的挑战

市场及人们对于市场的认知观念的转变,挑战了传统高等教育管理模式,扩大了利益相关者的范围,加深了利益相关者的高等教育参与程度。

西方的市场观念形成于 18 世纪,亚当·斯密著名的"看不见的手"的比喻正是表达了在早期资本主义社会中,市场逐渐成为社会调节机制的观念。卡尔·波兰尼将市场处于支配地位的社会形态称为市场社会,指出市场机制在现代化进程中具有重要作用,认为由市场控制经济体系会对整个社会组织产生致命后果,它意味着要让社会的运转从属于市场,社会关系被嵌入经济体系之中,经济因素对社会存续具有关键作用。② 有学者指出:"作为社会存在的市场社会则具有本体论的意蕴,它是社会存在的一种方式。"③ 然而,长期以来,高等教育似乎是一个"化外之地",学术观念与市场观念总是水火不相容。沃特·梅兹格曾考察了美国大学时代学术自由观念与工商界干预之间尖锐冲突的历史,记录了当时"阴谋论"和"文化冲突论",反映了西方社会长期以来对于高等教育与市场关系的保守认知。

二战后至 60 年代在凯恩斯主义成为主流经济学理论的背景下,国家积极投入包括高等教育在内的社会领域,从而推动了高等教育大众

---

① 杜传忠、刘忠京:《我国高等教育结构与产业结构的适应性分析》,《理论学刊》2014 年第 9 期。

② [英] 卡尔·波兰尼:《大转型——我们时代的政治与经济起源》,冯钢等译,浙江人民出版社 2007 年版。

③ 张斌、王姝:《市场制度的形塑:西方的历史考察与审视》,《毛泽东邓小平理论研究》2015 年第 7 期。

化的进程。然而,在 70 年代初期爆发的石油危机的影响下,整个资本主义世界陷入"滞胀"困境。在新自由主义和新公共管理理论的指导下,西方各国相继放弃凯恩斯主义,转向"市场化"改革,直接导致了高等教育经费的大幅削减、私有化和收费制度改革。1986 年约翰斯通提出著名的高等教育成本分担理论,认为高等教育应由以政府供给为主转向以私人营利部门供给为重要途径,以收取学费或学费标准的上涨来对高教成本进行补偿。[①] 1994 年世界银行的报告《高等教育:不同经验的参考》鼓励私人及非官方参与办学。[②] 除此之外,各国政府还鼓励大学利用知识创新的优势进行更为深入的市场化。1945 年万尼亚·布什（Vannevar Bush）为美国总统起草了一个题目为《科学——无止境的前沿》的报告,首次提出技术转移的概念。1980 年美国通过《贝—多赫法案》（Bayh–Dole Act）,允许大学拥有联邦基金资助所作发明的所有权,从而为大学的技术转移奠定了法律基础。此后,该法案又演变成美国商务部公布的 37CRF Part 401 规则,为其经济复兴提供了重要保障。而随着互联网技术的革新和网络教育的兴起,高等教育课程市场初步形成,甚至形成了全日制高等教育服务的"批发市场",这意味着一种新型的市场观,即通过市场机制实现知识的商品化和资本化,已深入到高等教育核心地带,从而挑战了教授和学生的传统角色规范。

　　从中国的情况来看,一方面,中国的经济体制始终是政府主导的不完善的市场经济,其缺陷主要表现为政府对经济生活的干预和国有经济对市场的控制,以及现代市场经济所必须的法治没有建立起来。不适当的行政强制和干预成为妨害经济自由和现代市场制度运行的主要障碍,同时也是粗放的外延式增长难以转变和由政府审批而衍生出

[①] D. Bruce Johnstone, *Sharing the Costs of Higher Education: Student Financial Assistance in the United Kingdom, the Federal Republic of Germany, France, Sweden, and the United States*, New York: College Entrance Examination Board, 1986.

[②] World Bank: *Higher Education: The Lessons of Experience*, Washington D. C.: World Bank, 1994.

的腐败难以遏制等诸多问题的根本原因。随着中国计划经济向市场经济的转型，市场经济体制改革目标的确立和经济对专门人才迅速增长的需求，对原有的同计划经济相适应的高等教育体制造成巨大冲击，带来了高等教育宏观管理体制、经费投入与管理体制、高校内部管理体制、招生与毕业生分配体制等多方面的变革。有学者认为，作为全球性教育改革之特质的教育市场化现象虽已在中国高等教育领域出现，但其与主流市场化理论强调的"市场进入伴随着政府退出"的主张并不一致，[①] 具有事业部门性质的公立高校仍是中国高等教育体系的主要组成，同时政府仍发挥着重要的调控作用，市场只能是政府管理高等教育的一种工具。虽然市场化行为的出现是中国高校对市场经济社会发展的一种主动适应，在市场机制作用下高校办学形式更加多样化，但市场化行为的增多使得高校的办学更容易陷入功利主义倾向，教育理念与市场理念、人文导向与职业导向、公益目标与经营目标之间的矛盾往往使高校难以合理定位。[②] 因此，政府调控始终在中国高等教育的发展中起着关键作用，20世纪90年代末开始学者们对此展开广泛讨论：一些学者们持支持态度，例如陈良焜认为经济转型期劳动力市场并不规范，高校在办学过程中有可能根据非理性的预期和各种扭曲的市场信号，在学校层次定位和专业设置等方面进行偏离政策目标的选择，因而需要政府加以干预调控。[③] 也有学者对此持有异议，如丁小浩认为政府虽有必要采取各种措施宏观调控高等教育的规模结构，但政府调控也存在着失灵问题，由于很难准确预测未来特别是中长期内经济社会发展和就业岗位对高等教育毕业生的需求总量及需求结构，如果政府部门决策失误又强制推行到位，对国家会带来很大损失。另外考虑到高等教育所具有的非经济的外部性，单纯根据劳动力市场需

[①] 卢乃桂、操太圣：《中国改革情境中的全球化：中国高等教育市场化现象透析》，《北京大学教育评论》2003年第1期。

[②] 别敦荣、郭冬生：《"象牙之塔"与"无形之手"：大学市场化矛盾解析》，《江苏高教》2001年第5期。

[③] 陈良焜：《在向市场经济体制过渡条件下高等教育规模结构的宏观调控》，1996，载陈学飞主编《中国高等教育研究50年（1949—1999）》，教育科学出版社1999年版。

求所计划出来的最佳规模,对社会的全面发展也不一定是最适宜的。①闵维方认为在社会主义市场经济条件下的政府调控不同于计划经济条件下通过行政命令和直接行政管理的手段进行的调控,应该是承认市场供求规律的基础性作用的前提下,通过政策、投资、质量监控、信息服务和立法手段去调节高等教育的发展,使之更好地促进社会经济发展和社会公平。②还有一些学者对此是坚决反对的,如杨东平对中国高等教育这种政府直接干预下的发展模式进行了激烈的批评,认为它给高等教育带来了教育质量滑坡、大学生就业难等突出问题,并削弱了高校的自主性。③而在政府主导的高等教育发展模式下,民办高等教育的发展始终不尽人意,高等教育治理结构的变革也难以进行。

(四) 全球—地方关系新认知的挑战

在全球化时代,对于全球—地方关系的新认知挑战了高等教育获得合法性的唯一模式,即预示了可能有多样化的高等教育合法化模式。

20世纪80年代以来,全球化作为一种意义重大的概念和术语流行起来。学者们认为,全球化不仅意味着各种资源和知识的全球流动,而且作为现代化的高级阶段,是综合了经济、政治、文化等多层面的一体化趋势:从经济层面来看,市场的世界化扩张和全球资本一体化最能体现出全球化的深层意义;从政治层面看,相互依存关系的建立成为全球范围内的重要理念;从文化层面看,文化多元主义作为主流思想,认为全球文化既包含同一性也包括异质性,强调多元文化在世界范围内的动态整合。尽管全球化仿佛已成为一种不可抵抗的浪潮,但整体来看,全球化至今仍是一个非均衡不对等的曲折过程。包括中国在内的广大发展中国家,其经济特征是传统经济模式仍占主导地位,粗放型增长方式还在持续,新兴产业,即知识产业或高科技产业仍处

---

① 丁小浩:《高等教育的个人需求和政府的宏观调控》,《高等教育研究》1998年第4期。
② 闵维方:《社会主义市场经济条件下高等教育运行机制的基本框架》,《高等教育研究》2001年第4期。
③ 杨东平:《关于高等教育的"中国模式"》,《江苏高教》2011年第1期。

于发展初期。因而，对于发展中国家而言，全球化是一场机会与风险并存的赛局。2000 年罗伯逊·霍尔顿提出"全球地方化"理论，认为全球地方化指的是"所有全球范围的思想和产品都必须适应当地环境的方式"。在他的观点中，全球化与地方化反映的是普遍主义和特殊主义之间的关系，是共生共存的一对关系，两者从商业活动到社会文化层面都在进行相互渗透。① 对于地方社会的组织，例如企业，"同时受到全球化力量和地方化力量的共同作用。这两种力量的作用并不是完全对立的，而是以不同的方式调整和影响生产要素的空间流动与联系方式"。全球化代表的是全球产业结构的演变和技术的进步，可以促使企业的生产要素跨越时间和空间的障碍流动，参与全球市场交易；地方化则代表地方经济基础和制度文化背景对企业生产要素的限制和影响。②

随着全球化时代的到来，全球化对高等教育的影响不仅是指政治、经济、文化和技术全球化等因素改变了其外部环境，同时更是指全球化背后的意识形态和发展逻辑渗透和蔓延到高等教育领域，即建构起一种全球化的社会转型情境，从而在根本上改变了高等教育传统上的发展路径。③ 而全球化和地方化的新型关系的认知和建立，挑战了高等教育获得合法性的唯一模式，即对于院校组织而言可能有多样化的合法化模式。高等院校面对的合法性要求中，既包含了要合乎全球制度环境之大趋势，也要合乎地方社会的经济基础和制度文化背景。因而地方社会中的院校行为成为全球化力量和地方化力量共同作用下的结果。《美国公立大学的危机》中指出应从国家—国际、管理驱动—

---

① 康瑜：《高等教育全球化：一个全球地方化视角的解读》，博士学位论文，华东师范大学，2008 年，第 40—42 页。
② 马丽、刘卫东、刘毅：《经济全球化下地方生产网络模式演变分析——以中国为例》，《地理研究》2004 年第 1 期。
③ 黄亚婷：《全球化与大学教师学术身份重构：情境变革与分析框架》，《外国教育研究》2015 年第 3 期。

市场驱动两个维度考察高校的发展,① 具体如下：院校,或者说高等教育实体,在国家层面具有服务地方社会经济发展的任务,以及教学科研等学术任务方面的筹资、管理等公共责任,在国际层面具有进行知识和技术交流与合作的任务。开放网络是知识、技术交流与合作的理想状态,它既包括校园里教师与学生之间密集的交流网络,也包括学科间、院校间,乃至院校与社会之间围绕着模块式的研究活动而发生的交流网络。在公共财政压力与治理结构变革的驱动下,高等院校虽然越来越依赖公共资金,但在各种激励措施和公共报告制度之下却越来越自主,从而构成了一个具有混合资金来源,资源分配更加依赖竞争机制,需求驱动特征更加鲜明,教学和科研活动的全球竞争与交流合作越来越活跃的高等教育系统。

虽然中国地方高等教育的发展初衷是为了适应地方经济发展,为地方发展服务,成为地方文化科学中心,但实际情况是,地方高校经过长期的发展仍没有真正树立起为地方发展服务的观念并建立起一套切实可行的措施。在当前全球化和地方化趋势都日益加深的复杂环境中,地方社会乃至地方高校都难以维持一个封闭的系统,而必须面对工业革命、知识社会转型等各种叠加的发展趋势和多元因素,寻找和开发更多的合法性资源。地方本科院校要从人才需求的"位差"、地域优势和综合优势出发,以地区产业结构调整为导向,以当代社会对人才综合素质的要求为依据,开发合法性资源,进行组织转型,这就需要对高等教育内部机制进行必要的调整,包括教学思想、办学方向、培养目标以及专业与课程设置等方面。而全球、国家和地方三个层面的利益相关者都有可能对国家政策和地方院校的实践产生影响,由此形成一个复杂的社会网络。在这个网络中,高等教育各种要素的流动是多向的、同时发生的。正如资源在区域间的自由流动一样,人的要

---

① Chancellor Robert Birgeneau, "The Crisis of the Publics: An International Comparative Discussion on Higher Education Reforms and Possible Implications for U. S. Public Universities", C. Judson King, John Aubrey, Douglass Irwin Feller (eds). *CSHE ROPS*, *the Center for Studies in Higher Education*, University of California – Berkeley, 2007, p. 9.

素也是如此,无论是教师还是毕业生都不再局限于某一区域某一职业的劳动力市场。组织或行动者通过关联与互动成为这一多层级复杂网络上的一个节点,这就要求地方高校不能将转型思维和眼界局限于地方和当下。地方本科院校在关联与互动中,借鉴、模仿和学习国外高等教育的一些制度模式和政策安排,如对德国应用技术大学、创业型大学等的学习,正是体现了地方本科院校寻求合法性的主观能动性。但是应注意的是,我们在借鉴、模仿和学习的过程中有意无意地丢弃了一些核心的制度和文化要素,导致制度模式的"形同质异",反过来又可能造成更加僵化的制度安排,加剧组织内在的冲突,同时又无力应对外部挑战。

(五) 知识生产模式与传播模式转型的挑战

在后工业社会或者说知识社会中,知识成了社会发展的主要驱动力,知识生产、传播、评价模式的转型成为社会文化—认知结构改变和机构变革的基础。

在旧的知识生产模式中,高等院校的知识生产具有专门化性质,学科和范畴是知识劳动分工的基础,具有高深学问的学者和专家都是他们各自学科中称职胜任的评判人和鉴定人,这些学者和专家组成的高等院校由于其在知识生产上的垄断地位或权威,获得了自治权力及这种权力的外部合法性。这种合法性在20世纪后半期遭遇了危机,以自反性(Reflexivity)、跨学科性(Transdisciplinarity)和多样性(Heterogeneity)为主要特征的新的知识生产模式即吉本斯所说的模式2(Mode 2)出现了。在模式2中,知识是跨学科流动的,专家学者不再享有掌握知识的特权,现代大学也失去了知识生产领域的垄断地位。知识生产以问题解决为基础,而不是以学科和范畴为基础,使得知识的等级划分,如基础知识还是应用性知识,其界限已越来越模糊。因此,模式2也被称为以知识的应用者为主导的顾客模式或市场模式。与知识生产和应用相关的所有利益相关者都成为合法性来源,从而动摇了知识生产的以大学自治为特征的传统合法化模式。

在知识生产模式产生革命性改变的同时,新的知识传播模式也在兴起。大众化乃至后大众化时期,高深知识的界限开始模糊,大学教育目标从培养学术型人才转向培养受过训练的劳动者,随着教育目标的转变,教学的内容与形式也发生了相应的变化。根据巴内特的操作主义知识观和彼得·贾维斯（Peter Jarvis）的实践知识观,新的知识传播模式以个体对实践的学习为主导,从而越来越远离了传统的知识传播方式即"教学与科研相结合"的方式,而日益走向"教学与生产相结合"的方式。① 而根据建构主义知识观和连通主义知识观,一种与互联网和信息技术结合更为紧密的名为MOOCs（Massive Open Online Courses）的新兴网络教育模式在全世界快速发展,学生日益成为学习的主导和控制者,一切资源以学生为中心进行集聚,从而实现了真正的"学习自由"。MOOCs在扭转了工业化社会"教授主义"对学习本义的偏离和异化后,也要求学习者必须承担学习的责任。"这包含作为独立、自主的学习者所必需具备的智力、学习技巧和意识的培养"。② 在知识生产和传播模式发生革命性转变的基础之上,知识评价模式,尤其是其中的高等教育质量评价模式也相应变革。周光礼等认为,在高等教育质量的调查与评价方面存在着两种基本的观念转变:内容上从实证主义走向建构主义,评价主体上从政府评价走向社会评价。③ 政府原有的知识生产主要资助者角色和质量管理者角色随着整个制度环境的变化而逐渐改变,更多的利益相关者有机会参与到评价过程中,获得更多的表达意见的机会。④

---

① 毛亚庆:《高等教育发展的知识解读》,《教育研究》2006年第7期。
② [美]玛丽埃伦·韦默:《以学习者为中心的教学:给教学实践带来的五项关键变化》,洪岗译,浙江大学出版社2006年版,第65页。
③ 周光礼、郭卉:《质量调查范式的变革:从实证主义到建构主义》,载周光礼主编《中国高等教育质量评估体系有效性研究——基于社会问责的视角》,湖南人民出版社2012年版,第69—89页。
④ 周光礼:《中国高等教育质量评估体系的反思与变革》,载周光礼主编《中国高等教育质量评估体系有效性研究——基于社会问责的视角》,湖南人民出版社2012年版,第3—4页。

严格来说，中国仍处于向后工业社会或知识社会转变的过程之中，知识生产、传播、评价模式尚未发生根本变革，超越学科知识界限的知识创新，超越校园围墙的社会学习，超越政府部门和专家群体的公共评价与治理，都还没有成为社会的主流行动。无论知识社会还是学习型社会，距离公众都还很遥远，个人的自我创新需求不旺盛，甚至"读书无用论"等反智主义也开始拥有一定地盘。但是，加强创新驱动型经济的发展要求与地方高校现有的办学理念和人才培养模式之间产生了一定的冲突，当这种冲突扩大到一定程度时，地方本科院校在长期发展过程中建立起来的合法性就开始发生解构。

二　地方本科院校组织合法性的内外冲突与解构

在上述经济社会的转型过程中，大众化时期中国高等教育在政府主导下进行规模扩张的发展模式因不能满足经济社会的新需求而广受批评。杨东平教授曾认为这种所谓的高等教育发展的中国模式是非理性的和不可持续的，它给整个教育的生态都带来深刻而复杂的影响：一方面带来高等教育质量的滑坡和大学毕业生就业难等突出问题，另一方面又强化了高教行政化弊端和官本位价值等体制，并由此带来了运动式治理下高校定位和培养模式的趋同。[①] 本书前面已对地方本科院校在后大众化时代所面临的种种困境，以及对当前中国经济社会转型的现实条件对高等教育的挑战进行了详细的阐述，这里将进一步关注在这种挑战下，地方本科院校组织合法性危机的显现。总体来说，地方本科院校的办学理念、人才培养模式、运行机制和治理模式与社会新的质量观念和需求之间产生了一定的冲突，其合法性在内外冲突下面临解构的危机，这些冲突集中反映在两个大的方面：

---

① 杨东平：《关于高等教育的"中国模式"》，《江苏高教》2011年第1期。

（一）旧有的专业教育模式及其课程体系与经济社会转型所带来的知识与能力新需求之间的冲突

在社会转型、产业转型和全球化对高等教育的挑战下，新的知识和技能需要进入高等教育领域，同时，也需要培养具有这些新知识新技能的人才来满足经济社会的新需求。如果说大众化时代，地方本科院校发展面临的困境主要是各种人财物资源的实际增长与学生规模的扩张不相适应的话，那么后大众化时代困扰地方本科院校发展的首要问题就从学校发展的资源问题转向学生的就业问题，或者说人才培养的方向与方式问题。究竟什么样的人才才受劳动力市场欢迎？这个问题的背后实际上是地方本科院校内部的知识观或质量观问题，即在高等院校的教学和科研活动中，究竟什么样的知识最值得被生产和传播，以什么样的生产和传播方式最为合适？

一些学者认为中国在高等教育后大众化来临之际，高校的办学思想仍以学术型、理论型主导高校发展，导致人才培养与社会脱节，开设的课程、专业与市场吻合度不高，导致高校毕业生就业难。因此，应树立"崇术为上"的知识观，构建"崇术"的课程教学体系、实践教学体系和创新评价体系，提高人才培养的针对性和实效性。[①] 而回顾中国高等教育发展历史，这种观点从建国初期批判"通才教育"模式开始，使地方本科院校在狭隘的实用主义知识观指导下构建以工科专业为主的专业结构，专业设置窄化细化，课程体系职业化，到改革开放后重新强调人才培养要适销对路，始终坚持计划性招生和专业培养模式，等等，可以看出"崇术为上"的观点已经不是什么新思想，而是和中国地方本科院校长期坚持的发展道路基本一致。换句话说，认为中国高校办学思想以学术型、理论型为主导，这种观点是不准确的，至少对于众多的地方高校并非如此。例如，《茂名学院史话》曾指出，1965年该校通过半工半读实践总结出"两学三练一培养"的教

---

① 和飞、胡海建：《高等教育后大众化阶段"崇术为上"办学思想研究》，载胡海建、李曙光《后大众化高等教育创新驱动研究》，光明日报出版社2016年版，第3—17页。

学经验,即"向生产实际学习,向工人阶级学习,练思想,练作风,练基本功,培养思想和技术过硬的毕业生";1986年起该校强调要培养应用型人才,在搞好理论教学的同时,以强化实践教学为突破口,建立起学生在校期间,制图、英语、计算机教学和专业基本技能训练,即"四个不断线"的教学制度;2009年该校构建了"知识+技能"的强应用能力培养模式。该校校史中认为这三种培养模式是"一脉相承"的,也就是说,该校本来就是"崇术"的应用型高校,而这样的应用型高校在地方高校中还很多。即便是师范类高校,实行的也是以培养中小学师资为主的"应用型"教育,只是在课程中所教授的基础知识相对多一些而已,距离真正的"学术型""理论型"教育还很远。至于扩招后降分录取的部分学生在入学后学业成绩不佳,无法较好地掌握专业知识,导致毕业后质量滑坡,无法满足企业需要,这主要是教育质量不达标的问题,而并非专业教育职业岗位针对性差,不够"应用"的问题。恰恰是中国地方本科院校在忽视高校自主性的政府规制和忽视学术性的高等教育规范下,长期以来形成的实用主义知识观和计划性思维,以及与之相适应的"窄化"的专业教育模式及课程体系,与市场功利主义和固化的利益格局结合在一起,阻碍了新的知识进入高等教育领域,从而与经济新常态和社会变迁所产生的创新需求之间产生了冲突。

经济新常态下,基于地方经济增长速度的放缓,依靠资本投入和廉价劳动力的旧增长方式已经滞后,以低技术水平和低价竞争为特征的企业经营模式难以维持,全球化和知识经济等基本趋势要求地方经济系统更加开放和更有利于技术创新,地方企业迫切需要与新技术、新业态、新模式等新经济发展相适应的,既具有一定理论水平又具有实践能力,同时具备创新意识和主动进取精神的复合型人才。从《全国新建本科院校教学质量监测报告》中对企业的调查可知,用人单位希望高校的教育教学不仅要注重培养学生的实际业务能力,也要重视学生的理论水平;不仅要重视学生对专业知识的学习,更要重视学生综合素质的养成。希望学校能在拓宽学生的知识面,加强基本理论、基础知识的学习与训练，以及培养创新意识与开拓精神的同时，提高他们的应变能力、公关能力、交际能力、协调能力、口头表达能力、写作能力和服务意识等，使毕业生不仅有较强的专业知识和业务能力，同时也具备较高的综合素质，成为一个"多面手"，能不断适应新环境和新形势的挑战。

企业的观点可以从大学毕业生角度来进行印证。麦可思报告中指出，2009—2018年大学毕业生认为母校专业教学中最需要改进的三大方面始终是实习实践不够，课程内容不实用或陈旧，无法调动学生学习兴趣以至于不能很好地培养学生的主动学习能力。① 而2014—2018届本科院校读研的毕业生始终认为母校学术准备最需要改进的地方是"研究方法""学术批判性思维能力""专业基础课程知识"等。麦可思组织以就业和正在国内外读研的毕业生来判定课程在自己的工作或学习中是否重要，如果回答属于重要范围的则被要求回答课程训练是否满足工作或学习要求。2015、2018届毕业生的核心课程重要度评价为80%和88%（本科为78%和86%，高职高专为81%和89%），课程满足度评价则为69%和78%（本科为69%和78%，高职高专为70%和78%）。麦可思进一步组织大学毕业生进行了核心知识和基本工作能力评价，即参考美国SCANS标准，将中国大学生从事某项职业工作必须具备的核心知识分为28项，将35项基本工作能力划归为五大类型，由2013—2018届大学毕业生对各项核心知识和基本工作能力在其岗位工作中的重要程度和满足程度进行评价，调查发现无论本科毕业生还是高职高专毕业生，其毕业时所掌握的核心知识水平均低于工作岗位要求的水平，其毕业时掌握的基本工作能力水平也是均低于工作岗位要求。通过大学毕业生选择自己工作中重要的职业能力，发

---

① 麦可思中国大学生就业研究课题组：《2009年中国大学生就业报告》，社会科学文献出版社2009年版，第7—13页；麦可思研究院：《2012年中国大学生就业报告》，社会科学文献出版社2012年版，第247—248页；麦可思研究院：《2016年中国大学生就业报告》，社会科学文献出版社2016年版，第175页、第177—178页；麦可思研究院：《2019年中国大学生就业报告》，社会科学文献出版社，2016年版，第177—195页。

现 2012 届本科生毕业三年后认为职场中持续学习能力最重要（85%），其后是自我定位能力（62%）、职业规划能力（60%）、资源掌控能力（54%）等；由已经工作的毕业生选择自己工作中重要的职业素养，发现 2012 届本科生毕业三年后认为职场中压力承受能力和环境适应能力最重要（均为 76%），其后是协作解决问题能力（72%）、信息获取和选择能力（64%）、责任约束感（57%）等。① 这种情况基本延续到 2018 年。这在一定程度上反映出，目前高校，尤其是地方高校，在课程知识的更新、通用性能力和专业技术能力等方面均存在缺陷，尤其是对学生自主学习能力的忽视，直接导致了学生在面对新兴产业技术和复杂的市场创新环境时适应能力较差，不能满足新经济发展的需要。

从地方本科院校的角度来说，中国高校现有的专业教育模式及其课程体系是计划经济的产物，由于其一直以来所沿袭的教材、教学大纲、教育方式方法等已经形成了逐渐僵化的模式，反映了其较为落后的知识观和产业观，并对市场选择的创新知识与技能造成某种排斥，使创新知识与技能难以进入高等院校传统的知识体系，导致经济、社会等多重因素引起的人才需求转变不能得到满足。因此，虽然地方本科院校一直以来以适应论哲学作为规范合法性的重要内容来建设，使其学科专业设置长期遵循与地方支柱产业和主要产业相衔接相对口的原则，但由于高校关门办学，与飞速发展的经济社会分离，原本"对口"的人才培养却与实际的社会需求相脱节。换句话说，在当前区域产业结构与创新型经济不相适应的固有缺陷下，地方本科院校仅仅依靠越来越狭隘和僵化的专业教育模式被动地适应、嵌入早期工业化形成的"旧有产业结构"，就会导致毕业生能力结构单一，能力水平滞后，综合素质不高，从而导致"越适应就越失败"的悖论。而寻找经济社会新的增长点并主动适应，需要建立在对经济社会更广博更深刻

---

① 麦可思研究院：《2016 年中国大学生就业报告》，社会科学文献出版社 2016 年版，第 183—188 页、第 195—198 页。

的理解和知识创新及技术创新的基础之上,而这对于学术积淀较为浅薄的地方本科院校来说是难以完成的任务,其人才培养效率必然低下,其突出表现就是大学毕业生就业率的降低和就业质量的下滑。由人才培养的效率危机引发,社会各界不断提出对地方高校的质疑:人们认为地方本科院校学科专业与地方产业结构脱节,服务地方经济发展能力低。同时,作为片面的专业教育和技术教育的后果,地方高校中人文教育长期被忽略,在当前越来越重视个性的社会文化背景下,也就越来越不能满足个人发展方面的人文素质需求,既不利于学生的多元、自主成长,无法消除学生在面对复杂社会及其各种不公平现象时的消极情绪,也无法增强其抗压能力,反而给学生带来"生活在十字路口"的负面体验,导致学生们对母校教育方式乃至整个高等教育的不认可。

  有专家通过对发达国家高等教育发展经验的研究,发现近年来发达国家通过高校内部的课程变化,采取如打破学科间的界限,构建大的学科群,优化学生的能力结构,提高学生在求职以及职业流动中的适应性;超越传统的学期和学年,实践微型模块课程;拓展专业课程的内涵和外延,将就业能力嵌入主流课程中;强化基于工作的学习,校企深度合作等具体措施,改善毕业生的可雇佣性,促使毕业生和高等院校面向社会需求,提升就业能力。[①] 因而,很多学者认为,只有根据经济和社会发展对人才的现实和长远需要,特别是要深入分析战略性新兴产业的发展对人才的需求,不断调整专业结构和课程结构,优化专业和课程体系,才能从知识和能力上真正提升学生的综合素质和职业能力。但是,也有学者指出,我们最需要对我们的专业观念、专业制度进行反思,[②] 这是一个根本性问题。中国传统的专业制度具有封闭、死板和实体性等特点,在本质上是计划经济时代政府计划控

---

  ① 汪霞、孙俊华、宗晓华等:《高校课程结构调整与大学生就业问题》,南京大学出版社2013年版,第5页。
  ② 刘小强、王锋:《关于60年来我国专业制度的反思》,《高等工程教育研究》2010年第1期。

制高校人才培养的工具，而不能完全适应今天的大科学时代、高等教育大众化时代和市场经济时代的要求，造成了知识的"鸿沟"和人才培养的死板、滞后，引起了高校人才培养的趋同和大学生就业难等问题。要改变这种专业制度，就要改革专业教育模式，其关键在于推动专业回归课程组合，通过设计开设高质量的通识课程来夯实、拓宽和完善学生的知识基础与结构。① 还有学者认为，我们不应固化理论课与实践课、通识课与专业课的比例，应根据具体的就业情况，以及学生的个人选择对课程结构进行调整，如果某专业所对应的职业群体变化较大，专业性就业机会较小，就应提高通识课程比例，提升综合能力。②

（二）地方本科院校的治理模式与经济社会转型对组织的新需求之间的冲突

后现代社会的转型要求公众更多地介入高等教育领域的治理，市场化的进程也扩大了高等教育利益相关者的范围，要求企业等利益相关者与高等院校进行合作。同时，从前面分析可知，当前中国经济转型的主要问题是产业发展方式比较粗放，科技创新能力不足，新技术、新业态、新模式等新经济发展受阻，区域发展不平衡，从而要求地方高校积极思考，主动出击，到经济和社会发展的一线去凝练重大需求、寻找重大任务，服务国家、地方和行业发展。尤其是在一些以资源为主导的省份，在国际市场需求不旺、国内市场产能过剩的情况下，地方经济结构调整比较缓慢，亟待寻找新的市场需求，探索新的经济增长动力。而地方高校要适应这样的要求，必然要在人才培养和技术开发等方面进一步加强与企业的合作。然而，当前地方本科院校与企业之间的交流合作并不紧密，产学研合作教育也不深入，企业参与地方

---

① 刘小强：《我们还需要"专业"吗？——高校人才培养综合改革的新视野》，高等教育学专业委员会学术年会论文，马鞍山，2015年10月。

② 汪霞、孙俊华、宗晓华等：《高校课程结构调整与大学生就业问题》，南京大学出版社2013年版，第5页。

高校办学的积极性不高。河南工业大学赵予新教授对河南省以工科类专业为主的本科院校与企业的合作进行实证研究，发现除了缺乏相应的实践经验和专业技能的师资、学生实习管理过于粗放的问题外，校企合作的根本问题在于常常停留在实习基地建设的浅层合作层面，企业并不能真正参与课程知识的选择，不能真正参与研究和制定人才培养方案，没有从单纯的用人单位变为人才联合培养单位，企业所具备的工程环境和先进的工程实践条件的优势并没有转化为优质的工程教育资源；让企业的高级工程技术人员和管理人员承担一定的实践教学任务，在许多学校还难以实现；校企双方互相支持、双向介入、资源互用、利益共享等更谈不上。①

校企难以进行深层次的合作，以及公众难以介入高等教育治理，其原因主要在于：首先，地方本科院校的自主性不足，其决策仍以政府规制为主要导向。虽然在20世纪90年代分权改革的推动下，高等学校的办学自主权有所扩大，但是仍十分有限，高校常常是面向政府办学，还不是面向市场、面向社会办学。地方高校的招生一直遵循严格控制下的计划管理制度，高校的主要领导校长和书记也都是由上级政府部门决定和任命，这在很大程度上使得地方本科院校的自主性不足，行政化色彩较为浓重。在地方政府的强干预下，地方本科院校与企业建立合作关系，往往并不是出于真正的自身需求，而是在上级政府部门的政策压力和财政资助的诱使下采取的一种投机性行为，这样的合作缺乏深入的前期调研，缺乏共同的文化认同，缺乏长期的规划设计，因而也很难具有可持续性和有效性。同时，地方本科院校也缺乏面向社会，接受社会评估和公众监督的积极性。虽然如前所述，很多学者认为，只有"紧盯区域和国家未来的发展导向"，根据经济和社会发展对人才的现实和长远需要，不断调整和优化地方高校的专业结构和课程结构，"加强高校人才培养与社会、行业、产业的联系"，

---

① 全国教育科学规划领导小组办公室：《"地方本科院校高等工程教育抽样评估与质量保障系统研究"成果报告》，《大学（研究版）》2015年第6期。

以使人才培养和科学研究能够动态地适应于未来社会的需求,^① 但我们应认识到,这种立足未来的人才培养观,与社会、行业、产业建立的密切联系,不是靠政府的干预所能够建立起来的。在公立高校有生无死、有进无退的产业政策保护伞下,在由上而下的靠政绩考核来激励的干部任命体制下,对于社会、行业、产业的尊重必定服从于、让位于对政府权威的尊重,因而一次次对于前瞻性高等教育发展理念的追求往往演变成为一场场利益追逐和政治表演,高校与企业本应握在一起的合作之手往往演变成为互相敷衍或背离教育本真使命的形式化动作。[②]

其次是地方本科院校决策与管理的评价标准不能适应市场经济要求。企业以成本效率、资本投资收益和市场竞争地位为客观依据,衡量其决策和管理的成效,希望借此消除个人主观因素在上下级之间、核心管理层与分部管理层之间的影响,使人们减少无谓的利益纷争,能够开诚布公、同心协力地进行组织内部与外部的交往合作。然而,从地方本科院校在规制、规范和文化—认知三层面的合法性建立过程可以看出,在长期的行政管理体制和官僚主义影响下,其决策和管理不能以成本效率、投资收益和市场竞争状况建立客观依据,同时又由于地方本科院校缺乏学术独立和学术自由的文化底蕴,不能以纯粹的学术规范和学术方面的价值观作为决策和管理依据,因此,在决策和管理上所采用的评价标准是模糊的,或者是不稳定的,充满了主观色彩。这也导致地方本科院校的领导者和管理人员在与企业合作过程中,往往认为这种合作政治风险大而回报相对较低,因而采取消极态度或者追求短期行为。

---

① 牟延林:《如何理解与实施区域高等教育结构调整》,《大学(研究版)》2014年第6期。

② 贾永堂、杨红旻:《改革开放以来高等教育分权模式的问题与治理》,《高等教育研究》2015年第3期。

（三）地方本科院校组织合法性的解构

从中国地方本科院校的历史发展来看，由于建校历史较短，学术基础薄弱，天生就缺乏关于学术规范的共识，官本位文化等一些固有的非学术组织的基因给学术秩序的重建带来障碍和干扰。虽然在政府主导的对苏联高等教育制度和组织模式的移植中，在政府的由上而下集中统一的规制下，地方本科院校不断建立和完善领导管理、组织结构、人才培养等方面的规章制度体系，遵守当时的政府和社会所要求的"又红又专"等规范要求，逐步建立起计划性较强的专业教育模式以及与之相适应的实用主义知识观，在高等教育制度初始化时期形成了或者获得了规制合法性、规范合法性和认知合法性，却忽视了学术规范和学术文化的培育和发展，也就是地方本科院校作为学术机构和高级人才培养机构所应具有的本源和共识。而在改革开放后的制度变革时期，地方本科院校虽然在分权理念下建立了新的规制合法性，但由于分权改革不彻底，以及自身学术规范和学术文化的欠缺，而使得新的规制合法性在"放乱收死"的恶性循环下极不稳固；地方本科院校虽然在"平等"与"效率"等新的规范要求下努力建构新的规范合法性，但仍以不符合大学理性精神的僵化的适应论哲学为基础，学术逻辑被政治逻辑和市场逻辑主宰，使得新的规范合法性难以真正形成；在忽视地方本科院校自主性的政府规制和忽视学术性的高等教育规范下，地方本科院校长期以来形成的实用主义知识观没有得到根本改变，旧有的知识观和思维方式，旧的课程体系和教学制度，与短期功利主义和固化的利益格局结合在一起，使得新的认知合法性难以形成。而由当前地方经济社会的新常态，即经济增长降速，政府高投入的模式难以长期维持，科技创新能力不足，市场机制亟待完善，社会共享价值观发生深刻转向等现实条件，及新常态下对创新人才的新需求与地方本科院校现有的办学理念、治理模式、领导管理体制和人才培养模式之间的冲突可以看出，地方本科院校在制度变革时期对新的合法性的建构行动是不成功的。特别是由上而下的管理体制、受实用主义和短期功利主义影响的办学理念、极不成熟的学术规范与学术文化、僵化的适应论哲学下的专业教育模式等对地方本科院校组织变革带来制约,工具理性所主导的人为秩序对应有的学术自发秩序的替代,导致其知识创新和组织转型难以真正进行,并最终引起政府和市场共同的不认可,使得地方本科院校在规制、规范和文化—认知维度的合法性面临解构危机。

可以将地方本科院校组织合法性的解构总结如下:

首先,当新的合法性基础已经更多地建立在公众和市场的认可之上,而地方本科院校的规制合法性仍以由上而下的政府认可为主,以行政化的领导管理体制为主,从而带来地方本科院校规制合法性的解构。

其次,当新的合法性基础已经更多地转向知识创新所需要的学术逻辑和市场逻辑相协调,以学术规范为基础实现效率与平等兼顾,要求地方本科院校内化或再生产经济社会转型新需求的共同意义,实现一种灵活的宽容度更高的适应论哲学之时,而地方本科院校仍以不符合大学理性精神的僵化的适应论哲学为基础,以政治逻辑主宰和修正市场逻辑的道德规范为主,使得学术规范既天生不足又后天发育不良,从而带来地方本科院校规范合法性的解构。

再次,当合法性基础已经更多地转向经济社会转型所需要的新的知识与技能,并要求后现代文化、学术文化、地方文化等有机融合,而旧模式仍以僵化的或者受市场功利主义影响的实用主义知识观为主;以适应于传统工业化标准的发展相对滞后的知识和技能,和发育极不成熟的学术文化为主,从而带来地方本科院校文化—认知合法性的解构。

综上所述,地方本科院校的组织合法性危机,从宏观层面看是以大众化时期中国地方高等教育在政府主导下进行规模扩张的发展模式不再被公众信任和支持的制度性危机,从中观层面看则是地方本科院校组织在人才培养等功能上的合法性危机带来了地方本科院校在运行机制和治理模式上的合法性危机,即其在由上而下的行政化的领导管理体制、僵化的适应论哲学和专业教育模式的制约下，在学术规范和学术文化的严重欠缺下，所面临的社会信任和认可的危机，并进一步引发了地方本科院校作为学术机构和现代高等教育机构在存在意义上的焦虑感，或者说产生了自我认同危机和价值危机。

第 七 章

H省地方本科院校重建组织合法性的案例研究

本书在第四章以组织数量、规模等数据和外部评价与质疑来说明地方本科院校所面临的困境从实质上来说是组织合法性危机，解决了"是什么"的问题；在第五章和第六章从历史和现实的角度出发，解释了组织合法性危机产生的根源，即"为什么"的问题。这些都是从群体性角度对地方本科院校的组织合法性危机做的阐释，而本章将选取典型案例，探索地方本科院校如何重建组织合法性以应对危机，即"怎么做"的问题。如前所述，地方本科院校的组织合法性危机在本质上，是地方本科院校在人才培养等功能上及在运行机制和治理模式上的合法性危机所引发的地方本科院校作为现代高等教育机构在存在意义上的焦虑感，或者说产生了自我认同危机。究竟地方本科院校在何种程度上感知到组织合法性危机，又是如何应对的呢？这些应对策略能否有助于地方本科院校从根源上消解组织合法性危机呢？对于这些问题的回答，需要深入地方本科院校的现场，进行与访谈、问卷调查等多种技术相结合的案例研究。

高等教育管理体制改革以来，国家不断加强省级政府对高等教育的统筹决策权，省级政府的各项政策对地方高校发挥越来越重要的影响。近年来，国家明确提出要扩大省级政府的高等教育统筹权，要求省级政府在中央统一领导下，认真贯彻国家法律法规和方针政策，根据经济社会发展需求、本地区教育事业发展现状以及教育资源支撑能力，结合人口、区域和产业结构，自主确定教育发展目标、规划和工作重点并组织实施，同时特别指出，省级政府在开展分类管理工作，促进高校办出特色，优化区域高等教育结构，以及引导和推动地方本科院校向应用技术类型高校转型等方面负有重要责任。上海、安徽、河南、陕西、黑龙江等地均颁发了关于高校分类管理与分类指导、重点支持若干所应用技术大学建设等政策意见，倡导高校明确自身定位，进行转型发展，在服务地方经济的同时避免同质化问题。这些政策动向引起了一些地方本科院校的积极回应。那么，基于省级政府对高等教育进行统筹管理的背景，并考虑到省际间经济社会结构和制度环境可能会产生较大差异，本书选择一省内若干地方本科院校进行研究，该省以 H 省代称。

一　H 省高等教育发展概况

H 省作为一个传统意义上的人口大省和农业大省，从高等教育的角度来说，既是中国高等教育适龄人口第一大省，同时也是高等教育基础相对薄弱，政府财政支持能力、个人成本分担与补偿能力较弱的省份。1999 年大规模扩招以来，普通高校在校大学生数量快速增长，从 1999 年的 18.55 万人，增长到 2016 年的 187.47 万人；普通高校数量从 1999 年的 56 所，增长到 2014 年的 121 所，2016 年又增长到 129 所。其中，本科院校 55 所（其中公办 38 所），占 42.64%；高职高专院校 74 所（其中公办 54 所），占 57.36%。本科院校校均规模 23421 人，高职高专院校校均规模 7893 人。2016 年全省高等教育毛入学率已达 38.80%。十年来该省高等教育发展规模有了很大提高，为经济发展提供了有力的人才、知识、技术等方面的支撑。但由于高等教育的基础薄弱，虽经努力，仍与发达省份和全国水平有一定差距，与人民群众对高等教育的需求还不相适应，在一定程度上制约了本省经济的快速发展。该省高等教育结构所存在的问题，不仅表现为普通高等学校的数量尤其是本科院校的数量偏少，优质教育资源不足且分布不均,而且表现为很多高校定位不合理,求高、趋同现象仍较突出。尤其是近年来在专科院校合并升格的作用下,该省新建本科院校数量趋多,虽在一定程度上缓解了民众对于本科高等教育的需求,但是这些高校在人才培养和院校发展规划上都存在趋同和特色不鲜明等问题,所获得的政府评价和社会评价不是很高。

地方本科院校的定位与外部评价之间的联系越来越密切。虽然地方本科院校在设置条件、制度体系上合乎国家规定和省政府相关政策,即具有了政府所规制的身份合法性,但是进入大众化阶段以来,随着高等教育规模的不断扩大,学术界关于大学分类和定位的讨论也逐渐为社会所关注,地方本科院校应属于什么大学类型,具有什么样的定位,是其身份获得社会认可的重要内容。本书收集了 H 省 34 所省属公办本科高校关于发展目标的表述,将其与这些高校的排名状况联系在一起,发现排名相对靠前的偏好定位于"教学研究型大学",排名相对靠后的偏好定位于"应用型大学""应用技术大学";而无论是定位于综合性大学、教学研究型大学还是定位于应用型高校,其最为常用的都是"高水平""区域引领"或"具有区域特色"等表述。地方本科院校目标定位的这种偏好,除了受学术界一些观念的影响外,应与该省政府近年来关于普通高校分类发展政策的引导分不开。

近年来,H 省制定了普通高校分类发展的政策,即重点建设 2—3 所高水平综合性大学,7—10 所特色骨干大学和 10 所左右示范性应用技术类型本科院校。高水平综合性大学瞄准当代科技创新的前沿领域和国民经济社会发展的关键领域,积极发展新兴学科和交叉学科,支撑科技、产业和社会各领域创新发展,而特色骨干类型和应用技术类型本科院校要结合地方、行业发展实际,要具有产业贡献力大、价值创造力高、结构带动力强等特征。H 省负责教育的主要领导还特别指出,本省高校结构中师范院校过多,每年师范生大概占到将近 10 万,严重过剩,所以师范院校应往综合、应用转上一部分。同时,他提出本省高校科技创新能力还比较弱,不能支撑新常态下 GDP 的正常发展。

因此，地方本科院校如何根据省级政府分类规划的指导，从经济社会的新常态中寻求新的合法性资源，进行科学合理的市场分化和定位，制定组织转型目标以寻求新的外部认可与内部认同，就成为H省的地方本科院校所面临的重要课题。本书将组织转型视为重建组织合法性的行动，因而本书中的组织转型的涵义较为宽泛，不特指向应用技术大学的转型，而是包括了向高水平综合性、教学研究型、应用技术性等多样化目标的转型，以及划转、省部共建等因办学主体转变而发生的组织转型，或者因专科向本科升格而发生的组织转型。

二 H省7所案例院校的案例调查与分析

（一）案例调查的设计

对地方本科院校如何通过组织转型重建合法性以应对危机的问题进行研究，具体而言即在微观视角下对地方本科院校组织内部成员——教师和学生两大群体，从认知、情感和行为三个维度，对该校转型发展政策的合法性进行研究，需解答以下问题：组织合法性危机是如何被感知的？转型发展政策是如何合法化的，其具体的合法化策略有哪些？组织内部成员又是如何感知和评价的？通过这些评价，探索地方本科院校重建合法性的关键影响因素，并与第六章相衔接，回答地方本科院校所实施的合法化策略能否有助于从根源上消解组织合法性危机的问题。对于这一系列关于"为什么"和"怎么样"的问题，适合采用多案例研究方法进行验证，以增强结论的有效性。开展案例调查和研究，主要有以下步骤：

1. 案例高校的选择

有学者指出，多案例研究方法的案例数量应该在6—10个或者4—8个，[1][2] 根据本书的研究问题和该省高校的具体数量，本书选择7

---

[1] R. K. Yin, *Case Study Research: Design and Methods*, Sage, 2013.

[2] K. Eisenhard, "Building Theories from Case Study Research", *The Academy of Management Review*, 1989, 14 (4), pp. 532–550.

所地方普通本科院校进行多案例分析。根据组织合法性理论，政府、企业、学生及其家长等主体能够通过政策压力、市场需求变化、各种排名与公共舆论等外部评价要素，令这些案例高校感知到危机的存在，从而有了重建合法性的动力。根据第四章研究结论，地方本科院校所面对的种种困境，在本质上仍是合法性危机，或者说是人们对于高等教育的信任危机。本书以近年该省高校在三种主要排名中的综合排名状况来代表外部评价，假设排名对这些案例高校的危机感知有影响，排名越低的危机感知越强烈，重建合法性的行动就越容易观察，采取不等量选择方式，按照综合排名名次来分别选取案例，即从排名前10名内选取1所高校，从排名11—20名内选取2所高校，从20—34名内选取4所高校。具体的案例选择遵循以下标准：案例高校处于不同的排名层次，具有代表性；案例高校的重建合法性行为可以被识别和归纳；案例高校能够保证相应的数据和资料获取的便捷性和准确性。

2. 调查设计

围绕着组织合法性危机是如何被感知的，转型发展政策是如何合法化的，其具体的合法化策略有哪些，组织内部成员又是如何感知和评价等问题，对地方本科院校组织内部成员——教师和学生两大群体，从认知、情感和行为三个维度，对地方本科院校转型发展政策的合法性进行调查。

这里我们须注意的是，高校教师基本上是终身制，而学生是流动的，管理者和教师是改革的主导者和参与者，而学生作为各种改革措施实施的对象，往往缺乏足够的发言权，这种现实情况的复杂性导致师生两大群体在政策的认知、情感和行为等方面都存在较明显的差异。因此，本书对7所案例高校的内部人员分别采取访谈和问卷调查的研究方式：每所案例高校分别选取5—8名教师和管理人员，对其展开深度访谈；由于学生数量较多，每所案例高校分别抽取200名，因此对学生进行问卷调查，调查的问题设计也有较大差异，与教师访谈分别进行分析。

对教师进行访谈的问题设计如下：

认知维度：分为组织合法性危机感知和转型发展政策合法化策略的认知两个部分。首先是对组织合法性危机的感知，即要考察究竟地方本科院校内部人员在何种程度上感知到合法性危机，同时也要考察其对危机来源的认知。基于第六章关于地方本科院校合法性的冲突与解构方面的阐述，政府、企业等外部评价主体代表政府和市场两种外部力量，为院校的变革行动提供了不同程度的外部压力，对院校重建合法性的方式和内容具有不同影响。根据这个判断，引申出以下假设：假设1——政府来源的压力对组织转型有重要影响；假设2——市场来源的压力对组织转型有重要影响；假设3——与市场来源的压力相比，院校更容易感受到政府来源的压力；假设4——来自院校内部的压力，即院校基于自主意识对组织转型决策施加重要影响。通过访谈要解答，地方本科院校的转型发展政策作为重建合法性的工具究竟受哪些关键因素影响？这些关键因素与政府、市场之间是否有联系？为了使访谈更具操作性，结合院校的转型发展具体情况，将以上问题集中表述为：为什么贵校要制定新的院校发展目标？新的院校发展目标是什么？如何制定新的院校发展目标，有哪些关键因素影响了目标的选择？

其次，要考察教师与管理者关于转型发展政策合法化策略的认知。高校在危机压力和上级政府部门制定的政策措施引导下，要对重建合法性的改革措施——转型发展政策实施各种合法化策略。为了使访谈更具操作性，将对教师的访谈问题设计为：围绕着学校的发展目标，学校（或本部门、本院系）采取了哪些措施？通过访谈和对学校文件、相关新闻报道等资料收集，考察地方本科院校围绕着新的组织发展目标的具体行动，以及案例高校内部教师和行政管理人员等不同群体有关院校转型发展的目标、策略、障碍等方面的认知。

情感维度：即要了解案例高校内部教师和行政管理人员等不同群体有关院校转型发展政策的目标和策略等方面的肯定或否定态度及分歧。将访谈问题设计为：围绕着转型目标和策略您和您所在的部门有哪些评价和意见分歧？

行为维度：即要了解案例高校内部教师和行政管理人员在行为维

度上对转型发展目标的同化。将访谈问题设计为：您根据转型发展目标和具体的要求，在教学科研等方面进行了哪些调整？学校在这些方面有什么要求和政策？遇到了哪些困难？对今后一段时期的发展有什么设想？

基于对相关数据来源的保护，本书采取匿名方式展示案例高校的调查结果。为了确保样本数据来源的完备性，本书使用了多元化的资料收集方式及途径来收集案例高校的相关信息，例如院校发展历史及院校目标的相关陈述主要来自该高校网站公示信息和相关教师和行政管理人员的半结构性访谈，所采取的行为和策略的相关陈述主要来自相关教师和行政管理人员的半结构性访谈、学校文件和相关新闻报道，对院校发展目标的认同与评价主要来自相关教师、行政管理人员的半结构性访谈。本书还对这些不同来源的资料进行了相互验证和对比，以保证研究的信度和效度。

（二）案例院校的基本特征

这7所案例高校的基本统计数据如表7—1。

表7—1 案例高校近年基本统计数据

	是否研究生培养机构	是否博士研究生培养机构	在校生数	本科在校生数	专任教师数	副高以上教师数量	博士数量	学校产权占地面积（亩）	学校产权图书（万册）	教学、科研、仪器设备（万元）	学校产权建筑面积（万平方米）
案例1	√	√	31583	31096	1767	749	776	1596.07	248.95	35997.9	81.9
案例2	√	×	20916	20076	1175	491	322	1609.99	139.18	32560.86	61.77
案例3	√	×	23855	20045	1302	467	257	1365	217.06	27885.03	63.42
案例4	×	×	23979	20674	1216	348	130	1511.38	156.22	19486.59	52.94
案例5	×	×	21521	19296	1054	343	176	1486.64	183.66	20605.55	77.01
案例6	×	×	21223	17062	898	312	79	2457.53	134.11	17944.66	75.84
案例7	×	×	12252	—	698	263	13	1220.15	111.65	13955.75	50.14

根据案例高校公开发布的资料,收集其组织特征和转型发展目标的关键描述,具体如表7—2。

表7—2　　　　　案例高校组织特色与发展目标

	组织特征	近年综合排名	组织特色的关键性描述	转型发展目标
案例1	大学	9	具有93年建校历史的省属重点大学;2015年成为H省第三所与教育部共建高校;涵盖10大学科门类的综合性师范大学;设有24个学院,77个本科专业;在理、化、生学科方面具有较为明显优势,基础数学、理论物理等领域的研究成果居于国内先进水平;在教师教育改革和教师队伍建设中发挥着愈来愈重要的引领和示范作用;建有省部共建科研平台4个,省级重点实验室、工程技术研究中心、国际联合实验室、人文社科重点研究基地等22个,H省协同创新中心2个,省级重点学科24个,其中有两个学科入选H省首期优势学科A类学科和特色学科A类学科,三个学科入选国际ESI前1%,为冲击国家"双一流"工程奠定了基础;获得国家自然科学奖二等奖1项;一批拥有自主知识产权的成果实现了产业化,在国内外同行业中处于主导地位;现有中国科学院、中国工程院双聘院士5人;生源质量长期良好,2015年一本线上招生占招生总计划17%,本科二批录取最低分超出省控线40多分;9项大学生创新创业成果入选全国大学生创新创业年会,是H省入选年会成果最多的高校。	有特色、高水平、区域示范性大学;H省重点建设的2—3所高水平综合性大学

续表

	组织特征	近年综合排名	组织特色的关键性描述	转型发展目标
案例2	学院	14	始建于1955年的省属普通本科院校；原隶属国家纺织工业部，2000年划转H省管理；以工为主，纺织服装及相关学科特色鲜明，工、管、文、理、经、法、艺多学科协调发展；设有纺织学院等20个教学部门，58个本科专业；有8个省级重点学科一级学科，2个省级重点学科二级学科，"纺织服装新材料及高端装备"特色学科群获"H省优势特色学科建设工程一期建设学科"特色学科A类项目立项建设；现有24个国家级和省级科研平台，取得了标志性研究成果，其中国家科技进步二等奖2项；有4个国家级特色专业，1个国家级专业综合改革试点专业，1个国家级实践教学基地；培养德智体美全面发展、知识丰富、能力突出、素质优良的高级应用型人才；工业设计专业学生两次获得素有"国际设计界奥斯卡"之称的德国"红点设计奖"。	特色鲜明、国内知名、以工为主、多学科协调发展的教学研究型大学；特色鲜明的高水平大学
案例3	学院	14	始建于1949年的省属普通本科院校；初建时以农科闻名，80年代中期因被列入培养职业教育师资的重点院校而升格为本科；2004年根据发展需要，学校在再次更名时将体现职业教育师资培养特色的关键词从校名中抹去，并在2005年获得硕士学位授予权的突破；已发展成为涵盖农学、工学、教育学、管理学等9大学科门类的多科性教学型大学；农科是主要优势学科，作物学被评为H省A类优势特色学科，所培育的小麦高产品种2013年荣获国家科技进步一等奖，小麦新品种和抗虫棉花新品种在全国大面积种植并推广到中亚国家；职教师资培养在全国仍具有一定影响，相关教改项目曾获得国家级奖项，有国家级特色专业、国家级综合改革试点专业、国家级职教师资专业建设点专业和国家级卓越农林人才教育培养计划改革试点专业15个，并具有农业、机械工程和教育硕士专业学位授权点。	师资培养特色更加鲜明，农科优势更加突出，在同类院校有重要影响、在国内有一定知名度的多科性教学研究型大学

续表

组织特征	近年综合排名	组织特色的关键性描述	转型发展目标
案例4 学院	33	始建于1973年的省属普通高校，原为师范专科学校，2002年升格为本科高校；H省"示范性应用技术型本科高校"；现有21个教学院（部），55个本科专业，涵盖9大学科门类；以师范教育为主要特色，连续八年在H省教师教育专业教学技能大赛中荣获团体一等奖；考取特岗教师人数始终位于全省同类高校前列，是H省教师教育改革创新示范区和"国培计划"培训基地；以文科为优势，是H省首批文化改革发展人才培养基地、首批非物质文化遗产研究基地；毕业生考研率持续保持在20%左右，2012年、2014年"挑战杯"全国大学生网络虚拟运营创业专项赛决赛中连续两次位列H省高校第一名，并两次获得H省高校唯一的全国一等奖。	特色鲜明的高水平应用型本科院校
案例5 学院	31	创建于1942年的省属高校，2002年升格为本科院校；H省首批"地方本科高校转型发展试点单位"和首批"示范性应用技术类型本科院校"，并入选国家"十三五"产教融合发展工程应用型本科院校建设项目；设有23个教学院部，62个本科专业和17个专科专业，涵盖10个学科门类，是一所理工为主、多科协调、富有特色的综合性应用型本科院校。	特色鲜明的高水平应用型大学
案例6 学院	28	具有43年办学历史的市属本科高校，原为师范专科学校，2004年升格，是教育部应用技术大学改革战略研究试点院校、H省首批示范性应用技术类型本科院校，拥有首批国家级众创空间，"中国大学生创新创业产学研合作创新示范基地"和"国家级科技企业孵化器"；共有46个本科专业。	特色鲜明的应用技术大学

续表

组织特征	近年综合排名	组织特色的关键性描述	转型发展目标
案例7 学院	28	始建于1975年的省属本科高校，2016年升本；全国就业先进工作单位（全国仅4所高校获此殊荣）和全国毕业生就业50强高校；现有50个本专科专业，其中本科专业5个，形成了以工学为主，工学、管理学、经济学等多学科协调发展的学科专业体系；学校在工学结合中诞生，在校企合作中发展壮大，具有鲜明的办学特色；与国内外知名企业联建了150多个功能齐全的校内实验实训基地，拥有国家级、省级示范性实训基地11个，国家职业技能鉴定所1个，校内实习工厂3个，稳定的校外生产实习基地200多个；牵头组建了"机电装备科技协同创新创业中心"，成为全市首家科技协同创新创业中心；多年来学校毕业生专业对口率达90%以上、毕业生就业率稳定在98%以上，学校应届毕业生一次就业率连续16年位居全省高校前列；毕业5年以上的学生中，在企业的技术研发、质量检验、管理等重要岗位上工作的达91.4%；全校32个工科专业毕业5年以上的学生拥有专利3000多项，在装备制造、电子信息、电线电缆等行业的技术创新和成果转化方面起到了引领和示范作用；第三方评价机构调查数据显示，企业对学生的满意度达到93.6%；2013届毕业生的平均月薪比全国同类院校毕业生的平均月薪高27.4%；2013届毕业生自主创业的比例达到6.2%，比全国同类高校高2.9个百分点。	特色鲜明、优势突出、符合行业和区域经济社会发展需要、在全国有一定知名度的示范性应用技术型大学

(三) 案例高校的访谈分析与结论

以前述问题为主要内容，制定访谈提纲，在7所案例高校分别选择5—8位教师和管理人员，共计47位，进行半结构性访谈，结论如下。

1. 认知维度

在对危机的感知和对转型发展政策的认知方面，根据案例高校教师和管理人员对所设计的"为什么贵校要制定新的院校发展目标？新的院校发展目标是什么？如何制定新的院校发展目标，有哪些关键因素影响了目标的选择？"等问题的回答，通过他们关于转型发展的动机——危机的描述，发现地方本科院校所感受的危机主要是来自政府方面的不认可，在制定新的院校发展目标时更多的是考虑与政策导向保持一致；招生市场的压力和社会评价也在一定程度上使地方本科院校感到危机，但并非采取转型发展政策的决定因素。具体如下：

首先，来自政府的政策压力和转型指导意见对地方本科院校的危机感知和组织转型决策的影响最强烈。各级政府的决策是地方本科院校合法性的最主要来源，地方本科院校采取行动时必然要考虑与政策导向是否一致，在一致的情况下容易受到激励，而不一致的情况下则相应地可能受到某种惩罚。因此，从这7个案例看，来自政府的关于高校转型的指导意见在一定程度上表达了对其目前定位和发展状况的不认可态度，无论它们是否决定组织转型、是否制定新的组织发展目标、转向哪个方向即哪种类型的组织，来自政府的政策压力对地方本科院校的决策都有着关键性的影响。

从访谈的情况来看，案例1和案例2都明确表示受H省所提出的普通高校分类发展政策的影响，即重点建设2—3所高水平综合性大学，7—10所特色骨干大学和10所左右示范性应用技术类型本科院校。而从案例4到案例7这4所高校都提出要建设应用型高校，主要是基于国家高等教育发展政策和省教育管理部门对区域高等教育布局调整的考虑：4所案例高校都明确表示受教育部关于"新建本科院校转型发展"相关政策导向的重要影响；3所案例高校表示还受H省调整区域高等教育布局、压缩师范教育的影响。以下是7所案例高校的具体情况：

案例1虽然近年来在省内排名方面有所下滑，近年综合排名平均位次仅为第9名，但该校教师和行政管理人员普遍认为本校综合排名应为本省前3名，因此，案例1提出要借2015年成为H省第3所省政府与教育部共建高校的契机，"力争进入重点建设的2—3所高水平综合性大学行列"。相关人员谈到学校发展目标的具体表述时指出，教育部对共建高校的总目标要求即"有特色、高水平、区域示范性"，所以直接使用了这几个关键词，并将这样的表述公示于学校网站首页的学校简介中。正如该校文件所指出的，"成为教育部直接指导和政策倾斜扶持的高校"这一关键性事件，将"为我校未来发展提供崭新的平台和更广阔的空间"，和H省的普通高校分类发展政策一起，为它未来建成"高水平综合性大学"提供了合法性支持。

案例2是在2000年左右划转到地方的老牌本科高校，在从本科教育向研究生教育发展的过程中，较早提出了向教学研究型大学转变的目标，而经过学科评估时，根据专家意见将近期目标修改为高水平的教学型大学，在H省分类管理政策出台后又认为自己已进入"高水平特色骨干高校"行列，需要进一步从"学院"升格为"大学"，即建成"教学研究型大学"或"特色鲜明的高水平大学"（两个目标，前者在学校首页公示，后者在大学章程中注明）。

案例3的近年综合排名虽然与案例2同为14名，但是学科优势主要集中在农科，在硕士学位授予权的获得时间上较晚，授予点的数量也大大低于案例2，因此没有提出"高水平特色骨干高校"的定位，但是同样提出从"学院"升格为"大学"，即要建成"教学研究型大学"。案例3的校长认为这是由于国家在大学和学院的区分方面有着分等级不同待遇的政策导向。

案例4虽然在H省近年综合排名上较为落后，在34所本科高校中排名第33位，但它的组织转型并不是基于市场压力——招生和财政方面的困境而提出的。该校发规处L处长认为该校作为本市唯一一所省属本科师范院校，在本地具有一定声望，由于本地是人口大省中的人口大市，招生还是不成问题的。L处长指出："在十二五末的时候教育部逐渐提出新建本科院校转型发展的思路，我校是02年升本，属于新建本科，就抓住这个机遇，希望能实现弯道超车加快发展。我们被纳入全国100所示范高校后，获得了国家1个亿的投入，这对我们来说是一个难得的机遇。此外，由于本省高等教育布局中师范类院校数量相对较多，在城市基础教育教师缺口不大、待遇低的情况下，一部分毕业生就改行了，在省教育管理部门对区域高等教育布局调整中，全省师范院校都在压缩规模或者转型发展，我校也不例外。省级管理部门还提倡我们办大工大商，这个提法对我校的转型影响较大。"

市场因素也出现在对学校转型发展动机的描述中。案例5和案例6同案例4一样，都是从师范类院校向应用型高校转型。而不同的是，这两所院校都认为自己是自下而上的转型，也就是在升本改校名时将"师范"两字去掉后，在招生市场的压力下，通过不断的探索寻找到应用型高校的发展方向，2012年左右教育部提出向应用技术大学转型的政策导向时发现与政策导向相契合，从而在相关政策支持下获得了快速发展的机遇。正如案例5的C校长所说的：

> "我们发现自己的探索和实践、思路和想法契合了教育部的要求，我们就感到理直气壮了，这是我们改革的底气所在。"案例6中的J校长还特别回顾了刚升本后的各种困境，"由于是市属高校，市财政投入有限，学校的基本建设上不去，办学环境较差，而办学理念和教育管理都比较落后，整体办学水平还停留在专科水平上，招生的第一志愿报考率仅9%，很多专业需要降分录取"，正是在这些困境下，"我们在2010年新的领导班子成立后，在学习过程中提出了'转型提升'的理念，即要真正向应用型本科高校转型发展。"

简而言之，就是去掉"师范"令这些高校在师范类招生方面受到一定限制，使得学校感受到了危机，从而不得不寻求新的发展目标。关于这个问题，访谈中有人在对比后指出，虽然案例4校名没去"师范"而案例5去掉了那两个字，使得一些优惠政策没有给予案例5，令该校发展遇到了暂时的困难，但也正是在困难的压力下该校较早地探索了自己的道路,在校地合作、专业建设等方面做的比案例 4 更成功,所以相比较而言是一个"先难还是后难"的问题。较早感知危机的高校也就能够更早一步寻求新的合法性资源,从长远来看也就更容易获得组织转型的成功。

然而在上述案例的访谈中也发现,市场因素只是一种表面的掩饰。案例 6 中一位曾深度参与学校转型决策过程的 L 老师提出,真正的转型决策并非官方所描述的那种自下而上的探索模式,对政府决策的迎合对学校的决策具有更重要的影响。他提到了一种偶然因素:

> 转型发展的提法应该是在外省高校改革中先出现的,我原来在那个学校工作,参与了整个改革,2010 年来本校工作后,12 年底在为学校参加教育部本科教学合格评估做准备的过程中,上级文件有"转型发展"的一个题目,领导问"谁知道转型发展?"我说我知道,我的一个社科基金项目就是这方面的研究,这样我就负责了这部分报告的撰写。恰逢 2013 年教育部开始了"中国地方高校的应用科技大学战略改革",我们的改革就与教育部的改革一致了。

由上可知,这个偶然因素实际上是迎合政策导向过程中的一个必然。如果没有巨大的政策红利,这些高校一定不会这么快地走上转型发展的道路。案例 5 中的 C 校长提出:"虽然申报时候领导干部中间也有不同的认识,但当时决定先把这个项目的资金和优惠政策拿过来再说。省里提出,2014 年拿出 1 个亿的专项资金、2015 年 4 个亿的资金来重点支持转型发展试点高校,还将在招生、学科专业、质量工程项目、科技创新、研发平台和职称晋升等方面给予政策倾斜。市里也和我们签订协议,每年 1500 万,连续十年,前三年另外再给 5000 万,来支持我们创建应用技术大学。上述这些是很吸引人的。"由此可见,在地方本科院校通过转型决策来寻求和重建新的合法性的行动中,政府的政策导向是决策的关键依据。

案例7则从另一个角度为我们验证了上述结论。同是新建本科院校，案例7自身就具有较强的应用特色。据在该校工作时间较长的材料系Z主任介绍说：

> 我们就是在一个做电机的企业的基础上办的学校，长期保持"厂中校、校中厂"特色，校企深度融合我们一直做得比较好，学生不愁分配，比较受欢迎。""别的学校原来是师范类院校，他们升本需要从师范转应用，而我们不用转型就是应用型，只是层次不一样。升本后从对学生的要求来看层次要求、能力结构不一样了，在理论上提升一个层次。所以我们还处于实施本科教育的起步阶段，这一阶段是学校转型发展建设合格应用型本科院校的关键阶段，也是学校建设"在全国有一定知名度的示范性应用技术型本科院校"的打基础时期。

而在解释为什么要从高职高专向本科院校升格转型的问题时，Z主任和教学骨干C老师都提到了扩招政策和专科录取等政策变革的影响：

> 随着扩招和普及化高等教育，二本三本的学历已经比较普遍，许多技工学校都成专科了，对于我们这些老高专来说，发展的出路如果不上层次，就面临着和技校升上来的院校进行竞争，我们不进则退，这既是学校拓展生存空间的要求，也是师生共同的要求。
>
> 不升本的话学校发展非常受限。原来专科招生分一批二批，我们是专科一批的，到我们学校的学生都是学习较好的，近几年省里取消了专科一批和二批的区别，我们的生源反而变得非常差，100—200分的都有相当比例，这类学生原来在高中属于学渣类型，如果按照原来的教学大纲、教学方案进行，他们的接受能力有限，培养质量较差，考试时大面积不及格，教学非常被动，好

多教学内容、教学计划不得不变,这样下来还是毕业生质量下降,就业能力、服务能力、适应社会的能力各方面都不行。生源质量的压力使得我们必然走向升格。

总之,从访谈中可以看出,地方本科院校深切地感受到政府决策的重要影响,从而必然也必须将政府来源的合法性支持放在首位,正如案例2里的发规处G处长所指出的:

> 一个阶段说一个阶段的事儿,而无论哪个阶段,学校都没有自主权,指挥棒在政府手里,而且很管用。也许指挥棒指挥的方向有变,但拿着指挥棒的人不会变。无论是以前的扩招,还是现在各种的竞争性项目,经费就是政府的指挥棒,用来督促、控制、激励高校,说实话即便大家不竞争,也有那么多经费,主要是想体现一点市场竞争意识吧。

其次,来自招生就业市场的压力和排名等社会评价趋向,是地方本科院校组织合法性的重要来源,引起地方本科院校越来越多的重视,但不是地方本科院校实施转型发展政策的决定性因素。

案例2和案例7作为与行业企业联系较为紧密的地方本科院校,它们都明确提出了行业企业技术升级所带来的人才需求及同类院校相应的竞争给高校相关发展决策带来的重要影响。案例2中的纺织学院Z院长认为,纺织行业的转型升级与技术革新对学校发展目标和人才培养模式都有很大影响:

> 虽然纺织行业作为著名的民生行业,对中国具有重要意义,例如GDP的10%是纺织行业创造的,解决了一亿人的饭碗问题,是具有国际竞争优势的行业,是外汇储备的主要来源,但是长期以来,纺织行业也被污名化,一提起纺织,就好像是脏累差,是劳动密集型产业。95年前后中央认为纺织行业产能过剩,简单来

说就是锭子数太多了，要限产压锭，纺织企业工人要失业，毕业生不好分配工作，当时所有纺织类高校一度面临发展困境。纺织部下属8所院校除了北服以外，其他的都把"纺织"从校名中去掉了。但是过了那个时期，纺织行业形势大变，产能不但没能限制，反而更加增长了，主要是因为外向型经济下我们现在是解决全世界的穿衣服问题，同时新技术的采用带来了产能的增长。现在的纺织行业在高新技术的支撑下向着智能化、功能化和自动化发展。纺织企业兴建无人车间，在流水线上忙碌的是机器人，效率大大提高。同时，可广泛应用于汽车工业、建筑、医疗、文体休闲、环境保护、新能源、航空航天、国防军工等领域的技术纺织产业已经发展起来，人们的衣食住行都离不开纺织，哪怕是高铁和飞机的外壳，都需要纺织新技术新材料，可以说，只要有最新技术，纺织行业都不会缺席。随着老牌纺织工业基地的变迁，广东、江苏、山东、浙江等地成为纺织产业集聚区，而本地原容纳3万产业工人的纺织企业逐渐外移，这就使得我们学院的学生70%以上在沿海一线就业，或者说90%左右在沿海、沿江以及京广铁路沿线就业。因此，我们的学校目前要建设高水平的教学型大学，将来要建设教学研究型大学是非常合理的。如果说教学研究型大学等概念是虚的，但是为了建设教学研究型大学，学校要完成的两个具体目标是非常实的：一个是要改名为大学，目前原纺织部下属的8所院校里有6所院校已经改名为大学了，包括原来不如我们的，已经发展到我们前头，这对我们有一定压力；另一个是争取博士点，博士点实际上是一种平台，一方面纺织行业的不断升级，尖端技术的不断引进，说明这个行业需要更多的知识含量，我们如果有了博士点，某种程度上就说明我们能适应行业的发展需求了；另一方面，现在讲究品质品种品牌，在这样的品牌效应下，家长就通过你的学校类型、你有没有博士点来认可你的质量，所以说申报博士点不光是领导政绩的问题，而确确实实是学校提高内涵打造品牌的重要途径，是有利于师生的大好事，有了这样的平台，学校就能形成良性循环，否则就是恶性循环。

案例7中的材料系Z主任也提出：

> 学校升格的一个主要原因是我们的毕业生面向制造行业，随着产业升级发展，制造业对人才层次的需求也是在不断提高，这对于我们的毕业生质量提出更高的要求。"基于开放和灵活的市场原则，案例6的L老师这样解释其关于"地方性、国际化、开放式、应用型"的办学定位："地方性是指我们根在地方，但不局限于地方，我们是立足本地，辐射周边，面向全国，开放式的，谁愿意和我合作就和谁合作，一带一路跟国家跑。作为一所本科院校，就应跨地区、跨行业、跨校际合作，要主动显示你的能力，能做出哪些贡献，不能等企业找你。

同时，社会评价也对地方本科院校的转型决策发挥重要影响，突出表现在地方本科院校努力与职业教育机构划清界限上，从而出现与政策导向的主要意图相悖的情况。案例4的L处长指出：

> 从广大学生的角度来说，还是不愿上职业技术学院，因为那些学院缺乏积淀和学科基础，各方面办学条件实力差得多，长期在社会形成的概念和印象就是质量低。我们虽然要学习德国等国家先进的职业教育发展经验，但是应该结合我们国家具体情况来，不能盲目模仿。案例6的L老师对当时教育部的一些提法有不同看法，比如说"600所新建本科院校都要转型"，他认为，"实事求是地讲，中国能用10年建设100所应用技术大学就是非常了不起的事了，在全世界应用技术大学的数量就是最多的了。况且，让新建本科院校发展成为'应用科技大学'，大家都欢迎，如果都发展成为'职业教育性质'的应用技术大学，心理上都难以接受"。"所谓转型发展的核心就是老师带学生到行业企业里看人家

需要什么技术研发跟他们合作，进行应用性科学研究，这是和职业技术学院所不同的；实践教学的核心是应用科学技术研发，不是流水线上的技能培养，这样企业才有兴趣参加校企合作，而学生需要参与技术课题，完成毕业论文，这才是应用型人才培养，这一点也和职业技术学院不同。只要是大学，就必须注重学科，没有优势学科，怎样培育专业硕士学位建设点？没有专业硕士建设点，怎可能建成应用技术大学？学校又怎么能够发展壮大？说到底，当今的地方高校转型发展及其应用技术大学战略改革是一场"高等教育改革"，而不是"职业教育改革"。

当市场压力和社会评价引导的方向与主要政策导向相悖之时，地方本科院校往往借助于对其他政策导向的解释与应用，来寻求新的合法性支持，例如，L处长认为：

> 从根本来说，高校还是一个培养人的机构，陈宝生部长要求高等教育要做到回归常识、回归本分、回归初心、回归梦想等四个"回归"，那么无论什么类型的高校，必须尊重学术规律和人才培养规律，回归高等教育常识，回归培养人的本分来，回归根本，不能走偏。

他借"四个回归"论来支持学校转型的"非职业教育"说，要求回归教学，关注学生的真正需求和社会评价。

总之，从这7个案例看，其组织转型和组织发展目标与市场压力和社会评价之间有一定的联系，但是并没有必然联系。如前所述，案例1的排名下滑、案例4的排名落后都没有直接影响其组织转型决策。而当市场压力和社会评价的压力大到一定程度后，为地方本科院校提供了较强的合法性支持，地方本科院校有可能出现更多的自主决策行为。

2. 情感维度

这一部分目的是了解案例高校内部教师和行政管理人员等不同群体有关院校转型发展政策的目标和策略的肯定或否定态度及分歧。由于地方本科院校的转型是一个长期过程，难以在短期内直接判断转型效果，因此在这里将集中于与组织转型有关的意见分歧。案例高校虽然制定了转型发展目标及相关政策，然而改革带来的利益调整必然导致组织成员在情感维度表示肯定或否定的分歧，并在一定范围内发生不同程度的矛盾与冲突。

根据教师和管理人员对"围绕着转型目标和策略有哪些评价和意见分歧？"等问题的回答，我们发现，院校"自我信念"的欠缺是发生这种矛盾与冲突的根本原因。正如案例5中的发规处G处长曾指出的：

> 改革就是利益的一种再分配，要改掉过去，完成新的建设，就意味着利益的调整。我们这类学校太多争论，缺少坚定的方向和持之以恒的正确的方法，尤其是出现利益冲突的时候，比如年终考核的时候，显性利益和隐性利益在打架，内耗严重。

因此，仅将冲突理解为利益方面的冲突还是不够，在新的现实条件下随着社会文化潮流的变迁，在高校组织内部也出现了新的文化符号，从而引发或加剧高校组织内部不同群体之间亚文化的冲突，如行政管理人员亚群体文化与教师群体亚文化之间，师生亚文化之间，等等。在冲突的同时，也在文化建设中不断达成新的共识。

关于办学定位和发展目标的分歧主要集中在地方本科院校的职业教育性质方面。如案例5中就存在着关于学校定位和发展目标究竟是否"职业技术学院"的认知差异。校办G主任认为：

> 在我们被列入应用科技大学试点时，学校究竟是否要向职业教育转，在这个问题上大家的认识比较模糊。由于当今社会对职

业教育有偏见，认为职业技术学院从功能上只是培养技能型人才，作为我们本科高校一般尽量避免这么提。在这个问题上，校领导提出，我们要有定力，不刮风，不冒进，一是不跟风不刮风，不能一哄而上，不能盲目地转；二是要有定力，学校已经形成的优势和特色，不能一说转型就丢掉了。要坚持以内涵提升，创新引领为核心，还是要重视学科建设、科研创新能力的提升。另一方面，我们也不能永远跟着那些老牌学校后面，和那些学校相比，我们学校的学生因招收进来时分数就比较低，学习能力明显较差，学风不太好。学生招收进来有时还要补基础性的知识，有的连请假条都写不好，缺乏最基本的语文交流能力。这样的学生必然不适应那种传统的培养模式，课程内容对他们没有吸引力。所以为什么要提产教融合，主要是为了通过这种形式来激发他们的学习兴趣。国家对于地方高校的转型发展只是给了大方向，并没有规定具体，所以就给了各高校一定的发挥空间，相应地，学校也给了老师一定的自由空间。学校和老师可以进行自己的探索。学科专业的调整不是短期内能完成的，跟企业的合作原来也有，范围可能小，效果可能有限，现在提内涵提升，不是说过去做错了，而是过去提得不够响，现在要加强，要更突出。所以说要"有定力"，不是对过去的否定，是在过去基础上的提升。

发规处 G 处长则持相反意见，他一方面认为，"我们作为高校政策要灵活，要多元化发展才能适应性更强"，另一方面又认为，"地方高校不需要搞自娱自乐式的基础研究，你这个学校在各方面的定位限制其实是非常清楚的，只是你自己不清楚。周围环境决定了你就是这个角色，如果找不着定位最终就会唱不好戏。'应用技术大学'的定位非常明确，就是应用型的本科层次的职业教育。你的科研就是要直接为生产一线服务，要围绕区域经济的发展多做一些应用型科研；你的人才培养就是职业型的，虽然并不否定学生的考研方向，但那不是多数，不能是主要精力。我们国家现在的市场机制还不完善，但将来一定是在市场机制下参与竞争,更重视给所有学生带来利益,学生在这里究竟有什么收获,你要使学生感受到社会的承认,这种承认其实就是对你高校的认可。社会对我们的认可度,是最核心的。"

3. 行为维度

这一部分是通过教师、管理人员对"根据转型发展目标和具体的要求,在教学科研等行为进行了哪些调整?学校在这些方面有什么要求和政策?遇到了哪些困难?对今后一段时期的发展有什么设想?"等问题的回答,了解案例高校内部教师和行政管理人员在行为维度上对转型发展的规定行为模式的模仿和同化。在这里,案例5中的G处长提出了一种新的观点,即"地方高校学习适应论"。他认为当今中国正处于大变革时代,总是说高校要引导社会发展,其实做不到,提的太高了,所能做的所要做的都是向社会学习。

> 过去说高等教育是上层建筑,但是扩招后就无所谓上层建筑了,你就是社会的一个小分子,不是主流,主流就是生产部门,你一定要看清地方高校的位置,只要走到社会上就要向社会学习,你很先进不见得你能市场化,要变成产品,见到效益。所以我认为地方高校做不到引导社会发展,只能助推社会发展。你不是政府决策层,也不是主流生产部门,要搞清楚自己的定位,要从社会发展中找方向找问题,拿回来埋头做,做好后还要拿到社会上去。

科研如此,人才培养也是如此,都要在社会中,在行业企业发展的"新常态"下,积极学习和适应,不能僵化地固守原有的教育教学模式和办学模式。那么,地方本科院校在行为上究竟是如何进行同化的?其行为模式的特点是什么?从访谈结果中可以得出以下结论:

首先,地方本科院校倾向于在政策导向的空白地带发挥自主性,尤其是在市场压力和社会评价所提供的组织合法性支持下,这种自主性更加明显。

虽然政府决策对地方本科院校的转型发展具有关键性影响，但是在访谈中有很多教师和行政管理人员也开始认识到地方本科院校应具有自主性，正如案例6的L老师所指出的：

> 各个高校的发展道路是根据地方产业发展需要、自身历史积淀、优势学科和特色专业、师资条件等因素综合起来探索和构建的，不能搞"一刀切"。

案例2里的发规处G处长认为："其实想办成什么样的高校，还是要靠学校自身的积累积淀，不是给钱的事，如果想办成清华，有钱也不行。"案例5中，发规处G处长谈到：

> 我有个专业建设的规范和新专业申报的评审办法。虽然也有一定导向性，但最核心的并不是说我要建什么专业，而是根据市场需要来决定建什么专业。在08年到12年五年期间我所有的专业都是这样上的，首先这个专业要有市场需求，然后才是看办学条件，要以出定进，这个出就是学生的出路；条件在其次，因为我每年都在投入，关键是看投入进去学生有没有出路。最终顺理成章地，工科专业就上来了，因为这个变化契合中国的工业化、现代化对人才的巨大需求量。并不是我人为地强调必须建多少什么专业的，所以总体上看，我们这个转型一定要有三个符合：符合社会发展的需要，符合经济的需求，符合学生及其家长的需要，仅一条不起作用，必须三条同时符合，不然的话学校就办不下去。解决了方向问题，接下来就是方法问题。方法要对头，不能强行把人家什么专业砍掉。人才转型不是一年两年的事，你得让他感到他这个专业不改不行，招生量萎缩，办不下去，这个压力不是来自我们，而是要来自于市场，由市场来定游戏规则，你如果在这个游戏规则里不行，自己想办法。转型效果差异很大，有的转

的很好，例如物理系，而也有改的不如别人成功的，如数学系；文科方面也要改成应用型，因为所有学生都要就业，都要按照社会需求来。我是以报考率与录取率来判定社会需求，规定新专业申报时要列3年的报考率与录取率。

在这种情况下，地方本科院校便倾向于在政策导向的空白地带发挥自主性，如何寻找空白地带呢？对各级政府每次出台的重要政策文件进行自己的解读就成为重要的工作。在访谈中发现，基于解读政策文件的重要性，几乎每一个地方本科院校都有若干专职的政策解读者，如案例5的G处长、案例6的L老师，他们往往位于地方本科院校的发展规划处、校办公室、教育科学研究机构等部门，不一定具有博士等高学历，但都具有丰富的高等教育实践经验，常年从事学校重要文件文本的起草撰写工作，熟悉本校情况和上级部门偏好，是校领导的笔杆子和重要协助者，也往往是地方本科院校在政策导向的空白地带发挥自主性的重要推动者。他们往往比校领导更健谈，也能给予访谈者更多中肯的建议。例如，案例5的G处长提出：

> 教育部出台的是转型的指导意见，不是对你整个办学的指导意见。如果是拿那个转型意见指导我们所有的办学工作，那就出问题了，要有自己的解读和判断。有的领导读不懂文件，对政策意图的判定往往出问题，把办学所涉及的所有东西都套到转型去，这样做太机械，不能全搬、硬搬。要认真学习文件，读懂它，然后分析自己在这个文件指导下哪些可以做、哪些不可以做；哪些在其他地方能做，而我们做不了，在哪个层面、范围去执行这个文件，对此要有个自己的判定。

这种对政策文件进行自我解读和判断的行为在7所案例高校中都有不同程度的体现。例如案例1，L处长纠正了访谈者对于该校发展目标的认识偏差，指出其所公示的"有特色、高水平、区域示范性"等关键词是教育部对共建高校的总目标要求，结合本校具体情况，该校已将发展目标进一步明确为"国内知名、区域领先、特色鲜明"的高水平大学。学科建设方面的负责人 X 处长进一步解释：

> 原来目标定位中的"区域示范性"不够确切，因此在教代会上重新有了"区域领先"的提法，经大家讨论后都认为更为恰当，有利于体现出学校定位的先进性和主动自觉性，尤其是"领"字有了引领之义，这就不仅仅是要在区域内被树为标杆，而是更要显示出一种勇往向前、主动作为的精神。

他认为，省部共建和"双一流"建设将为学校提供今后发展的战略机遇，学校应主动抓住这一机遇，聚焦和服务国家战略和经济社会发展，有助于进一步提升学校的声誉，获得更广泛的社会认可和更多的资源。

对政策文件的自我解读和判断，其目的还是在于寻求地方本科院校行为的合法性支持。例如在案例 4 中，当谈到学校从单纯的师范院校转型为应用型本科高校，以及将来改名要将"师范"两字去掉，改为"工商"，曾长期参与相关工作、起草学校相关文件的 N 老师和科技处 L 处长指出：

> 我们现在要建工商学院，不是去"师范"，而是要做精师范。虽然教育部没有明确教师教育也具有应用型人才培养的性质，但是在我们的理解中，师范教育的应用性不次于工科。教师培养本身就是注重动手操作能力和职业实践技能，属于"原生态"的应用型教育。考虑到各种因素，我们在"十三五"期间将把师范教育作为学校一个特色，要把它打造为我们的一个品牌，因为我们在这里有非常明显的优势，这个优势不能丢。但在学科专业上要根据经济社会需求来调整，要体现出工商的特色。在我们原来的专业结构中，真正与工业、商业结合较为紧密的专业较少。根据

我们的发展目标，就要相应地压缩师范教育的规模，发展工科和经济管理方面的学科专业，在工科和经管类专业方面集中度高一些，也就是学生数量占比多一些。有个别人提出师范教育在招生方面要保留到30%，后来我们调研认为30%不符合转型发展的需要，比例应该再高一些。

高水平应用型本科院校是本校的长期目标，实现它需要一个过程。这个发展目标是教育部给的，不能变。我们的理解是，"高水平"是在相同类型高校中相比较而言，我们不能和那些历史久、积淀厚的高校比，只能在新建本科院校或者应用型高校中比较。我们学校不是职业技术学院，所谓高起点、高水平，应是科技创新成果转化和技术服务方面的成就相对较高，或者在于是否获得国家级大奖的承认，像设计学院就是我们的优势所在，具有高水平应用型特征。"应用型"特征要落实到我们的人才培养方案上，还要和老牌研究型高校和职业院校区别开来。我们认为所谓应用型就是指实践教学比例的设定有所不同，因此各个学院制定自己的转型方案时要遵守学校的规定，就是实践教学比例绝对不能超过40%，否则就是职业院校了。应用型本科的实践教学比例应该在30%到35%，文科专业中实践教学比例为30%，而理科专业中实践教学比例应为35%。

然而，不是所有的情况下都可以通过对政策文件进行自我解读和判定来避免与政策导向的冲突的。在这种情况下，能够有勇气对政策导向进行拒绝的地方本科院校不多，但是在我的调查中的确存在，例如案例3。该校W校长谈到关于学校的定位与发展目标时深有感触地说：

能和国家导向一致，当然高兴；但如果和国家导向不是那么一致，只要对本校发展有利，作为一个校长还是要选择自己的路。由于本校曾经是职教师资培养的重点院校，本省在选择向应用技术大学转型发展的试点时,就首先考虑了我们学校,有关部门已经把这部分经费拨给我了,我说我不要,我不是说不转,而是说你们要研究清楚,到底怎么转,不要搞一刀切搞运动,所有学校都要转。回顾历史,应用技术大学这类的提法并不是新事物,50年代的时候很多高校都是应用型的,培养的也都是应用型人才。现在如果再说转型,而我本身就是应用型的,还能如何转?有人说这个转型发展其实是针对新建本科院校中一些与社会需求不切合的做法,而老牌的本科院校不用转,我认为这个说法也是不准确的,其实即使是清华大学那类的院校有的专业也应该转。我们作为一个80年代就升本的地方院校,已经有了明确的稳定的发展规划,不愿打乱自己的步骤。我们所要做的是让一部分应用性不明确的、定位不准的、亮点不突出的、实践教学和校企合作不够的专业转型。大起大落,起哄一样的,实际上不是搞教育的做法。应用型本科决不能搞成专科那样的培养模式,抢专科的饭碗。什么是专科本科?有文章说的很清楚,艺、术、道,即中专、专科与本科的关系。中专培养的是职业技能,要解决怎么做的问题;专科除了要研究怎么做,还要了解为什么这么做,到了本科就要研究道,也就是除了前面那些问题外,还要研究过去、现在和未来。职业教育和普通高等教育本质都是育人,无论培养的是应用型人才还是研究型人才,都应该是平等的,不应有地位和等级上的差别。你把他们搞的地位不一样,是不对的。国家和政府管理部门应该有反思,当你限定不让大家改大学什么的,另一方面你在经费等政策层面又有导向作用,不是矛盾吗?学校为了资源当然要争。说是有自主权,但是能有多少自主权呢?

在研究案例3的勇气来源时,发现强烈的内部认知和新的合法性支持是其行为的基础。回顾该校发展历史,曾经历过两次更名,给学校的发展带来巨大影响,并形成了一些内部共识。用该校W校长的话就是:

每一次更名都要问：我是谁，我从哪儿来，要到哪儿去？是一个翻家底、理思路、找方向的过程。所以虽然说从学校自身而言是不愿轻易更名的，更名本身是一种折腾，但是如果确实能为学校发展带来机遇，为什么不干？

人文学院Z院长同意这种看法：

同样的校园同样的办学条件，但名字改前改后变化巨大，说明正名的过程实际上是身份和自身价值合法化的过程，是一个不断被自我和社会公众确认和认同的过程。

对于本校在1987年的第一次更名，从教多年的S老师认为：

那是一个升格更名迁建转型的综合过程，学校最早是建立在农村地区的专科院校，在80年代发展到了准备升格为本科的阶段，但是当时恰逢职业教育大发展的机遇，教育部要在全国建设8所职业教育师资培养的本科院校，H省就选中了我们学校，要升格就必须叫那个名字。虽然相当一部分教职员工是不认同的，但是总体来说对学校发展具有重要意义。因为八九十年代地方高校的经费都相对短缺，自从升格更名后，学校才能作为H省八五重点项目，得到相应的经费和政策上的支持，顺利从农村搬迁至市区。改名后学校整体也提升了，学科和专业建设成效显著，形成了以农、工学科为主体，多学科协调发展的专业格局。学校定位有质的改变，从培养干部转变为培养职业学校教师，然而学校定位上到底是职业教育还是高等教育性质还是模糊。在学校规模小的时候，校名带有"职业教育"的负面影响还不显著，但是在99年扩招后负面影响就开始明显。当时大量专科性质的职业技术学院出现，容易给报考学生和企业带来混淆，误认为我校是专科学校或民办学校而不愿报考或招聘，影响招生到什么地步呢？有一年学校降 20 分都没人报第一志愿。在对外进行宣传或学术交流时，学校性质难以解释清楚，而且这个问题不只是一个老师遇到过。在外部压力下，学校内部不仅是领导层，广大教师也都产生了第二次更名的强烈需求，实际上 95 年就向上级打报告要更名，但受教育部、教育厅等部门重重管理，到 04 年才更名成功，同类型高校在这一时期也都陆续更名了。更名时教育部原本想给学校定一个名字，但学校坚决要去掉其中的"师范"两字，因为 04 年时学校大量专业已经不是师范专业了，也就是说学生不以将来进入职业学校做教师为主要出路了。当时中职学校的师资需求有限，本科生分配进入高职院校也很难，且农科职业院校本来就少，如果仍然用师范的名称，怕窄化或限制学校的发展。经过全校讨论、征求校名和集体决策之后，又经过艰难的上级管理部门的运作，终于将师范二字去掉了。整体来看，更名的效果是良好的，更名后录取分数和第一志愿上线率不断提升，学校在高校排名中的位次不断提高，全国排名中递进了 32 个位次，本省排名递进了 7 个位次。

为获得上级部门的支持，W 校长强调，更名后学校的办学特色不变，即以农业职业教育为主要特色之一，培养中职师资的任务和目标不变，如果有市场需要相应的师资，学校就增加师范教育模块。之所以这样强调是因为，W 校长认为一个学校离不开自己的发展历史，完全从头开始需要很长时间，要在巩固原有特色的基础上，创造新亮点，扩展新内涵和新优势。W 校长提出该校今后的发展方向是要升格为大学，目前该校离升大学的要求还有一定距离，在研究生培养数量等指标上还需要进一步努力。这样决策的理由是长期以来存在的关于高等教育机构的人为等级划分和不同待遇，对此，S 老师提出一个"赶火车"理论：

2003年第一次申报硕士点时，案例2和我校是同时竞争的，但是案例2拿到了，从此就开始拉开两校差距。虽然我校在2004年更名后也拿到了硕士点，但是上级又出台了只有一级学科可以申请硕士点的要求，这样案例2可以拿到60个点，两校差距彻底拉大，在争取升格为大学方面他们具有绝对优势。由此看来，这就是管理体制造成的竞争，有时候也可以说是一种跟风竞争，更名、转型、申报硕士点博士点等，这些就像赶火车的机遇，赶上了就发展快点，一步赶不上就步步赶不上。

总之，从对案例高校的调查来看，政府在政策方面的主导思维，甚至在专业设置等方面的严格控制手段仍是计划思维的，对市场化进程而言是一种阻碍。而实际上放松一些政策管制，让地方高校根据实际情况来决定，在实际的改革和探索中形成"自我信念"，才能真正形成地方本科院校的办学特色与优势，满足地方经济社会的发展需求和个人的发展需求。

另一方面我们也要看到，目前完善的高等教育市场并不存在，也就是说还没有形成真正的人才市场信号，在缺少新的市场规则的情况下，社会仍然依赖原来的识别信号体系和计划体制来满足人才需求，实现对高校的评价。而形成完善市场格局很难，需要时间。在这样一个过渡时期，政府、行业企业、高校、学生及其家庭等各方面的利益诉求都是不同的，中央政府考虑的是总体的高等教育布局和经济社会发展需求，地方政府考虑的是区域的高等教育布局和经济社会发展需求，而地方本科院校发展考虑的是社会认可度和师生需求。在与政府要求和市场需求同时接轨时，相当一批地方本科院校是矛盾的。组织合法性危机就是当政府主导与市场需求、院校自主抉择之间的冲突扩大到一定程度，地方本科院校传统的运行机制与治理模式所面临的一种解构危机。组织合法性危机，即某种形式的政府与高校、市场之间的矛盾冲突，是必然存在的，而要引导一致，政府和学校都要进行变革和调整。地方本科院校对这种组织合法性危机的感知和应对构成了组织转型和发展的目标，以及围绕目标进行的种种策略。

其次，对于已制定的转型发展目标，地方本科院校一般采用修辞、制度化、文化建设等合法化策略。

借鉴组织社会学中关于合法化策略的研究，地方本科院校在转型发展过程中可以采取修辞、制度化和文化建设等三种策略。这三种策略并不相互排斥。修辞战略通常是指完全以言辞来说服对方，这种行动的目的在于令对方认可我方所传达观点的正确性或正当性，而不依赖于该观点是否真的有效。[①] 在高等院校合法化过程中，主要在两种情况下采用修辞战略：第一种是为获得组织成员对某项改革政策或新的规制措施的支持，采用修辞策略，通过讲述某种形式的组织成长故事，营造一种更有利于该项政策措施的情境；第二种是为了获得社会中的利益相关者对高等院校某项改革或新的组织形象的支持，采用修辞战略，通过某种形式的组织成长故事，营造一种符合社会期望，容易获取广泛支持的情境。

制度化策略是指在高校组织内部，依据外部社会的相应规制进行相应变革，使内部政策、规章及特定标准符合外部的正式规范即正规化，或者获取政府或专业机构的某种授权，从而实现高校组织的合法化。高校内部规章制度通常包括了对组织结构、领导体制、治理模式乃至资源分配方式等内容的规定，因此，其在组织结构、领导体制、治理模式、资源分配方式乃至人才培养模式等方面进行的变革也属于制度化策略。

文化建设策略就是指高等院校通过将原有认知结构和新环境的认知要素或信息相融合，来获得公众的认可。高校超越了修辞层面和制度层面，在组织文化、价值追求、目标愿景、使命认知等方面与转型发展目标的同化就属于文化建设策略。

根据访谈结果和学校相关文件、新闻报道，总结 7 所案例高校在

---

① T J. Watson, "Rhetoric, Discourse and Argument in Organizational Sense Making: A Reflective Tale", *Organizational Studies*, 1995, 16 (5), pp. 805 – 821.

合法化策略方面的共同特征和差异，主要表现在以下方面：

在修辞策略方面，7所案例高校都非常重视利用传统主流媒体，以及研讨会、论坛等各种会议形式，通过邀请主流媒体和各级领导专家，将高校在组织转型和发展目标及相关策略实施的积极效果，编制成组织成长故事，进行对内和对外的宣传，扩大社会影响。

在制度化策略方面，7所案例高校围绕着不同的组织转型和发展目标进行学科专业结构的调整与建设，改革传统的人才培养模式和课程体系，重视博士等高层次人才引进。但是，由于组织目标的不同，制度建设的方向也有相应的差异，例如以高水平大学和教学科研型大学建设为目标的地方本科院校普遍重视高水平科研成果的激励，而以应用型高校建设为目标的地方本科院校普遍重视校企合作、校地合作等方面科研成果及其转化的激励；以高水平大学和教学科研型大学建设为目标的地方本科院校侧重于拔尖创新人才的引进，而以应用型高校建设为目标的地方本科院校更重视双师双能教师队伍建设，侧重于通过各种双师双能证书来认定相应资格，而非引进，也就是说在引进非博士类的应用型人才方面仍有制度障碍。我们应注意到，地方本科院校虽然在学科专业设置和人才培养模式方面进行了一系列变革，也有一些为促进校企合作或实现人才培养新理念而进行的组织创新措施，例如设置校地合作办公室、大学生创业园等，但是在其内部管理体制上却并未进行显著的改革，行政化色彩仍然浓厚。如果改革只停留在院系等二级单位人才培养工作的具体环节上，或者只停留在增设机构等增量措施上，不从根本上改变组织的行政化管理方式和固有的利益分配格局，激励就只能来自上而不能来自下，来自外而不能来自内，激励的效果只能局限于短期，人才培养等方面的创新举措就缺乏可持续性。而忽视实践教学和校企合作的长效机制，在教学或科研中重量不重质，片面强调人才引进而不真正重视人才使用，等等，这些基于利益追求而产生的短期功利主义行为也得不到纠正，最终必然导致重建合法性的行动效果不能达到预期。

在文化建设策略方面，7所案例高校虽然都采取了召开内部研讨会，进行教育思想大讨论等形式来加强内部关于组织目标的认知，但与前两项策略相比力度较弱，形式较空，行政人员参与多，而普通师生参与程度较低。这样的策略偏好不利于地方本科院校"自我意识"的形成，决定了组织转型的空心化或者合法性的形式化，即规制合法性的建设并没有与规范合法性和认知合法性的建设完全匹配，最终将导致与学术机构性质和院校发展目标相对应的学术规范和学术文化，以及其他的新规范与认知观念方面的建设流于形式，实施效果较差。

再次，制度化和文化建设过程中，地方本科院校往往在一些根本性关系上遇到同化障碍，并容易导致"形式上的转型"。

地方本科院校常在教学、科研和社会服务之间的关系等基本问题上的认识不统一。在对教学与科研的认知上，由于地方本科院校缺乏学术规范和学术文化的底蕴，对教学与科研的关系处理存在很多模糊认识和意见分歧，经常在量化指标体系中人为造成科研与教学的对立。以高水平大学建设为目标的案例1中，M老师认为：

> 由于学校定位于高水平大学，在重视科研的同时，相应地教学被弱化了，尤其是学校对教师开新课，进行教学方法创新没有有效激励。因为在量化指标体系下，教学质量和教学创新难以量化考核，不好凸显成绩，即使是教学成果奖，也还是归结为科研成果，对教学实际的导向作用不大。因此，学生常常感觉被忽视而有不满，学生评教形式化。虽然教师对待教学这一本职工作还是有敬业精神的，但在其他任务压力太大的情况下，很难有精力去搞教学创新，因此必然在教学方面趋向守成。即使是将来职称评审按专职教学和专职科研分类进行，但学校整体定位是高水平大学，仍将偏重于科研创新，教学被弱化仍不可避免。

而以教学研究型大学为目标的案例2中，科技处Z处长给出了很实际的意见：

省管二本院校都面临着高层次科研项目上不去，立项少这个问题。其主要原因不在于高层次人才的引进，近几年博士已经大量引进了，主要还在于人才引进后与学校目标的契合度上，关键就看博士引进后5—10年内能否完成相应的高层次论文、项目和横向合作。事实上有一大部分博士引进后出不来成果，唯一能做的就是好好教课。当然，高水平成果的申报与通过具有不可预期性，不如教学的考核结果可以预见。这些具有博士学位的新进教师要保证完成基本工作量，只有依靠教学，那么在科研方面所能投入的时间和精力更加有限，慢慢就会形成一个恶性循环，更加无法完成高水平成果。这里不是说所引进的博士素质不够，现在做科研靠单打独斗是不行的，要有高水平的科研平台，而地方普通高校最主要的弱点就在这里，科研平台、科研团队和科研氛围都不能和高水平的教学研究型大学目标相匹配。平台、团队的建设需要有历史积累，而年轻老师都去搞教学了，这又是一个恶性循环，或者说最终都走向教学的路径依赖。而虽然有科研奖励制度，但没有惩罚制度，我们这类学校没有说完成不了科研任务就走人的。在教师职称评定时，很多职称科研成果是在短时间内仓促完成的，方向也比较散，基本上是哪些内容能快速发表、哪里能快速发表就往哪里集中，没有形成专有方向的科研成果，和学科建设联系不上。教学和科研之间有种制约关系，对于地方普通高校，科研是一种奢侈品，我们主要是保证基础教学。

在科研与社会服务之间的关系上也存在认知冲突。案例2的Z处长认为，学校的学科建设、科研提升和本地经济社会发展结合上还不够紧密。他指出：

> 虽然本校有行业背景，在产学研合作方面具有一定优势，但随着市场经济的建立，行业企业的利益和教师、学校一方的利益经常有冲突。当行业企业景气了，它们往往偏好与985、

211高校合作，傍大牌，而如果不景气了，教师的成果投入后难以得到回报，积极性也不高。另一个原因在于校企合作的利益保障机制没有完善，主要是科研成果的知识产权得不到应有的保护，既是指教师的科研成果应得的经济利益得不到保护，也是指企业的技术储备得不到保护，这是一个缺少法律支持的问题。科研成果的转化主要依靠老师自己与企业联系，学校能做的往往是跟某个政府部门的对接，具体的合作和转化无法介入。而老师的学术研究和市场需求经常有距离，我们学校的科技园可以对老师的研究成果进行市场孵化，但国家投入还是不够，像在撒胡椒面，科技园主要是自己学校来投入，而科技园的性质定位模糊，大家都很难说清楚科技园到底是企业还是事业机构，是营利性质还是公益性质，因此，这方面的认知模糊也导致其难以发挥应有的功能。

围绕着应用型高校建设的意见分歧还集中于人才培养和科研成果转化究竟该如何进行产教融合的问题上。案例4的L处长认为：

> 高校要走向市场，服务于产业转型，如果没有创新成果就无法实现这些目标。而反过来说，大众创新，万众创业，也必须是在我们这个教学和科研基础上搞。一句话，创新创业必须与专业教育相结合，不能乱来，这才对它本身发展有好处。当前高校的转型发展还处于探索当中，大家认识可能不一致，观念可能不统一，无形之中就走偏差了。例如，教代会上有很多老师提，有物理系学生去搞地摊、搞个送餐就说是创业，影响教学秩序，老师也不敢管。这样的做法不是真正的创新创业，所谓产教融合，一定不能抛弃教学。学生的主要任务是学习大学课程，必须在学习专业知识和培养专业能力的基础上来进行相关活动，不能以那些活动代替学习。

案例 2 虽然以教学研究型大学为建设目标，但其人才培养仍以应用型为主，一位从教 30 年并获得过省级教学成果一等奖的 Y 老师提出了老教师对于实践教学的担忧：

> 行业调整对教学影响是巨大的，在下放地方以前，学校与行业的联系非常紧密，当时我校虽然在同类部属院校中排名不靠前，但是以动手能力强为显著特点，与名校比毫不逊色。但是下放地方以后，与行业企业的联系相对减弱，现在的校外实习基本都是学生自己联系的，学校和行业都不管了，这就使得我们的毕业生质量有所下滑。作为一名老教师对此很忧心。在急功近利的大环境下，我愿意在教学上进行投入，一方面把工程教育认证的最新要求、纺织行业发展的新常态等方面的新理念新内容融入教学中，另一方面加强与企业的合作，从备课环节起就常跟企业联系，关注市场和技术的发展趋势，如对于实验室的一台新型纺机，我要跟纺机的研发厂家和使用厂家联系，看的越多就会觉得市场日新月异，我们了解的太少，所以希望青年教师在教学上多投入一些，可能不会像发文章一样能较快见到效果，但这是我们教师的天职。在这里，我想对现在的青年教师提个意见。工科老师的实践能力一定要提高，现在的培养方式是在本科时打下工科知识的基础，但到了硕博阶段都研究某一具体专业方向去了，可能对行业整体不熟悉，在从教前需要下工厂了解生产一年，去讲专业课才有底气，否则上课就会效果不好，对本科生讲不清楚。另外，学校的实验室设备相比企业来说很落后，一般来说这些设备从它被研发出来进入生产应用，到进入教材作为教学内容，已经经过了几年时间，这样的教材再使用个五六年，肯定就滞后了，而企业设备更新特别快，像我们这样的条件又怎么能引领生产，所以老师需要经常去企业了解最新的设备和工艺，不能光照本宣科。工厂的学生是我们的产品，其质量好不好，需要企业来评价，企业没有经济效益而不愿意参与，学校或者老师本人就应该走出去请进来。

现在至少我这门课从大纲到产品设计,都是和企业紧密合作的,我专门吸纳了企业的两个高级技术人员进我的教学团队。而有的老师却根本不考虑这个,仍然讲企业已经淘汰了的技术内容,在这方面学校也没有相应的激励措施,讲好讲坏一个样。像我这样通过私人关系跟企业合作,或者请人来学校讲课录像,作为微课成果共享,都是需要付出时间、精力、人情甚至资金上的成本的,有时还需要承担一些风险,如学生操作最新设备时的安全问题,等等,学校都缺乏相应的激励,也不重视。即使被列入精品课程,给一点课程建设经费,但是跟我的投入相比差距比较大,现在都是凭借一份老师的责任心来做事,如果我退休了呢,这个精品课,这个教学模式,就很难再维持下去,所以学校还必须建立一个具有持续性的机制出来。

如何加强应用型人才培养,实施创新创业教育,在目前仍属探索阶段。案例5 大学生创新创业园的 Y 老师认为,创业园最初的定位是第二课堂,承担着部分实践教学,现在正向着承担创新创业教育的功能建设。但代表既有教育教学模式的教务处对创业园的功能并不认可,在创业园进行的双创教育能否代替教学、与教学到底如何结合等方面始终有质疑,在教育部相关文件出台后,质疑声音没有了,但深层认知上的障碍仍未消除,经常成为创新创业园改革上的阻力。Y 老师指出:

> 创业园原本并没有开课权力,改革以后现在完全承担了双创课程体系,等于由虚拟到实体,应建设自己的包括基础课、必修课、选修课在内的课程体系,进行专门的师资培养,并有相应的经费预算,这样有利于在团队孵化和创新意识教育等通识课之间贯通。双创的教学体系有两个功能,一个是氛,一个是分,前者是通过通识课,提升学生的创新创业意识,激发创新创业思维,后者是对学生进行分流,选拔苗子,重点打造,建立创业档案即

"种子库"，通过众创空间对接校外导师、投资公司和各种资源。而目前创业园仅能开设双创教育中的一门课，其他的如职业规划等课程在其他部门那里，教学原有秩序仍未打破。目前创业园主要是以项目为依托，制订培养方案，通过项目的实训让学生能力先提升上来，然后根据项目中所涉及的知识，学生自己去听相关课程、补相关理论。但是实施起来，双创教育与专业教育的结合的确比较难，应是教务处要求各院系都有双创方案，但现在由创业园推动，等于是介入其他人的地盘，工作不好开展。此外，还有一些制度上的障碍，例如对于教师究竟能否开公司，教师自己的企业能否入驻创业园，创业园中如果让企业免费使用场地是否会造成国有资产流失等问题，亟待相关制度建设来解决。其实，从根本来讲还是一个思想解放的问题。"应用"转型落地不容易，主要就是指这种思路难落地，双创教育仍在摸索过程，各校都知道该做，但不知究竟该怎么做。总体上，校领导与各院系是支持的态度，但的确作为地方高校而言不一定都有搞高科技项目的能力，目前双创教育还是无力的一种状态，有一些做法属于忽悠，实际上缺乏清晰的思路。在我看来，创业园就是"实验田"与"窗口"的功能："实验田"就是无定位，我们不考虑是否合适；窗口是对外展示一些做法。我们所做的就是开创性的工作，"新事物"的产生靠机缘和积淀，因此没有常规。

如何进行校地合作、产教融合对于很多地方本科院校而言也是存在较大认识差异的领域，如案例5中就有校地合作到底应以大项目为主还是小项目为主的争议。校地合作办G主任认为目前他们的校地合作中运行的还是一些小成果，领导要求他们在十三五期间有推动产业升级的标志性成果，同时他也承认："我们体量还小，真正的科技创新能力还弱，还不能满足本地需求，所以我们要练内功。"发规处G处长则认为：

我们这类高校跟一流研究型大学不是一回事，那是高端的，国家全力支持的，而国家对我们这类地方高校所投入的只是维持性经费，我们的一切只能来自于市场，更需要把办学眼光投向市场。要想有大的发展，只有同市场结合。学校发展目前所面临的最大困难是社会认可度不高。我们学校不像985、211那类学校，他们走出去就有市场，而我们走出去是要在市场打拼的，市场会先给你打问号，即怀疑你有没有这个能力。从另一方面说，本地政府真有大项目的话，也会找一流研究型大学，不找我们。你需要以有为争有位，通过你的贡献来争取它的支持。我们地方高校的服务能力还较差，一定要从小处做起，例如前瞻性研究往往投入巨大而回报周期长，经济效益比较差，由于难以复制，示范效益也有限，我们不能做前瞻性研究，就是市场需要什么我们做什么。服务社会要有自己的路子，模仿不了人家。我们要打造的不仅是有限的市场空间，而是要修一条长期合作的管道。

此外，通过对7所案例高校关于学校努力方向的访谈结果的梳理进一步发现，虽然如上所述，人们反映了很多方面的意见分歧，但在提出学校进一步努力方向时却往往并不以上述问题的解决和分歧意见的统一为主，而是仍以政府相关导向性指标和政策为依据继续努力。因此，尽管对引进博士、长江学者等高层次人才存在着一些争议，地方本科院校，无论其有着什么样的转型和发展目标，都还在积极以各种优惠政策引进博士等高层次人才，而在引进真正的双师双能人才、提升现有师资队伍实践教学水平方面并无良策；尽管教师们所经受的科研压力越来越大而高水平成果和高层次的科研项目仍太少，地方本科院校，无论其有着什么样的转型和发展目标，都还在继续加大各种科研奖励的力度；尽管有些产教融合项目存在着学校"剃头挑子一头热"而企业积极性不高的问题，一些地方本科院校的领导仍在继续对校企、校地合作提一些过高的目标和要求，等等。在访谈中某位校长曾提出："最困难的是教育思想观念的转变，最关键的是办学体制机制的创新。"而如果办学体制机制等方面的创新不能真正建立在教育思想观念的转变上,不能真正获得其内部合法性,这种创新便很容易成为空中楼阁,地方本科院校的转型也就相应成为一种"形式上的转型",最终也不会得到社会的普遍认可。

最后,制度化和文化建设过程中,教师作为组织成员,其自身行为的转型也存在一定的障碍,并容易导致人才流失。

教师需要与转型发展政策保持行为方面的一致,主要体现在教师的转型问题及其紧密相关的人才引进、教师职称评定等制度变革上。教师的转型是制约学校转型发展的主要问题。曾经是师范院校的案例4中,科研处L处长认为:

> 师范院校的背景决定着本校基础性学科教师较多,这类教师自身实践经验缺乏,能力不足,服务意识不强,并且习惯于过去形成的教学模式,课堂教学只会照搬书本讲原理,缺乏案例教学,联系现实较差。学校虽然有"双百工程"即"百名企业家进校园、百支创业团队入企业"等制度,但是并没有硬性要求,人事处、教务处、科研处等几个部门之间也没有协调好激励机制,这些教师常以平时课时量较大为理由而不愿去企业,而企业家进校园,也仅仅停留在做讲座的层面,并不能深入参与人才培养各环节。

近几年各高校都加大了人才引进力度,而新进青年教师过多,在教学经验和专业实践经验等方面的欠缺导致教学质量有所下滑。即使没有师范院校背景的案例7中,一位M老师也认为,学校升格转型所面临的最大困难还是师资,并提出在人才引进方面的困难。他指出:

> 学校在教学质量上的把控还是不够,虽然教学大纲可以参照别人,教师按照大纲好好备课,但教学的整体把握、标准制定上

还是需要学科带头人，而对于我们这样的小城市，带头人的引进比较困难，最好是返聘一些有经验的专家，但物色和引进这样的专家需要有一个较长时间的过程。学校目前一门心思引进博士，近几年博士进了100名左右，从表面上看达标了，但真实效果可能有折扣。新进博士教学经验欠缺，并且有的博士专业也不太对口，教公共课、专业课都不行。我们学院有个特殊情况，虽然都是搞材料成型，但各高校侧重方向不同，有的侧重于冷加工，有的侧重于热加工，有的侧重于金属加工，有的侧重非金属材料，专业名字相同，但教学的内容完全不同，我们学校主要是金属加工，可引进过来的博士不是研究这个方向的，很为难。硬件方面可以慢慢建设，而师资队伍的建设有时候不是钱能做到的。主要还是管理者的理念没太到位。

由此可见，这样不顾专业方向是否对口，为引进而引进，其实并不是以真实的学术能力为标准的，而是以学历学位的形式化来获取外部认可。在这样的情况下，引进真正适合学校未来发展的人才很困难，而引进之后人才的考核和晋升等也缺乏规范，或者以行政量化标准来替代学术规范，也造成新进教师难以实现行为同化。案例1中，新进青年教师M认为该校还是一所教学研究型大学，距离高水平大学的建设目标还有距离，主要是拔尖人才数量和质量方面的制约，这方面的欠缺直接导致学校高水平成果在数量和质量上的不足。该校从2012年起加大人才引进力度，从2012年至2016年博士数量大幅度增加。M也是这项政策的受惠者，但他认为该校在高水平大学的建设目标下要求集中力量凸显高水平成果，发表影响力更高的顶尖期刊论文，一些政策如职称评审条件、科研奖励等随之改变，这样层层分解下来的量化任务给教师们带来了巨大压力。2016年新任校长更是提出，正高职称评审条件将再次提高，即必须有国家自然科学基金、国家社会科学基金、全国教科规划国家重点、国家一般等高水平项目。M老师认为：

对于压力的不同反应存在一个教师分层的问题，老教师与年轻教师的认识与反应存在很大差异，很多45岁以上的老师在副教授评上以后不再评正高，好像进入了一种等待退休的状态，学校的科研成果奖励再多也无所谓。在绩效考核时由于科研与教学打通，工作量没有分开，尤其是在设立专职科研和专职教学岗位后不做科研的教师也没有压力，讲课也旱涝保收。而青年教师面临职称评审压力，尤其是从讲师到副教授阶段，必须争取至少要再上一个层次，而且这部分教师已经经过系统的学术训练，在科研方面更加得心应手一些，研究思维和研究方法更具优势，科研创新能力较强，所以压力大了也有好处，有利于出成果。但是也要看到，职称评审条件已经水涨船高，新进青年教师职称评审集中，评副高的都是一大堆年富力强的博士，他们的成果比评正高的还多还好，但问题是指标有限，竞争极其激烈。将来希望能够评聘分离，够资格的先评上，没有指标先不聘任呗，也可以促进人才流动，到指标富余的高校去。

另一方面，并不是所有的高校都需要引进博士等高学历人才，如应用型高校，它们更需要的是既具有教学能力又有丰富实践经验的双师双能教师。但是，对于什么是双师双能教师，其认定是否只能依据各种认证证书？在这个问题上还需要政策的进一步规定。这方面的制度欠缺，以及教师职称评定与晋升制度方面的不完善，会带来地方高校的人才流失。案例5中，该校因"项目化教学"和社会服务活动成绩突出而得到较高社会认可的设计学院里，一名骨干老师是这样讲述的：

项目化教学是我最早提出并主要承担的，我虽然是本科学历，但是我原来毕业的学校和同济大学进行合作，移植了整套同济大学的教学模式，就是项目化教学，可以说，我所认知的大学教育就是那样的。所以我来这里工作后，在13年学校转型之前，也就是 2009 年就开始尝试项目化教学。学校一开始对此并不认同，因为项目化教学不是一堂堂课去讲的，而是通过承接项目，通过调研分析和项目的开展来进行教学的，一些老教师不理解，认为我是偷懒，不好好教学，所以阻力很大。在 2011 年做了几个具有较大社会影响力的成功项目，形成了品牌效应，也转变了很多校领导的观念。所以我们是先让市场认可，才让领导认可，是最早的试验田。由此可见，青年老师是不缺想法和事业心的，问题是怎样让他能有动力。回顾我在这里工作的十年所得到的和所失去的，因为伴随着学校一起发展，我所构想的都能够呈现出来，我所教的学生也有很多走上成功之路，从我的事业心来讲，对此有一种认同感，这是我得到的；但是我所失去的也很多，如果让我重新再来一次的话，我可能要更关注在学校导向下的个人发展。学校对优秀老师评价机制的失衡，已经导致很多很优秀但是受学历制约的老师的流失。和我同一年来这里工作的老师考上博士后都不回来了，有一句话是走的人都是有故事的人，就是你伤过他的心，究竟怎么伤的各有各的故事。越来越多的老师变得不关心学生，更关注个人的发展，不能说是自私，而是量化的评价机制导向的。目前的教师评价机制，无论进人、考核、职称，乃至分房等福利，都和学历层次、论文项目等科研成果相挂钩，不考虑真正的教学效果。例如，在对与地方、企业合作的横向项目的评价上，就认为你已经得到利益了，就会压低折算系数，或者不认可，搞的大家后来都不愿再去做横向项目。双师双能停留在表面上比较多，学校就是看你有没有拿证，而证只能是静态的，不能代表你真正参与社会服务了，也不能说明你的社会服务能有多大推动力，所以没法激发教师的积极性。人才引进根据学科不同而又有很大差异，如我们设计学院要引进设计学博士，全国这个学科的博士点就非常有限，真正对口的很难到我们这里工作，所以只能引进一些相关的，如美术学之类的博士。现在所引进来的这批高学历的博士，既缺乏教学能力，又缺乏实践经验和服务意识，如果问你的这拨高学历人才到底在干嘛？究竟有没有体现出应有的价值？很难来回答，所以在很大程度上，人才引进也是一种形式。学校只关注引进而不关注留住人，人才的认同感很难形成，教师流失严重，对学校发展本身也不好，可这对于学校而言是一个不愿关注的问题。我有很大的失落感，觉得你干的再好，领导们也只是嘴上夸夸实际上并不认可你的能力。学校制度已经形成了，变革就很难，我们这拨人只能把重点转回到学校所导向的学历上，下一步我也要考出去，也可能不回来了。

在规范合法性和认知合法性还没有建构起来的情况下，很多地方本科院校，无论是以高水平大学、教学科研型大学建设为目标，还是以应用技术大学等建设为目标，都深感教师的转型及其相应制度改革的重要性与改革难度。如案例1的L老师就指出，学校实现发展目标的主要困难不在于经费投入，而还是在于人的激励方面；综合改革是实现组织目标的唯一路径，但不可避免要涉及深层次的利益分配格局，其中争议最大的就是教师的科研奖励制度的改革，如何发挥科研奖励制度对教师的正面激励作用，使其成为改革的内在动力，还是一个难题。案例2的发规处负责人也认为，建设教学研究型大学，最难的还是高层次人才引进的问题，也就是说首先要有人，其次才是硬件，"人的问题就是领军人物的问题，一般干活的人不缺。如果来一个院士带领我们一个团队，省内国内一流就不成问题。但这不是给钱人家就来的事，不一定是学校的原因，而是学术共同体、地理因素等。"案例4中的多人都反映，教师的转型、人才的引进与流失问题既是制约学校转型发展的主要问题，也是发展道路上最大的困难。

（四）对案例高校学生的问卷调查与结论

长期以来，学生是作为高校改革的旁观者存在的，一般来说他们对于高校改革没有发言权，只能被动地接受各种改革措施，而近年来的一些改革，如应用技术大学转型，又经常以学生就业、社会需求的名义建立其合法性。换句话说，办学水平的高低、教学质量的好坏，已成为高校排名和政府拨款的重要考量因素。在社会各界的强烈呼吁下，很多地方本科院校都基于学生的多元化需求制定了具体的教学改革措施。然而大学生对于学校转型发展的认同与评价仍很少受到关注。大学生群体是否真正了解本校转型发展政策的背景与实质？对本校的各项改革措施态度究竟是肯定还是质疑？大学生对地方本科院校转型发展政策的认同涉及两个层面：表层的是政策认同，深层的是组织认同。政策认同是指大学生对本校转型发展政策的认知、肯定以及被政策所要求的行为模式所同化。组织认同是指大学生对本校从组织层面的认知、肯定与同化，是学生作为组织成员评价自己在认知、情感与行为等方面与其所在的院校组织是否具有一致性，是站在个体角度审视自身与院校组织的关系，当个体的价值观、认知模式与组织契合时，组织成员就会对组织产生归属感，因而组织认同反映出组织规则、规范和文化认知系统对组织成员的同化作用。政策认同离不开组织认同，往往是在组织认同的基础上对组织的决策行为延伸出来的认同。但转型发展政策又具有一定特殊性。通常来说，当组织成员对组织所面临的合法性危机有所感知时，才会产生对转型发展改革措施的需求，才能发展出转型发展的政策认同。转型发展政策是组织合法性危机和组织合法性重建的标志。

1. 问卷设计

为掌握案例高校大学生对所在院校的组织合法性危机及转型发展政策的认同与评价状况，采用自编问卷进行测量。问卷的编制从结构效度出发，从前面组织合法性的讨论和教师访谈情况中总结出大学生对高校改革的认同可以从认知、情感和行为三个维度去衡量，并把各个维度包括的内容可操作化，从中选取有代表性的样题，以此保证调查问卷具有较好的效度。问卷的设计分别涉及学生的认知、情感和行为三个维度，具体设计如下：

总体研究假设：转型发展政策认同的认知维度认同度、情感维度认同度与行为维度认同度三者之间呈正相关。

认知维度题目设计的重点在于调查地方本科院校学生对学校转型发展目标关键词的认知水平和现有转型发展政策实施效果的感知与评价。与教师不同，学生在地方本科院校学习时间有限，难以对长期的组织合法性危机获得明确感知，由于转型发展政策正在实施中，在读学生对危机的感知只能是通过对现有转型发展政策实施效果的感知与评价反映出来。本书认为，对组织合法性危机获得明确感知，就会支持本校的转型发展政策，从而认同水平较高，反之，如果对组织合法性危机没有明确感知，对本校的转型发展政策的认同就会降低。因此，本书以调查地方本科院校学生对学校转型发展目标关键词的认知水平和现有转型发展政策实施效果的评价来替代对组织合法性危机的感知。在调查学生对本校转型发展目标关键词的认知方面，由于每所院校的关键词不同，所以根据具体情况，设置不同的关键词选项，并与前面的案例高校情况说明相互印证，以检验学生对转型发展目标的熟悉程度，对于转型发展目标回答的越准确说明越认同，越不准确说明越不认同。在对现有转型发展政策实施效果的评价方面，根据前面对教师的调查，本书认为学生受转型发展政策影响的主要在于教学方面，因此以学习效能感和所学知识对未来就业与个人发展的影响两个方面为基础，设计两道题，即学生是否有能力圆满完成规定学习任务？在大学期间学习的知识是否能很好适应将来的就业和个人发展？对于能够完成学习任务和学习知识能很好适应未来这个观点越认同，就说明认同程度越高。因此，地方本科院校转型发展政策认同在认知维度认同度的调查题目设计基于研究假设1：转型发展目标认知准确率与学生对圆满完成规定学习任务的信心（即学习效能感）、学生对在大学期间的知识学习适应将来就业和个人发展的信心三者之间呈正相关。

情感维度题目设计的重点是检测在院校转型背景下学生是否对所就读院校、专业和转型发展政策持积极态度，具体包括是否乐意向别人介绍所在学校的情况、是否乐意向别人介绍所学专业的情况、是否乐意了解本校发展政策的相关信息。地方本科院校转型发展政策认同在情感维度认同度的调查题目设计基于研究假设2：乐于向别人介绍所在学校情况的积极情感、乐于向别人介绍所学专业情况的积极情感与乐于了解本校发展政策的积极情感三者之间呈正相关。

行为维度题目设计的重点在于检测学生在转型发展政策的要求下有哪些积极行为，特别是学生对教学改革的积极配合，具体包括：本校发展政策方面的变化对学生的学习是否有影响？学生是否喜欢老师的新授课方式？学生是否喜欢与老师进行课上或课下的交流？地方本科院校转型发展政策认同在行为维度认同度的调查题目设计基于研究假设3：本校发展政策变化对学习有影响的积极行为、教师的新授课方式被学生感知并喜欢的积极行为、喜欢与教师进行课上或课下的交流的积极行为三者之间呈正相关。

此外，地方本科院校排名情况代表外部评价，应与地方本科院校转型发展政策的内部认同具有一定联系，因而本书将这7所地方本科院校的近年综合排名情况引入，研究排名与认同度之间的关系，即研究假设4：不同等级的院校排名与转型发展政策的认知维度认同度、情感维度认同度和行为维度认同度之间呈正相关。

问卷主体部分除关于本校发展目标的认知一题是根据不同高校的具体情况设置的选项外，其他题目均采用李克特量表，量度采用5级，被调查者的态度自1至5递增，"1"表示完全不符合，"2"表示不太符合，"3"表示基本符合，"4"表示比较符合，"5"表示完全符合。若得分越高，则表示学生认同度越高，反之则越低。

为了保证本调查问卷的科学性，我们在进行正式调研之前进行了一次小样本的预调研，对不合适的问卷题目进行修正后进行正式问卷发放。在问卷正式发放过程中，对7所案例高校每校随机抽取200名学生，共计发放问卷1400份，回收问卷1323份，问卷回收率94.5%。有效问卷1310份，有效回收率93.57%。对回收的问卷采用克朗巴哈系数（Cronbach's Alpha）进行信度检验，发现该系数为0.786，信度可以接受。

2. 问卷调查的主要结果

调查对象中学生干部占26.5%，男女生比例分别为47%和53%，

1年级占比52.7%，2年级占比32.3%，3年级占比14.6，4年级占比0.4%，成绩优秀（排名前25%）的占比31.2%，成绩排名中上（排名前25%—50%）的占比43.7%，成绩中下（排名前50%—75%）的占比18.6%，成绩排名最后25%的6.5%。

在认知维度认同度中，首先是关于学校转型发展目标的认知：案例1中，71%的调查对象能回答出"区域示范性"的特征，12.5%的能回答出"高水平大学"的特征，共计83.5%的调查对象能较准确地回答出学校发展目标；案例2中，62.2%的能回答出"高水平大学"的特征，2.6%的能回答出"教学研究型大学"的特征，共计64.8%的调查对象能较准确地回答出学校发展目标；案例3中，31.8%的能回答出"教学研究型大学"的特征，即能准确回答出学校发展目标；案例4中，29.8%的能回答出"高水平应用型本科院校"的特征，即能准确回答出学校发展目标；案例5中，25.4%的能回答出"高水平应用型大学"的特征，即能准确回答出学校发展目标；案例6中，47.6%的能回答出"应用技术大学"的特征，即能准确回答出学校发展目标；案例7中，78.6%的能回答出"应用技术型大学"的特征，即能准确回答出学校发展目标。整体来看，如果以学生对学校转型发展目标的认知准确率为转型发展政策的认知维度认同度的话，那么案例1中学生对本校转型发展政策的认知维度认同度最高，而案例5对本校转型发展政策的认知维度认同度相对较低。如果将学生对本校转型发展政策的认知维度认同度与2016年院校排名情况相比较可以发现，两者从高到低排名顺序大致可以对应，案例1排名最高，其学生的认知维度认同度也最高，案例4和案例5的排名最为靠后，其学生的认知维度认同度也相应最低。

其次是现有转型发展政策下的危机感知与评价，包括两道题，具体如下：对于"学生是否有能力圆满完成规定学习任务"即学习效能感的问题。最高得分为案例4（4.24），最低得分为案例3（3.9）和案例1（3.91），得分均值为4.06，高于理论中间值。对于"在大学期间学习的知识是否能很好适应将来的就业和个人发展"即个人发展前景的问题，最高得分为案例 6 （4.04），最低得分为案例 1 （3.52），得分均值为 3.78，高于理论中间值。具体情况见表 7—3。

表 7—3　　　　　　　　　认知维度认同度情况

案例	近年综合排名	目标认知准确率	能够完成规定学习任务	所学知识适应未来发展
案例 1	9	83.50%	3.91	3.52
案例 2	14	64.80%	4.16	3.92
案例 3	14	31.80%	3.9	3.56
案例 4	33	29.80%	4.24	3.85
案例 5	31	25.40%	3.95	3.78
案例 6	28	47.60%	4.11	4.04
案例 7	28	78.60%	4.12	3.8
均值		51.64%	4.06	3.78

表 7—3 将认知维度两部分的回答情况放在一起进行比较，我们能发现一个有趣的现象：排名最高的案例 1，其学生对于转型发展目标认知的准确率也最高，但是在"能够完成规定学习任务"和"所学知识能够适应未来发展"上得分却最低，表现出明显的信心不足；而排名最为落后的案例 4 和案例 5，对转型发展目标认知的准确率最低，却在"能够完成规定学习任务"和"所学知识能够适应未来发展"上得分较高，表现较好。尤其是案例 4 在"能够完成规定学习任务"上得分最高，在"所学知识能够适应未来发展"上得分排名第 2。总体来看，地方本科院校的社会评价与学生的目标认知准确率大致对应，在一定程度上可以说明地方本科院校的外部合法性与内部合法性具有一定的一致性。但从目标认知准确率与转型发展政策评价的二项数据看则存在倒挂现象。而进一步对转型发展目标认知准确率、能够完成规定学习任务、所学知识适应未来发展 3 项进行相关性分析，却发现转型发展目标认知准确率与后 2 项指标之间相关性不显著，能够完成规定学习任务与所学知识适应未来发展之间的相关系数为 0.453，P <

0.01。因此可以得出结论的就是,研究假设1部分成立,即能够完成规定学习任务与所学知识适应未来发展之间存在中等相关关系。

情感维度认同度:即是否乐意了解本校发展政策相关信息、是否乐意向别人介绍所在学校情况、是否乐意向别人介绍所学专业情况3项平均得分。情感维度认同度平均得分最高为案例6(3.83),最低为案例3(3.59),7所案例高校情感得分均值为3.71。3分状态即理论中间值。这说明目前7所案例高校学生的情感认同高于理论中间值。通过相关性分析发现,在情感维度认同度三项之间都存在显著的正相关,但除了乐于向别人介绍学校和介绍专业两项呈强相关(r=0.689)外,其余皆为弱相关或中等相关,具体见表7—4。因此可认为,研究假设2成立。

表7—4　　　　　　　　情感维度认同度三项相关性分析

		乐意了解本校发展政策	乐于向别人介绍学校情况	乐于向别人介绍所学专业情况
乐意了解本校发展政策	Pearson 相关性	1	.414**	.369**
	显著性(双侧)		0	0
乐于向别人介绍学校情况	Pearson 相关性	.414**	1	.689**
	显著性(双侧)	0		0
乐于向别人介绍所学专业情况	Pearson 相关性	.369**	.689**	1
	显著性(双侧)	0	0	

行为维度认同度:即本校发展政策方面的变化对学生的学习是否有影响、学生是否喜欢老师的新授课方式、学生是否喜欢与老师进行课上或课下的交流等项平均得分。行为维度认同度平均得分最高为案例6(4.00),最低为案例1(3.62),7所案例高校行为维度认同度得分均值为3.81。3分状态为理论中间值,这就说明目前7所案例高校学生的行为认同高于理论中间值。通过相关性分析发现,在行为维度认同度三项之间均存在显著的正相关关系,但除了政策变化对本人的

学习有影响与喜欢教师新授课方式之间呈中等相关外,其余皆呈弱相关,具体见表7—5。研究假设3成立。

表7—5　　　　　　　行为维度认同度三项相关性分析

		政策变化对本人的学习有影响	喜欢教师新授课方式	喜欢与教师交流
政策变化对本人的学习有影响	Pearson 相关性	1	.458**	.308**
	显著性（双侧）		0	0
喜欢教师新授课方式	Pearson 相关性	.458**	1	.369**
	显著性（双侧）	0		0
喜欢与教师交流	Pearson 相关性	.308**	.369**	1
	显著性（双侧）	0	0	

表7—6　　　　　　　案例高校学生问卷调查的维度及表现

	目标认知准确率	转型发展政策效果评价	情感维度认同度	行为维度认同度	近年综合排名
案例1	83.50%	3.72	3.69	3.62	高
案例2	64.80%	4.04	3.68	3.79	中上
案例3	31.80%	3.73	3.59	3.63	中上
案例4	29.80%	4.05	3.81	3.96	下
案例5	25.40%	3.87	3.64	3.80	下
案例6	47.60%	4.08	3.83	4.00	中下
案例7	78.60%	3.96	3.69	3.85	中下
均值	51.64%	3.92	3.71	3.81	

基于数据的平均水平,对目标认知度与转型发展政策效果评价、情感维度认同度、行为维度认同度的平均分之间进行相关性分析发现,目标认知准确率与其他各项之间虽然都呈负相关,但均不显著;转型发展政策效果评价与行为维度认同度之间呈显著的强正相关（r =

0.916），但与其他各项之间的相关关系均不显著；情感维度认同度与行为维度认同度之间呈显著的强正相关（r=0.833），但与其他各项之间的相关关系均不显著。由此可见，总体研究假设只有部分成立。结合数据的具体表现可以发现（见表7—6），虽然地方本科院校的大学生对转型发展目标认知的准确率平均水平并不是很高（51.64%），但对于转型发展政策效果的评价、情感维度认同度和行为维度认同度3项均高于理论中间值（3分），仍可以说明对转型发展政策的认同度相对较高，但同时也说明这种较高的认同度并非基于对转型发展目标及政策清晰准确的认知。行为维度认同度平均分高于情感维度认同度平均分，对政策效果评价的平均分又高于了前两者，这在一定程度上说明学生们尽管对政策目标并未获得准确认知，在情感上仍对政策给予了一定肯定，尤其是在行动上给予了积极的配合，对政策实施效果——学业进步和未来发展充满信心。

地方本科院校排名情况代表外部评价，与地方本科院校转型发展政策的内部认同是否具有联系呢？本书将这7所地方本科院校按近年综合排名情况分为高、中上、中下、低4个等级，对目标认知度与转型发展政策效果评价、情感维度认同度、行为维度认同度的平均分之间进行相关分析，发现地方本科院校在排名等级上与目标认知准确率呈显著的强负相关（$r_s = -0.753$），与行为维度认同度呈显著的强正相关（$r_s = 0.753$），与其他各项不存在显著相关。这说明，倒挂现象在一定程度上存在，排名越高的地方本科院校，转型发展目标认知准确率越高，而行为维度认同度就越低，而与转型发展政策效果的感知和评价、情感维度认同度则没有显著的相关关系。笔者就这种倒挂现象访谈了一些教师与学生，寻找原因。访谈结果指向外部评价与组织认同、学生自我认同之间的复杂关系，由于这并非本书探索的主题，不再赘述。

(五) 案例研究的最后结论

基于7所案例高校教师访谈和学生问卷调查的结果，得出以下结论：

　　各级政府的决策是地方本科院校组织合法性的最主要来源，地方本科院校采取行动时必然要考虑与政策导向是否一致，来自政府的政策压力对地方本科院校的决策都有着关键性的影响。而来自招生就业市场的压力和社会评价趋向，是地方本科院校合法性的重要来源，引起地方本科院校越来越多的重视，但是并非其采取行动的决定性因素。地方本科院校倾向于在政策导向的空白地带发挥自主性，尤其是在市场压力和社会评价所提供的组织合法性支持下，这种自主性更加明显。这说明，政府在政策方面的主导思维，甚至在专业设置等方面的严格控制手段仍是计划思维的，对市场化进程而言是一种阻碍。在这种政府主导的思维下，虽然由于改革时间尚短，成功或失败的转型效果还难以确定，但自主性有限的改革很难从根本上解决地方本科院校在管理体制、教学质量和毕业生就业等方面的问题，从而无法消解地方本科院校的组织合法性危机。

　　从地方本科院校的实际行动来看，地方本科院校对危机的感知和应对构成了组织转型和发展的目标，以及围绕目标进行的种种合法化策略。而在政府等外力的推动下，地方本科院校对组织合法性资源的强大追求动力使得高校更偏好于能够见效快且显著的制度化策略和修辞策略，而忽视文化建设策略；而在制度化策略中，虽然有一些为促进校企合作或实现人才培养新理念而进行的组织创新措施，例如设置校地合作办公室、大学生创业园等，并且在学科专业设置和人才培养模式方面进行了一系列变革，但是在其内部管理体制上并未进行显著的改革，行政化色彩仍然浓厚。地方本科院校的大学生总体上尽管对政策目标并未获得准确认知，但在情感上仍对政策给予了一定肯定，尤其是在行动上给予了积极的配合，对政策实施效果——学业进步和未来发展充满信心，对转型发展政策的认同度相对较高，也说明其组织合法性危机有一定的认识。而如果院校改革只停留在院系等二级单位人才培养工作的具体环节上，或者只停留在增设机构等增量措施上，不从根本上改变组织的行政化管理方式和固有的利益分配格局，加上对文化建设策略的忽视，激励就只能来自上而不能来自下，来自外而不能来自内，激励的效果只能局限于短期，转型过程中在行政管理人员和教师、学生之间产生大量的认知分歧和利益分歧不能从根本上消除，难以形成新的共识，人才培养等方面的创新举措缺乏可持续性，基于利益追求而产生的短期功利主义行为也得不到纠正，最终必然导致重建合法性的行动效果不能达到预期。换句话说，地方本科院校的策略偏好，决定了组织转型的空心化，或者说合法性的形式化，"由上而下的行政化领导管理体制下，学术规范与学术文化发育极不成熟，学术逻辑被政治逻辑和市场逻辑主宰，办学理念受实用主义和短期功利主义严重影响"等组织合法性危机的根源得不到消解，新的规制、规范等维度的组织合法性建构因流于形式而实施效果较差。

我们还要注意到，在传统的管理模式没有得到根本改变，学术规范与学术文化方面存在缺陷的前提下，人才培养模式具有较强的路径依赖特征，人们虽都已感受到了危机的存在和指向，但新的教学改革或重建合法性的实践行动就是难以落实或难以持久。"我是谁？"和"要到哪里去？"等问题仍然不能得到清晰的解答，地方本科院校的自我认同危机仍然存在，甚至继续加强。

要消解这种危机，政府和学校都要进行变革和调整。根据经济学家杨小凯等人提出的组织试验理论，由地方本科院校发挥其自主性而进行的转型道路的探索其效率和效果显然要胜过由政府越俎代庖的人为设计和干预。政府只有放松管制，让地方本科院校根据实际情况来决定发展方向，让其"自我信念"得以生长，重新构建学术秩序，才能真正形成地方本科院校的办学特色与优势，满足地方经济社会的发展需求和个人的发展需求。另一方面，目前完善的高等教育市场并不存在，也就是说还没有形成真正的人才市场信号，在缺少新的市场规则情况下，社会仍然依赖原来的识别信号体系和计划体制来满足人才需求，实现对高校的评价。政府应为高校提供一个具有良好的价格信号和充足的创新空间的市场环境。

第八章

地方本科院校重建组织合法性的
反思与展望

一 地方本科院校重建组织合法性的行动反思

经过前面几章的概念梳理、理论探究、历史分析、现实探索，以及具体的案例分析，总结了地方高校的组织合法性特征，也分析了组织合法性危机产生的原因，明确了危机的本质在于高等教育需要新的发展模式，只有新的发展模式才能得到新的社会认可。也只有对这样的危机进行回应，高等院校才能重建新的组织合法性。但未来时代高等教育可以有多种愿景和目标，高等院校如何做才能做出正确选择，重建组织的合法性，渡过危机时代呢？通过对地方本科院校合法性危机和重建组织合法性行动的反思，可以揭示重建组织合法性的基本要素或主要规律如下：

（一）作为共识存在的"自我信念"是高等院校组织不断获取组织合法性的根本

反思前面几章所论述的中国地方高校合法性的历史建构和当前变革，有关其合法性危机的核心问题就是：人们总是对地方本科院校的身份产生质疑？地方本科院校获取合法性的根本究竟应该是什么？

大众化给高等教育的发展带来了巨大影响，阿什比所认定的大学遗传基因——洪堡提出的经典大学理念受到了"管理主义""效率主义""功利主义"等价值理念的巨大冲击。大学教育目标从培养学术型人才转向培养受过训练的劳动者，职业主义色彩的新型课程不断被开发出来，传统高等院校饱受质疑。因此，很多学者认为，社会对传统高等教育价值的认可危机导致高等院校组织内部的原有共识受到威胁，大学的遗传基因在新的社会制度环境下趋向于发生变异。那么大学的遗传基因发生了什么样的变异呢？大学组织的内部人员对"大学意义"又有了什么新的共同理解了呢？

组织社会学的很多学者认为，积极主动的行动是组织应对环境变化的关键。在组织应对环境变化的策略方面，学者们主要分为制度观点和战略观点两大派别：制度观点的学者们把合法性看作一种结构化的信念机制，组织追求合法性的目的在于对外部制度化环境的压力做出反应，组织的首要目标是使自己的行为看起来合乎常理并有意义，因此在考察合法性危机应对策略时，就主要考察了组织外部的社会和规制压力如何影响组织的行动而达到的组织趋同；而战略观点的学者们把合法性看作是一种能够帮助组织获得其他资源的重要资源。他们认为组织的生存离不开环境所提供的资源，而这种资源受到外部社会的影响和制约。组织有能力对这种社会环境产生影响，所以组织的合法性是可以通过有效的管理控制来达到预先设定的目标的。换句话说，虽然在应对危机方面，两种观点都重视组织与制度环境的协调发展，都须从组织作为开放系统的视角出发，承认时空条件是影响组织合法性的要素，改变将组织看作是与所处环境割裂开来的封闭体系的传统观点，但这两种观点的差别在于，制度观点强调组织对制度环境的被动适应，而战略观点重视组织对制度环境的主动塑造。

与主张组织主动塑造环境的战略观点不谋而合的是，E. 阿什比曾指出，大学在维护传统与适应环境的平衡时，"既不使传统在适应上成为无定见的顺风倒，也不顽固保守而偏执不化，为了取得这种平衡，大学就必须主动进行改革并控制改革，从而适应社会需要，是不招致外力强制下的变革"。① 如何主动改革并控制改革,以获得这种平衡呢？大学就必须发展原有的共识,将其凝练为一种能够激发大学组织主动适应环境、避免外力干预的"强烈而统一的自我信念"。伯顿·克拉克认为高等院校与其他组织相区别的特殊之处,就在于其由这种"强烈而统一的自我信念"所维系,这种自我信念是院校在长期发展中逐渐形成的制度环境、个人人格和组织过程的特征的共同理解,"是长期历史斗争的结果",也是组织归属感和组织忠诚的来源。这种"强烈而统一的自我信念"作为组织凝聚力的重要来源,能够支持高等院校渡过困难时期。伯顿·克拉克指出学术机构自身独特的文化传统不应成为大学贪恋"停滞不前的舒适",抵制变革,走向组织僵化,用他的话讲是"陷入外壳的习俗"的障碍。从这段话可以看出,这种自我信念虽然是大学这种自发秩序在长期的进化过程中形成的内部规则,但也要不断与环境所提供的知识进行整合和更新。作为这种自发秩序的内核,其"自我信念"更应该是一种具有自主性的选择与控制环境的能力,是"最可靠地导致现代自力更生和自我驾驭的大学的态度和程序"。② 这种能力是大学能够不断获取和整合组织内外规制合法性、规范合法性和认知合法性的整合能力。他把具有这种能力的大学称为"前摄性大学""创新型大学"或"创业型大学"。他认为："持续的具有适应性的大学并不依靠短暂的个人领导能力。有超凡魅力的领袖能服务一时,但是在大学的生命线中,他们是今天,在明天就走了。持久的转型也并不依靠不幸的环境威胁所引起的一时迸发；它并不等待旧时争论利益的偶然有利趋同,更确切地说,不管什么样的最初的刺激,转型有赖于构筑新的成套结构和进程的集体反应,伴随着稳定地表达坚决的院校意志的有关信念,一种起着稳定作用的创业素质被编织进大学的结构之中。"他所提出的"创业素质",明显不是指

---

① [英] E. 阿什比：《科技发达时代的大学教育》,滕大春等译,人民教育出版社 1983 年版,第 7 页。
② [美] 伯顿·克拉克：《大学的持续变革——创业型大学新案例和新概念》,王承绪译,人民教育出版社 2008 年版,导言。

领导的个人素质，而是指一种能够在大学和政府、市场之间游刃有余，既能够维护自身的核心理念和自主性，又能够有效地根据环境变化选择有利于自身发展的空间，甚至能够控制和改变环境，获取广泛合法性的组织要素。在这里，"创业"的概念已经超出了原本在经济领域的涵义，而是指院校组织"艰苦工作，以允许它们更好地控制自己的命运的方式改变它们的特征"。伯顿·克拉克通过在 1994—1996 年间所进行的案例研究，概括了创业型大学若干共同的组织要素，其中高度整合的创业文化要素，即是指案例大学所体现出的选择与控制环境的"创业"能力、素质，及其在组织转型过程中所形成的"组织传奇"，如"沃里克道路""特文特特色""斯特拉斯克莱德现象""恰尔默斯精神""约恩苏理念"等，是其获取广泛的社会支持和内部支持的重要途径。

经过这种"自我信念"的改造，传统学术文化和大学理念不再是保守的，能够根据环境变化而幻化出多种色彩多种形态，走向多元化。这种激发大学组织主动适应环境、避免外力干预的"强烈而统一的自我信念"曾在经典大学理念在英美等国的传播与更新中得到显示，在当前更为不确定、更为复杂的时空条件下更加彰显，它已成为当今大学的新基因，成为任何类型的大学组织获得新的合法性，成功地发展自身的根本。也就是说，无论是研究型大学，还是应用技术大学、技术学院，都应当具有这种表现为创业精神的"强烈而统一的自我信念"。

当我们反思中国地方本科院校的历史发展和当前变革的时候，就会发现地方本科院校之所以被认为"不像学术组织"的根本原因，不仅仅在于组织成员不能恪守学术规范，也不仅仅在于不能取得社会所期望的绩效，当然这些都是地方本科院校不能获得组织合法性的原因，但更重要的是它们缺乏伯顿·克拉克所说的"强大而统一的自我信念"。地方本科院校最初的组织模式来源于政治体系强制下对苏联高等教育模式的移植，这种外来的组织模式与当时的环境即当时中国的经济条件、政治观念和传统文化基础之间产生了冲突，而这种冲突的解决依靠的是政治手段，冲突的结果是高等教育乱局和高校组织的消亡。在改革开放后，这种外来的组织模式得到恢复，并与对欧美高等教育模式的新移植相融合，几种不同大学理念之间及其与传统文化观念之间必然也蕴育着激烈的冲突，然而也是依靠着政府的规制，这种冲突被压制下来。但是政治力量的强制不是长久的，不同的规范、观念之间的冲突总是要在一定历史阶段集中爆发出来，这是组织须建立在共识之上的特性使然，也是组织基因与外部环境的矛盾使然。因此，本书在第五章从规制、规范和认知三维度，论述了地方本科院校长期以来形成的由上而下集中统一的行政化领导管理体制、僵化的适应论哲学和专业教育模式、实用主义知识观等合法性特征，及其在后大众化时代中国的现实条件下的冲突与解构。长期以来的集中而统一的政府规制，学术文化上的天生不足和后天不良发育，都导致这种"自我信念"难以在地方本科院校中形成，并且也难以将真正的学术文化、独立精神与传统工业化条件下僵化的知识体系和人才培养模式所构成的过时"外壳"相区分，不能在一种主动而灵活的适应论哲学下进行变革，无法形成成熟的自我发展、自我驾驭的力量。在通过组织转型重新建构合法性的过程中，地方本科院校"自我信念"的薄弱和欠缺，又造成转型策略的"空心化"和运动式改革的形式主义。在这种情况下，一些学者重新呼吁高等教育回归人才培养的常识和初心，呼吁回归高等教育的传统价值，也正是因为深感这种"自我信念"的缺乏，使得地方本科院校无法排除政府的不合理规制和短期功利主义的干扰。因此，地方本科院校的组织合法性危机从根本上来说，都是"自我信念"缺乏而造成的。也正是缺乏了这种作为共识存在的强大而统一的"自我信念"，地方本科院校不仅无法获得公众信任和支持，还进一步引发了其作为现代高等教育机构在存在意义上的焦虑感，产生了自我认同危机和价值危机。因此，"自我信念"是中国地方本科院校在面临合法性危机之时，积极应对危机，寻求自主发展空间的勇气所在，也是真正能够获得长期的外部支持和资源投入的根基。我们对任何大学类型模式，任何办学理念的移植，都不能离开"自我信念"这样一个建构共识的前提。

此外需要解释的是,在第五章对地方本科院校规范合法性特征的论述中,本书并未谈及"差序格局"这一传统伦理文化观念的影响,主要原因是地方本科院校作为现代社会组织,这种传统道德规范是不合法不合理的。也就是说,它无法从组织层面得到认可,只能作为潜规则来为地方高校内部的人际关系提供支持,对地方本科院校的学术失范产生一定影响。

(二) 遗传与环境的冲突与整合代表组织合法性的危与机

阿什比认为任何一所大学都是遗传与环境的产物。如果说遗传与环境的冲突代表组织合法性之"危",遗传与环境的整合及其带来的形态变化就代表组织合法性之"机"。在合法性基础受到挑战,高等院校面临危机之时,其内部合法性并不如马丁·特罗所预想的那样完全崩溃,被外部合法性取代。无论是伯顿·克拉克所提出的"强烈而统一的自我信念",还是詹姆斯·杜德斯达曾提出的21世纪未来大学的种种愿景,都在不同程度地反映着传统的大学理念和新的组织共识,反映着自发秩序在不同环境中的不断进化,使得高等院校在保持自身独特性的同时能够应对危机,成功重建在社会变迁中的组织合法性。即使外部合法性发挥着越来越重要的影响,成为高等院校变革的关键依据,高等院校作为学术机构的内部合法性也是不可替代的,不会消亡的。

地方本科院校要正确处理遗传与环境的关系,更具体来说,要正确处理内部规则与外部规则的关系,重建组织合法性,就必须解答以下问题:

首先,要深入分析这种能够产生和改造院校组织的环境及外部规则到底是什么。E. 阿什比说:"就环境的角度看,那就是资助和支持大学的社会体系和政治体系。"① 在他的观点里,环境为大学提供生存所需的各种资源,也为大学提供外部认可;环境既包括社会体系,又包括政治体系。在他的语境里将社会体系与政治体系分开对待,政治体系包括政府及政府颁布的具有强制力的各种正式制度,而社会体系则是指政府之外的机构、组织、人群,及其共享的不具有强制力但也拥有形塑力量的非正式制度、规范、认知观念等。人、财、物等各种资源来自社会体系,又经政治体系进行分配。因此,大学组织作为社会体系的一员,必然受环境制约。大学组织不是一个封闭的自给自足的小社会,必然要与环境进行资源的交流,而接受社会所提供的、政治体系所分配的资源的代价,就是在坚持自我信念的前提下,为社会和政治体系提供它们想要的,具有社会和政治体系所要求的功能,有为才有位。不同时空条件下的社会和政治体系的需求不同,中世纪社会和政治体系要求大学培养神职人员和律师、医生等专业人员,现代社会及政治体系要求大学培养高级知识分子和更加多样的专业人员。而在后大众化时代和知识社会,知识生产、传播和评价模式的转型使得公民以终身学习作为一种普遍的生活方式,并参与高等教育的治理中,② 在这种环境中,高等教育机构的目标、形态和内部结构必将发生根本性转变。杰勒德·德兰迪指出:"如果大学不对变化中的知识产品及认知结构转变的本质做出反应的话,它就不得不应对技术公民身份与文化公民身份合法性受到的挑战,技术公民身份与文化公民身份也被认为是新的认知结构的基础。"③ 同时,他又指出:"知识是从来都不能被完全制度化的,正如当时盛行的社会文化形式与制度架构的关系紧张一样,当政府试图给知识强加一种认知制度时,知识模式

---

① [英] E. 阿什比:《科技发达时代的大学教育》,滕大春等译,人民教育出版社1983年版,第114页。

② 黄启兵、毛亚庆:《大众化高等教育质量保障:基于知识的解读》,北京师范大学出版社2011年版,第150页。

③ [英] 杰勒德·德兰迪:《知识社会中的大学》,黄建如译,北京大学出版社2010年版,第4页。

就表现出对政府的一定程度的抵抗。"① 因此，在知识生产、传播和评价中，旧模式与新模式往往是多元并存的。我们在考虑地方本科院校的制度环境或者说外部规则时，就必须考虑这种多元性和复杂性。

虽然适应地方经济社会的发展需求、具有一定应用性早在中国地方高等教育发展之初就已是一项重要的外部规则，是地方本科院校组织合法性建构之中的应有之"法"，但从实际情况来看，地方本科院校到现在仍没有真正树立起为地方发展服务的观念并建立起一套切实可行的措施，或者说在没有真正建构起学术规范等内部规则的同时，对适应地方经济需求这项外部规则的理解、分析和践行也不到位。后大众化时代由于全球化和地方化的共同作用，地方本科院校的制度环境更是充满了多元性和复杂性，而真正融入区域，使地方本科院校之"名"与其适应地方经济社会需求之"实"能够相符，重建组织的外部合法性，就需要在自我信念的指引下，以全球—国家—地方多层面的要素流动和行动者共同作用的复杂网络的新视角新思维，对地方经济社会发展的当下与未来进行深入研究和主动适应。

其次，要理清整合的方式问题。E.阿什比认为，"新的大学类型的出现与传播……都要经过更新或杂交的过程"，为弄清楚"更新或杂交"的过程，他研究了在德国大学的教学与科研相结合的新理念给英国的伦敦大学院、美国的霍普金斯大学等带来的变化，也研究了美国的康乃尔大学和其他新型大学的兴起，还研究了20世纪60、70年代大学受到的挑战。可以发现，他所说的"更新与杂交"，既有"教学自由""学习自由"等理念分别在英国和美国的扎根和融合，也有课程体系方面相对较小但不断积累的变革，还有大学目标的彻底转变即大学的转型，这些都是在新环境下，在新观念和老共识、内部规则和外部规则不断的冲突和整合下，从规制、规范和认知三维度重建合法性即重获组织内外认可的行动。但是E.阿什比也指出："大学的进

---

① [英]杰勒德·德兰迪:《知识社会中的大学》，黄建如译，北京大学出版社2010年版，第32—33页。

化很像有机体的进化，是通过继续不断的小改革来完成的。大规模的突变往往会导致毁灭。"① 也就是说，对于大学这种具有自发秩序性质的学术机构，最有效或者说最能引向成功的是渐进的积累的小变革。即使是大学目标的彻底转变这样的组织转型过程，也应在一个较长的时间段内渐进式地完成，而不应是大规模的突变，不应是政治运动式的革命。从当前中国的实际来看，完善的高等教育市场并不存在，还没有形成真正的人才市场信号，高校在面向市场进行相应改革时，信息往往并不全面和准确，需要进行长期的研究、甄别与适应。况且在人才培养方面，真正的供求平衡也不可能在短期实现，只能在长期的波动中大致实现。在这样的现实条件下，要求地方本科院校进行整体性变革是不切实际的。作为培养人才的学术性组织更是不能轻易试错，因为一旦错误，所带来的是院校发展的停滞，以及无数学子人生历程中的缺陷，这种错误是不可逆转的。正是基于这种高风险、高代价，高等院校的改革与转型，只能是一个渐进的过程。

最后，要理清变革的基本方向。经过这种"更新与杂交"是否就一定意味着组织进化？新的组织形态是否一定比旧的组织形态好？新的组织形态是否一定取代旧的组织形态？作为具有自发秩序性质的学术组织，大学也必然是不断进化的。但是从 E. 阿什比对德国、英国、美国和苏联等国家的高等学校的分析来看，并没有说后来的一定比原有的要好，新的变化就一定是正确的，等等。相反，他还批评了一些新出现的现象，例如社会对扩充大学体系、设置学科的压力。他还认为在社会压力或政治体系的压力下即外力强制下的变革与大学进化的应有路线不一致，"社会不知道它自己需要什么"，应极力避免。② 这说明判断的标准不在于时间的先后，而在于变革的主体和方式。外部规则对内部规则的替代，或者说人为设计的秩序对大学自发秩序的替

---

① ［英］E. 阿什比：《科技发达时代的大学教育》，滕大春等译，人民教育出版社1983年版，第20页。
② ［英］E. 阿什比：《科技发达时代的大学教育》，滕大春等译，人民教育出版社1983年版，第16页。

代,会使得自生自发的内部秩序蒙受侵犯而遭到扼杀,这样的变革就不一定是好的,进步的。

中国地方本科院校重建合法性的行动往往是在外力强制下进行的,这对于具有自发性质的学术秩序的重建是不利的。而从实际的改革过程来看,对于高等院校组织的类型、形态,没有好不好的绝对的理性判断,只有此环境下是否获得认可的相对评价。无论院校要转向什么型,其最终要落实到每一位教师的授课和每一个学生的学习上,落实到参与改革的个人行动中。改革成功亦或失败的判断标准并不掌握在上级部门手里,而是由所有的利益相关群体共同掌握的。尽管资源的分配权在上不在下,但是由资源分配激励的改革其成效是相对短期的,政府要维持这种"成功"的表象,就要不断地投入下去,而在市场经济已经建立的今天,这种强势的不断投入是不符合市场经济体制的内在理性精神的,也是难以长期维持的。

(三) 制度化策略的效率取决于文化建设策略的成效

根据前一章调查中关于中国地方本科院校转型发展政策合法化过程即重建合法性的策略选择可以发现,地方本科院校对合法性资源的强大追求动力使得高校更偏好于容易获得政府认可的制度化策略。基于组织合法性理论相关论述,本书将制度化策略定义为:高校组织依据外部规则进行相应变革时,使内部政策、规章及特定标准符合外部的正式规范即正规化,或者获取政府或专业机构的某种授权,从而实现高校组织的合法化。这里的"制度"首先指的是正式的规章制度体系,通常包括了组织结构、领导体制、治理模式、资源分配方式乃至人才培养模式等内容的规定。也就是说,这里的"制度"是狭义的,不包括规范或观念。其次,虽然广义的制度化既包括规章制度体系的自主建构又包括规章制度体系的外来引进和模仿,但这里的"制度化"指的是接受和服从外部社会的合法性要求,引进和模仿外来的规章制度,属于规制维度的"制度同形"。

为什么地方本科院校会偏好于选择制度化策略,从规制维度建立合法性呢？本书认为主要有两个原因：首先，地方本科院校的偏好来自政府的偏好，通过不断颁布规章制度这一行动，地方本科院校可以重复渐进地唤起政府官员与组织目标一致的理解。也就是说，这一行动其实与制度的执行效率关系不大，而是具有了一种仪式性意义。政府偏好于从这种仪式中更为迅速和便捷地识别更支持自己的一方，而如果地方本科院校能够迅速建立起政府所要求的规章制度体系，就更容易获得政府的认可和资源上的倾斜。其次，在地方本科院校这样一个行政化色彩浓厚的科层组织里，制度化策略对于达成组织目标来说仿佛更明确也更有效率。陈洪捷在《德国古典大学观及其对中国大学的影响》中指出："价值观念对人的行为的作用常常是复杂、微妙和难以把握的，或者说给人以虚的感觉""不如制度性因素来得实在和明确。"① 也就是说，相对于观念，制度更容易固化、显化，更便于作为工具来使用和遵从。

然而，制度化策略真的富有效率吗？为什么在制度化策略偏好下，即使具有越来越丰富和完善的规章制度，地方本科院校也往往被评价为"不像"学术组织或"不像"某某类型的大学？无论是基于强制，还是基于模仿，制度化策略都属于规制维度的制度同形。然而，同形未必同型，制度如外衣，着其外衣也未必拥有某某类型大学的身份和内在。首先，相对于规章制度体系等外在形态，高等院校的身份更取决于其作为学术组织的内在逻辑性。这种内在逻辑在阿什比看来是"遗传基因"，通常以抽象的、默会形式的文化规范、认知观念表现出来。陈洪捷虽然指出制度性因素的优点在于实在和明确，但是他认为这些价值观点更不可忽视，大学作为一种组织是建立在一种强有力的文化或者说价值系统之上的，价值观念对其行为有着特殊的制约和规范作用。其次，高等院校要具有某种身份，其关键还是在于人们是否认可。在后大众化时代，新的合法性基础已经更多地建立在公众和市

---

① 陈洪捷：《德国古典大学观及其对中国大学的影响》，北京大学出版社2006年版，第8页。

场的认可之上，而在中国目前尚未将自主办学权力下放给高校的管理体制下，地方本科院校实施制度化策略所追求的主要还是上级政府主管部门的认可。当政府认可与社会认可不一致时，最后起作用的还是来自公众和社会的认可。再次，由于共识是认可的基础，偏好制度化策略而忽视文化建设策略，必然会在行政管理人员和教师、学生之间产生大量的认知分歧，而难以形成新的共识，导致重建合法性的行动效果不能达到预期。

不可否认的是，在文化建设策略下价值观和认知要素之间的冲突和抵制是常见的。例如，琳恩·米克和菲奥娜·伍德曾指出，以竞争为手段、绩效为目标的新公共管理体制的建立导致高校内部管理文化的变迁，比如教授对高校预算的影响力降低、企业化管理模式逐步占主导地位、管理成本上升、学术人员与校级管理层之间的分歧加深等。[1] 理查德·温特和詹姆士·萨罗斯对澳大利亚8所高校的1041名学术人员开展关于大学企业化改革的影响的问卷调查，结果表明学术人员认为市场和企业的价值观与大学的价值观之间存在着冲突，感到与大学之间的心理契约遭到破坏，并明显感受到工作压力，如被迫通过不合格学生、自身价值得不到认可和奖励等。[2] 在冲突和抵制的情况下，通过文化建设实现不同价值观之间的整合，建立新的内部合法性，组织的变革才能成功。

对于高等院校这种学术组织，制度的转型取决于文化—认知观念的转型，即师生认知层面的转型。更具体地说，要落实到教师的教学与科研，以及学生的学习等基层活动之中。同时，作为一种自发社会秩序，思想文化体系的建构、认知图式的革新，很难人为设计成功，也不可能一蹴而就。它只能来自于一个开放组织不断的交流与实践行

---

[1] V. L. Meek and F. Wood, "Higher Education Governance and Management: Australia", *Higher Education Policy*, 1998, 11 (2-3), pp. 165-181.

[2] R. Winter and J. Sarros, *Corporate Reforms to Australian Universities*: Views from the Academic Heartland (https://figshare.com/articles/Corporate_reforms_to_Australian_universities_views_form_the_academic_heartland/5072881).

动。而这种不断的交流与实践行动,由于组织的多样性和开放性,环境的复杂性和动态多变性,必然呈现出一定的无序状态。在组织变革的无序状态下,相关的海量信息需要进行甄别梳理去伪存真,如果只在由上而下的政府推动下来进行,其效率必然低下,其效果也非常不确定。

我们注意到,在制度化策略的实际操作中,当外部社会的相应规制并不是那么严格的时候,或者说在规制的空白点,地方本科院校趋向于对外部社会的规制文件做出有利于自己的解读和取舍。而这种自己的解读和取舍行动实际上来自组织原有的认知和行为习惯,既可能带来消极后果,使得制度化进程陷入倒退与停滞,也可能带来积极后果,在推动制度化进程的同时避免组织趋同,有利于组织建构自己的特色,走向多样化。即便如此,我们还是应该鼓励地方本科院校具有自我意识的解读和选择行动。经济学家杨小凯等在其著作《专业化与经济组织》中曾明确提出了"组织试验"的观念。① 他们认为人们对组织的信息总是有限的,在这种情况下人们不应过于迷信经济理性,而应对看似无理性的组织试验解放思想,开放头脑。他们认为一种组织结构在市场竞争中自发地出现,必有其生存的理由,无论组织试验的结果是成功还是失败,都是宝贵的经验积累,都比政府的人为设计要有效。借鉴杨小凯等人的观点,地方本科院校也是如此,只有进行充分的自主性的组织试验,不断培育或提高地方本科院校的自主性和自我发展能力,才能实现制度与文化的成功转型。当然,我们也要看到组织试验发生的前提是具有清晰的价格信号和制度创新空间的市场经济体制。政府也要给地方本科院校创造这样的具有清晰的价格信号和充分的创新空间的制度环境,尊重地方本科院校的自主试验,以此来推动地方本科院校的转型。

---

① 杨小凯、黄有光:《专业化与经济组织:一种新兴古典微观经济学框架》,张玉纲译,经济科学出版社1999年版,第340—364页。

二 地方本科院校重建组织合法性的未来展望

基于上述反思,本书认为在充满不确定的未来,地方本科院校重建组织合法性将沿着这样一条未来路线来进行:

重塑治理——→重塑学术——→重塑自我——→开创未来

(一)重塑治理才能重塑学术

地方本科院校在规制合法性上表现出的政府主导的行政化色彩浓厚的领导管理结构,制约着地方本科院校学术规范和学术文化的形成,即使地方本科院校在合法性危机下进行了多种目标的组织转型实践,在治理结构上却没有显著的变革,政府对地方本科院校强有力的干预没有变,地方本科院校缺少办学自主权和坚定的"自我信念"的状况没有变,在高等教育规范和认知模式的建构中政治性思维和经济性思维仍凌驾于学术性思维之上;企业、公众等社会各界仍缺乏深入了解和掌握地方本科院校各种办学信息的渠道,仍不能在地方本科院校人才培养方面建立起长效的合作机制和客观的评价机制。从更广的视野来看,无论是在地方高校的转型上,还是在区域高等教育结构的优化调整上,抑或是在高等教育行业的升级上,总是惯性地求助于中央政府或者省级政府统一筹划、安排、调控。在这样的路径依赖下,无论树立什么样的未来目标,都因学术秩序的缺席或受侵犯,而无法真正达到理想愿景。

亚当·斯密说:"在政府中掌权的人,容易自以为非常聪明,并且常常对自己所想象的政治计划的那种虚构的完美迷恋不已,以致不能容忍它的任何一部分稍有偏差。他不断全面地实施这个计划,并且在这个计划的各个部分中,对可能妨碍这个计划实施的重大利益或强烈偏见不作任何考虑。他似乎认为它能够像用于摆布一副棋盘中的各个棋子那样容易地摆布偌大一个社会中的各个成员;他并没有考虑到:棋盘上的棋子除了于摆布时的作用外,不存在别的行动原则;但是,在人类社会这个大棋盘上,每个棋子都有它自己的行动原则……"[1] 政府主导的治理必然导致学术组织自己的行动原则无法发挥应有的作用。而政府自以为的理性其实是有限的,无论哈耶克等国外学者还是樊纲等国内学者都曾指出,政府作为人为秩序的代表,其自身属于有利益诉求的官僚机构,而追求社会全体成员"公共利益"的全知全能的"超人"式政府在现实中并不存在。政府由于功利主义目的所带来的不恰当的规制,无论过度规制与还是自由放任,都能够带来官僚主义、缺乏竞争、信息不充分和秩序混乱等政府失灵问题,从而扼杀高等院校组织所应有的建立在学术自由内核之上的创新与创业精神。

因此,要通过重塑学术秩序以重建地方本科院校的组织合法性,就必须首先重塑地方本科院校的治理。具体来说就是,政府部门要重塑自身的治理模式,对其管理行为加以规范,改善规制质量,最终目的是实现地方本科院校健康而可持续的发展。必须确立政府、市场、社会和高校的边界,不仅需要建立和完善市场机制,让各类高校组织公平竞争,充分发挥市场竞争的优胜劣汰作用,更需要转变政府治理方式,摒弃对公立高校的单方面保护的行政干预性治理方式,弱化产业政策,强化市场机制,坚持市场化导向的同时大力推进法治建设,要特别注意构筑适宜地方本科院校重建组织合法性行动的观念环境、政策环境、法律环境、经济环境和社会环境。

其次,引进公民对公共高等教育发展的满意度等指标,建立多元的社会评价与监督机制,对高等院校的变革始终保持有合理的外部压力。

最后,基于高等教育知识的高深性和高等教育活动的专业性,还需要建构和加强一种中间力量,即能够超越个别学术组织或政治团体利益,代表公众对学术的认同,对高等院校的发展状态进行合理评估和监控的第三方组织。这种中介组织需由代表学术力量的"内部人"来主导,以避免从政治或经济利益出发对学术组织的功利性误导。

---

[1] 韦森:《社会秩序的经济分析导论》,上海三联书店2001年版,第34页。

(二) 重塑学术才能重塑自我

长期以来，在地方本科院校中知识工具化、功利化，学术秩序被政治秩序替代，学术权力被各级行政权力所压制或主导，学术规范从属于政治规范和经济规范，学术文化不能深入人心。在这样的缺陷下，地方本科院校像一个行政机构，其中官僚作风严重，人们打着官腔，开着官会，忙于追逐官位；地方本科院校像一家企业，将人才培养和科学研究视为生产流程，严格核算着成本与效益，也热衷于搞创收；地方本科院校像一个工地，充斥着各种看得见的大楼、大校园等基本建设工程，以及各种看不见的政绩工程；地方本科院校像一个大家族，有的一家子世代在其中生活，讲人情重关系……地方本科院校却最不像它应有的自己，一个作为学习的乐园、知识的殿堂而存在的学术组织。因此，要重塑自我，地方本科院校就要通过重塑学术秩序来重建内部合法性，培育"自我信念"，主动适应地方经济社会需求以使名实相符，具体如下：

重塑学术是地方本科院校重塑自我的首要内容，这就意味着地方本科院校作为一个学术组织，不仅在物质条件和校园基础建设方面要与学术组织的形象相符，而且在内部管理和运行机制方面要按学术秩序进行，要求地方本科院校的内部人员，无论领导干部、普通教师或大学生，要具有应有的角色规范，按照学术组织应有的正确方式做事，进行各种教育教学活动。那么，究竟如何在地方本科院校重建学术秩序呢？据阿什比所论述的，客观无私、发展理性、尊重知识的固有价值等是大学的遗传基因，即大学"自我信念"的核心部分。重塑学术秩序，就是要遵从这些内部规则和理念，从规制、规范与文化—认知三维度重塑学术秩序、学术规范与学术文化。既要在领导层重塑应有的学术精神，又要寻求大学社区的参与，通过各种活动营造学术气氛；既要抓住学校发展中的关键性事件，点燃转变的火花，又要制订规划和日程，坚持不懈。

其次，重塑自我还要求地方本科院校增强自身选择和主动适应环境的能力,即通过人才培养、科学研究、技术创新、文化建设、社会服务等途径,增强自身主动适应和融入区域的能力,使地方本科院校之"名"与其适应地方经济社会需求之"实"能够相符。正如前面所论述的,全球化时代对于全球—地方关系的新认知,挑战了高等教育获得合法性的唯一模式,即预示了可能有多样化的高等教育合法化模式。而当前很多地方的产业结构本身是有缺陷的,地方本科院校需要以产业结构调整和升级为导向,以当代社会对人才综合素质的要求为依据,从教材、教学大纲、教学方法等做起,更新知识观、产业观和人才观,在灵活的适应论哲学指导下,积极主动地融入区域和地方社会。而坚守学术精神与主动适应和融入区域两者是并行不悖的。大学必须发展原有共识,将其凝练为一种能够激发大学组织主动适应环境、避免外力干预的"强烈而统一的自我信念"。当这种主动适应环境的"自我信念"成为一种动力来源,地方本科院校就可以跨越短期功利主义的陷阱,对组织进行理性的持续而渐进的有效改进,从而建立起提升技术创新与服务能力的长效机制。

最后,重塑自我还要求地方本科院校提高办学绩效。如前所述,地方本科院校的办学绩效即其在教学、科研、社会服务等方面的投入产出比。支持地方本科院校运行的各种资源投入来自社会,那么地方本科院校也要不断提高产出水平以符合社会期望。由于社会期望集中在地方本科院校的教学和学生就业方面,这就要求地方本科院校不断提高教育教学质量,积极促进学生就业和个体成长,提升学生、企业和公众对地方本科院校的满意程度。

(三)重塑自我才能开创未来

在高等教育领域,过去、现在与未来都是重要的,过去决定着现在的摸样,过去和现在一起又决定着未来的发展之路。后大众化时代一定不是高等教育的终结,它只是促进对高等教育的过去——大众化时期规模发展道路的反思,究竟会不会超越这个反思阶段,出现高等教育普及化阶段呢?如果不是普及化,那么又是什么阶段呢?换句话说，高等教育的未来是怎样的？中国高等教育的未来是怎样的？人们对未来有着各种各样的想象。那么，对于地方高校来说，这个未来又具有什么样的意义呢？地方本科院校该如何从不确定的未来中找到组织继续发展的合法性呢？

詹姆斯·杜德斯达认为，在对"21世纪的大学"这样一个目标的解释上"面临着一个特别的两难境地"，原因是"现代社会变化的步伐是如此之快、性质又如此深刻，以至于像大学这样的社会机构难于认识并理解变化的真正本质，反应不灵敏，适应也不充分。任何旨在弄清楚并分析大学新模式的努力都要认识到这些模式必须要适合于不断变化的环境"。不断变化的环境和反应不灵敏的大学机构之间存在着一定差距，而在21世纪的大学应有的具体模式上又有着很多可能性，包括世界大学、多样化大学、创造性大学、不分科大学、虚拟大学、成人大学、大学学院、终身大学、无所不在的大学、实验室大学等，"大学并不一定会采取其中的任何一种模式。但是每一种模式都有着21世纪美国高等教育的部分特征。而且，当我们试图确定能为一个迅速变化的世界所服务的大学本质的时候，每一种模式都可以为我们提供一条值得探索的途径"。[①] 现在虽然已经进入21世纪十多年了，但高等院校的未来发展目标仍然多元而复杂，充满不确定性。地方本科院校始终处于寻求新的组织合法性的行动之中。

正如冈伯特所强调的前摄立场，伯顿·克拉克所提出的"自我信念"和"创业素质"，能够支持地方本科院校渡过危机，开创未来的，只有重塑自身的学术秩序和内部规则，在"自我信念"的引导下寻找未来无数的可能中最为有利于自身发展的空间。对于发展历史较短，学术文化极不成熟的地方本科院校而言，这种自主创业与发展的信念和素质的培育是未来道路上最艰难的也是最关键的任务，它依赖于地方本科院校组织文化的转变，根植于组织成员以及利益相关者的理念

---

① [美]詹姆斯·杜德斯达:《21世纪的大学》，北京大学出版社2005年版，第234、235页。

之中。这种自主创业的信念和素质的培育，要求地方本科院校切实转变行政逻辑为学术逻辑，先获得学术逻辑下的自立，而后再具备真正的主体意识和主体能力，并形成以学术本位为导向自主管理的自觉性。这无异于一种文化上的自我重生，而唯有这种自我的重生，才能构建坚实的未来发展道路。

结　语

本书基于组织合法性理论的分析框架，结合后大众化时代西方高等院校组织合法性危机的相关研究，对中国地方本科院校组织合法性危机的表现进行分析和比较，确定危机的实质，并对地方本科院校组织合法性危机的根源进行历史考察和现实考察，选取地方本科院校的典型案例，对当前地方本科院校重建组织合法性的实践行动进行案例分析，对地方本科院校重建组织合法性的行动进行反思，对地方本科院校重建组织合法性的未来路线进行展望。本章主要对前述研究的主要结论、研究创新与局限进行阐述。

一　主要结论

本书通过历史梳理、案例分析、统计分析和理论探讨，探索后大众化时代中国地方本科院校的组织合法性的表现、实质、历史和现实根源，以及重建组织合法性的实践行动与存在问题。以下为本书的主要结论。

（一）后大众化时代的标志就是大众化时代的合法性受到了挑战，形成了特有的"合法性危机"

后大众化是本书的重要概念，也是高等院校面临组织合法性危机的时代背景。本书通过"是否可以简单地将高等教育后大众化定义为高等教育毛入学率或高等教育在校生规模指标在增长速度上的缓慢甚至负增长？""如果说后大众化的特征就是高等教育面临的某种危机，那么作为危机的表现，高等教育究竟面临哪些困境？如何看待困境与危机之间的关系？""后大众化是否还属于大众化阶段之内？"三个问题，结合美日等西方高等教育发达国家的近期变化，得出以下结论：

美日学者所提出的后大众化更多的是指高等教育所面临的一种特殊危机，这种危机的具体表现可以是多方面的，因此不能简单地将高等教育后大众化定义为高等教育毛入学率或高等教育在校生规模指标在增长上的停滞；

虽然后大众化的特征在各国的表现有所不同，但也具有一定的共性特征，如政府财政支持减少，绩效评估和问责制度趋于严厉，在越来越激烈的市场竞争下高校之间差距不断拉大，管理主义与职业主义等趋向与传统学术观念之间冲突增多，性别、种族、区域等方面的高等教育公平问题越来越引起关注，高校的合法性基础开始被质疑。这些困境都是高校生存环境恶化的表象，其本质是反映高等教育与社会的关系，可以总结为社会对高等教育价值的认可危机，即高等院校的组织合法性危机；

后大众化时代并非大众化向普及化过渡的阶段，它并非必然指向普及化，大众化理论已不再适用，后大众化已经不属于大众化阶段。后大众化时代经济社会的特征已经明显不同于大众化理论提出时期的社会和经济特征，经济社会的后现代、新工业化、全球化、知识社会等转型因素叠加，共同给高等教育发展带来困境与危机，原有的高等教育大众化发展模式已无法解释或概括高等教育发展实际，在这一时期很多国家已完成或超越大众化阶段，甚至有的国家虽然还没有真正完成大众化的标志性目标，但已失去了沿着原来设计的雄心勃勃的大众化预定道路来进行的动力，仍以规模扩张为标志的普及化阶段失去了原来的意义，即不再是高等教育所追求的目标。高等院校组织变革的特征也已超出了马丁·特罗在大众化理论中的描述。在这样一个失去原有目标，正在探索新的发展目标的阶段，各种关于高等教育的迷茫、反思、质疑就成为了时代主题。因此，可以将后大众化时代界定为高等教育高速发展后出现的各种矛盾凸显的平台期。

后大众化时代的标志就是大众化时代的合法性受到了挑战，形成了特有的"合法性危机"。那些所面临的困难和矛盾只是危机的表象，危机的本质在于高等教育需要新的发展模式，只有新的发展模式才能得到新的社会认可。也只有在对这样的危机进行回应，在对高等教育新的发展道路进行探索，对高等教育新的发展规律进行总结的过程中，高等院校重建新的组织合法性，通过组织创新发现新的未来，从而走向新的时代。

（二）中国地方本科院校所面临危机的实质仍为组织合法性危机

通过地方高校数量、在校生规模及其占全国比重的分析，可以发现中国高等教育的大众化发展道路主要是依靠地方高校的扩张来完成的。而地方本科院校作为地方高校群体中的重要组成部分，受到扩招政策和结构调整政策等多重因素的影响，在发展上出现了一定困境。

本书对中国地方本科院校当前所面临的种种困境进行分析，认为从危机和变革的角度来看，中国高等教育规模发展已进入问题集中显现的"平台期"，即已步入高等教育后大众化阶段。这一时期，地方本科院校的组织合法性危机主要表现为以下困境：政府财政投入虽然保持增长，但与学生规模的增长相比仍显不足，在大量利用银行信贷资金的情况下，一些地方本科院校财务存在一定风险；地方本科院校资源配置与部属院校之间的差距拉大，在生源市场等竞争中处于相对弱势，生存空间被压缩；地方本科院校区域分布出现严重失衡，高等教育不公平问题显著；从社会评价和政府评估等方面来看，作为学术组织的地方本科院校在身份、地位和办学绩效等方面广受质疑，合法性受到威胁。

综上所述，生存环境恶化和认可危机在中国地方高校的发展中也是存在的。虽然在大众化进程中，地方本科院校数量始终没出现过急剧减少的变化，在校生的总体规模也始终处于增长态势，政府来源的财政投入与学费等多元化的经费来源共同支持了高校支出的持续增长，但是地方本科院校在身份、地位和办学绩效等方面不断遭受质疑，这说明了地方本科院校所遭遇危机的实质仍然是合法性危机，即社会或市场对地方高校所秉承的价值观和办学模式的信任危机、认可危机。这一点是中国地方本科院校与美日等西方国家高校在所遭遇危机方面的共通之处，也许危机的具体表现有所差异，但本质上是一致的。这种合法性危机，首先是关于地方本科院校存在和发展合法性评价的主体变化所带来的危机，即进一步走向公共问责下的合法性建构的危机；其次，这种合法性危机是关于地方本科院校存在和发展合法性评价的内容变化，是人口和经济社会发展引起的人们关于质量观念的变化所导致的。因此，这种合法性危机实质上反映了高等教育与中国社会的关系。不同建构主体代表政府或市场的力量，为地方本科院校的变革行动提供了不同程度的外部压力，对地方本科院校重建合法性的方式和内容具有不同影响。

我们也要看到，造成地方本科院校失去应有的自我，产生身份合法性危机的根本原因还是在于长期以来形成的由上而下的政府强有力的规制与干预，正是由于政府的这种"治"，才造成了行政秩序对学术秩序的替代，以及地方本科院校学术身份和自主精神的失落。这一点应是中国地方本科院校与西方高校在合法性危机上的根本不同。管理体制和院校自主性方面的差异导致中国地方本科院校合法性危机的具体表现也有所不同。正是由于中国地方本科院校是受政府规制管理的公立高校，其发展受政府干预较多，其财政危机主要是政府支持下过快的规模扩张和盲目贷款引起的，可以通过政府的各种政策手段来消解。近年来该危机确实由于生均经费投入的增长而得到舒缓，并且地方本科院校在政府主导下掀起新一轮建设热潮。这使得地方本科院校在经费投入上的发展趋势与美日等西方国家的高校经费投入状况有很大不同。同时，与美日等西方国家相比，中国高等教育市场竞争因素较弱，虽然地方本科院校资源配置与部属院校之间的差距拉大，在生源市场等竞争中处于相对弱势，生存空间被压缩，并成为人们对地方本科院校不满和不信任的来源之一，但这种竞争中的弱势更多的是政府资源配置不平等的结果，而并非市场竞争的结果。因此，与西方高等院校组织相比，地方本科院校所面临的合法性危机还包含了政府干预对高等教育应有的学术秩序的替代所带来的危机。

（三）中国地方本科院校组织合法性危机的根源在于由上而下的行政化领导管理体制下，学术规范与学术文化发育极不成熟，学术逻辑被政治逻辑和市场逻辑主宰，办学理念受实用主义和短期功利主义严重影响

本书认为高等教育组织用以区别于其他组织的特殊的合法性体现在对学术性的要求上。本书依据组织合法性理论中斯科特的分类，研究地方本科院校在制度初始化时期与制度变革时期，在规制合法性、规范合法性和认知合法性等方面的主要特征，并与当前中国经济社会转型发展趋势相结合，总结地方本科院校组织合法性危机的根源，主要结论如下：

从中国地方本科院校的历史发展来看，由于建校历史较短，学术基础薄弱，天生就缺乏关于学术规范的共识，官本位文化等一些固有的非学术组织的基因给学术秩序的重建带来障碍和干扰。虽然在政府主导的对苏联高等教育制度和组织模式的移植中，在政府的由上而下集中统一的规制下，地方本科院校不断建立和完善领导管理、组织结构、人才培养等方面的规章制度体系，遵守当时的政府和社会所要求的"又红又专"等规范要求，逐步建立起计划性较强的专业教育模式以及与之相适应的实用主义知识观，在高等教育制度初始化时期形成了或者获得了规制合法性、规范合法性和认知合法性，却忽视了学术规范和学术文化的培育和发展，也就是地方本科院校作为学术机构和高级人才培养机构所应具有的本源和共识。而在改革开放后的制度变革时期，地方本科院校虽然在分权理念下建立了新的规制合法性，但由于分权改革不彻底，以及自身学术规范和学术文化的欠缺，而使得新的规制合法性在"放乱收死"的恶性循环下极不稳固；地方本科院校虽然在"平等"与"效率"等新的规范要求下努力建构新的规范合法性,但仍以不符合大学理性精神的僵化的适应论哲学为基础,学术逻辑被政治逻辑和市场逻辑主宰,使得新的规范合法性难以真正形成;在忽视地方本科院校自主性的政府规制和忽视学术性的高等教育规范下,地方本科院校长期以来形成的实用主义知识观没有得到根本改变,旧有的知识观和思维方式,旧的课程体系和教学制度,与市场功利主义和固化的利益格局结合在一起,使得新的认知合法性难以形成。而从当前经济社会新常态,即中国经济的增长降速,政府高投入的模式难以长期维持,科技创新能力不足,市场机制亟待完善,社会共享价值观发生深刻转向等现实条件,及新常态下对创新人才的新需求与地方本科院校现有的办学理念、治理模式、领导管理体制和人才培养模式之间的冲突可以看出,地方本科院校在制度变革时期对新的合法性的建构行动是不成功的。特别是由上而下的管理体制、受实用主义和短期功利主义影响的办学理念、极不成熟的学术规范与学术文化、僵化的适应论哲学下的专业教育模式等对地方本科院校组织变革带来制约,工具理性所主导的人为秩序对应有的学术自发秩序的替代,导致其知识创新和组织转型难以真正进行,并最终引起政府和市场共同的不认可,使得地方本科院校在规制、规范和文化—认知维度的合法性面临解构危机。

可以将地方本科院校合法性的解构总结如下:

首先,当新的组织合法性基础已经更多地建立在公众和市场的认可之上,而地方本科院校的规制合法性仍以由上而下的政府认可为主,以行政化的领导管理体制为主,从而带来地方本科院校规制合法性的解构;

其次,当新的组织合法性基础已经更多地转向知识创新所需要的学术逻辑和市场逻辑相协调,以学术规范为基础实现效率与平等兼顾,要求地方本科院校内化或再生产经济社会转型新需求的共同意义,实现一种灵活的宽容度更高的适应论哲学之时,而地方本科院校仍以不符合大学理性精神的僵化的适应论哲学为基础,由政治逻辑主宰和修

正市场逻辑的道德规范为主,使得学术规范既天生不足又后天发育不良,从而带来地方本科院校规范合法性的解构;

再次,当组织合法性基础已经更多地转向经济社会转型所需要的新的知识与技能,并要求后现代文化、学术文化、地方文化等有机融合,而旧模式仍以僵化的或者受市场功利主义影响的实用主义知识观为主,以适应于传统工业化标准的发展相对滞后的知识和技能,和发育极不成熟的学术文化为主,从而带来地方本科院校文化—认知合法性的解构。

(四)当前地方本科院校重建组织合法性的实践行动仍主要以各级政府的决策为合法性来源,市场压力并非地方本科院校重建合法性行动的决定性因素;地方本科院校倾向于在政策导向的空白地带发挥自主性

本书将组织转型视为重建组织合法性的行动,因而本书中的组织转型的涵义较为宽泛,不特指向应用技术大学的转型,而是包括了向高水平综合性、教学研究型、应用技术性等多样化目标的转型,以及划转、省部共建等因办学主体转变发生的组织转型,或者因专科向本科升格而发生的组织转型。本书选取正处于转型过程中的地方本科院校作为典型案例,调查地方本科院校内部组织成员对地方本科院校组织目标和转型策略的评价与认同情况,总结地方本科院校转型发展过程中存在的主要问题,得出以下结论:

首先,各级政府的决策是地方本科院校合法性的最主要来源,地方本科院校采取行动时必然要考虑与政策导向是否一致,来自政府的政策压力对地方本科院校的决策有着关键性的影响。而来自招生就业市场的压力和社会评价趋向,是地方本科院校组织合法性的重要来源,引起地方本科院校越来越多的重视,但是并非地方本科院校采取行动的决定性因素。地方本科院校倾向于在政策导向的空白地带发挥自主性,尤其是在市场压力和社会评价所提供的合法性支持下,这种自主性更加明显。这说明,政府在政策方面的主导思维,甚至在专业设置等方面的严格控制手段仍是计划思维的,对市场化进程而言是一种阻碍。在这种政府主导的思维下,虽然由于改革时间尚短,成功或失败的转型效果还难以确定,但自主性有限的改革很难从根本上解决地方本科院校在管理体制、教学质量和毕业生就业等方面的问题,从而无法消解地方本科院校的合法性危机。

其次,从地方本科院校的实际行动来看,地方本科院校对危机的感知和应对构成了组织转型和发展的目标,以及围绕目标进行的种种合法化策略。而在政府等外力的推动下,地方本科院校对合法性资源的强大追求动力使得高校更偏好于能够见效快且显著的修辞策略和制度化策略,而忽视文化建设策略,因而必然会在转型过程中,在行政管理人员和教师、学生之间产生大量的认知分歧,而难以形成新的共识,不利于其"自我信念"的形成,导致重建合法性的行动效果不能达到预期。换句话说,地方本科院校的策略偏好,决定了组织转型的空心化,或者说合法性的形式化,即规制合法性和规范合法性的建设并没有与认知合法性建设完全匹配,最终不仅不能加强地方本科院校的学术规范和学术文化建设,而且将导致新的规制、规范等维度的组织合法性建构流于形式,实施效果较差。

要应对组织合法性危机,政府和学校都要进行变革和调整。根据经济学家杨小凯等人提出的组织试验理论,由地方本科院校发挥其自主性而进行的转型道路的探索其效率和效果显然要胜过由政府越俎代庖的人为设计和干预。政府只有放松一些政策管制,让地方本科院校根据实际情况来决定发展方向,让其"自我信念"得以生长,重新构建学术秩序,才能真正形成地方本科院校的办学特色与优势,满足地方经济社会的发展需求和个人的发展需求。另一方面,目前完善的高等教育市场并不存在,也就是说还没有形成真正的人才市场信号,在缺少新的市场规则情况下,社会仍然依赖原来的识别信号体系和计划体制来满足人才需求,实现对高校的评价。政府应为高校提供一个具有良好的价格信号和充足的创新空间的市场环境。

（五）地方本科院校重建组织合法性要遵循三条基本规律，走重塑治理、重塑学术、重塑自我、开创未来的路线

本书通过对地方本科院校合法性危机和重建组织合法性行动的反思，总结了三条重建合法性的基本要素或主要规律，并对其重建组织合法性的未来路线进行展望。主要结论如下：

首先，作为共识存在的"自我信念"是高等院校获取合法性的根本，是高校组织的新基因，代表大学能够不断获取和整合组织内外规制合法性、规范合法性和认知合法性的能力；

其次，遗传与环境的冲突与整合代表合法性的危与机，地方高校要在自我信念的指引下，积极融入区域，使其名实相符；

再次，制度化策略的效率取决于文化建设策略的成效，应重视通过文化建设策略的实施，消除认知分歧，形成新的共识；

本书认为在充满不确定的未来，地方本科院校重建组织合法性将沿着这样一条未来路线来进行：

首先，重塑治理才能重塑学术。重塑地方本科院校的治理，即对政府部门的管理行为加以规范，改善规制质量。

其次，重塑学术才能重塑自我。地方本科院校重塑自我包括重塑学术秩序，增强自身主动适应和融入区域的能力，提高办学绩效。

再次，重塑自我才能开创未来，寻求新的组织合法性。

二　创新之处与局限

（一）创新之处

首先是研究视角的创新：

地方本科院校当前的发展困境已引起很多研究者的关注，关于地方本科院校转型问题的研究也成为近年来的热点。从学者们的种种努力可以看出，该研究亟需一个更适切或更具有解释力的理论视角和分析框架。而通过组织社会学中的合法性理论在企业研究、社会福利组织研究等领域的应用，可以认为该理论对于组织的生存、发展及转型有较强的解释力。虽然也有学者将合法性机制或者"制度同形"理论应用于中国高等教育领域的行政化管理体制、人事管理制度等研究中，但其往往关注于制度的合法化过程或扩散过程本身及其产生的组织趋同，而对于获取合法性即合法化的具体过程来说更"上位"的理论——合法性的概念、分类及建构等方面的理论关注较少，对其在高校组织研究中的应用关注更少。因此，本书将组织合法性理论引入到地方本科院校发展困境及转型的研究中，试图在组织合法性理论的指导下，从后大众化时代地方本科院校所遭遇困境和危机的性质界定着手，分析其组织合法性危机的表现与实质、历史根源与现实根源、重建策略的选择与偏好，在研究视角上具有一定创新价值。

其次是研究观点的创新。

本书以后大众化时代中国地方本科院校的发展困境及组织转型为主要研究对象，通过概念梳理、理论探讨、统计分析、历史研究和案例分析，得出了以下具有创新价值的观点：

（1）后大众化时代的标志就是大众化时代的合法性受到了挑战，形成了特有的合法性危机。

本书结合美日等高等教育发达国家的近期变化，分析后大众化的内在涵义和本质，认为不能简单地将后大众化定义为高等教育毛入学率或在校生规模指标在增长上的停滞；后大众化已不属于大众化阶段，原有的大众化发展模式已无法解释或概括高等教育发展实际，在这样一个失去原有目标，正在探索新的发展目标的阶段，各种关于高等教育的反思与质疑就成为了时代主题。因此，可以将后大众化时代界定为高等教育高速发展后出现的矛盾凸显的平台期，时代标志就是"合法性危机"。危机的本质在于高等教育需要新的发展模式以适应经济社会转型。高等院校需要对此进行回应，重建组织合法性。

（2）当前中国地方本科院校所面临困境和危机的实质仍为组织合法性危机。

本书通过对地方本科院校当前困境的分析，认为中国高等教育规模发展的"平台期"即后大众化时代已到来。通过对这一时期地方本科院校组织合法性危机的具体表现的研究，可以发现，生存环境恶化和认可危机在地方本科院校的发展中也是存在的。地方本科院校作为学术机构却在身份、地位和办学绩效等方面不断遭受质疑，说明其所遭遇危机的实质仍是合法性危机，即社会对地方本科院校所秉承的价值观和办学模式的信任危机、认可危机。这种危机首先是合法性评价主体变化带来的，即进一步走向公共问责下的合法性建构的危机；其次是合法性评价内容变化导致的，是新的经济社会发展趋势下质量观念的变化引起的。

（3）地方本科院校组织合法性危机的根源在于：由上而下的行政化领导管理体制下，学术规范与学术文化发育极不成熟，学术逻辑被政治逻辑和市场逻辑主宰，办学理念受实用主义和短期功利主义严重影响。

本书依据斯科特的合法性分类，研究在制度初始化时期与制度变革时期，地方本科院校在规制合法性、规范合法性和认知合法性三方面的主要特征，并与当前中国经济社会转型发展趋势相结合，得出该观点。

（4）地方本科院校重建合法性的实践行动仍主要以各级政府的决策为合法性来源，市场压力并非地方本科院校重建合法性行动的决定性因素；地方本科院校倾向于在政策导向的空白地带发挥自主性。

本书认为转型即重建合法性的行动，因此选取正处于转型过程中的地方本科院校作为典型案例，调查地方本科院校组织成员对组织目标和转型策略的评价与认同情况，总结转型发展过程中的主要问题，并得出该观点，认为要消解这种危机，政府和学校都要进行变革和调整。

（5）作为共识存在的"自我信念"是高等院校组织获取合法性的根本，制度化策略的效率取决于文化建设策略的成效。

本书在伯顿·克拉克有关高等院校"自我信念"论述的基础上，认为高等院校在长期发展中逐渐形成的"强烈而统一的自我信念"是高等院校组织的新基因，代表大学能够不断获取和整合组织内外规制合法性、规范合法性和认知合法性的能力，是高等院校获取合法性的根本。地方本科院校的合法性危机从根本上来说，是"自我信念"缺乏而造成的。本书总结了案例高校重建组织合法性的策略选择偏好，发现在政府等外力的推动下，地方本科院校对合法性资源的强大追求动力使得高校更偏好于能够见效快且显著的制度化策略和修辞策略，忽视文化建设策略，从而导致重建合法性的行动效果不能达到预期，因此提出制度化策略的效率取决于文化建设策略的成效，应重视通过文化建设策略的实施，消除认知分歧，形成新的共识，从而有利于高校"自我信念"的形成。

（6）地方本科院校重建组织合法性的路线应为：重塑治理—重塑学术—重塑自我—开创未来。

本书以实践考察和理论分析的结果为依据，提出地方本科院校重建组织合法性的未来路线，认为一方面政府部门要重塑自身的治理模式，改善规制质量，另一方面地方本科院校要重塑学术秩序，培育"自我信念"，主动适应地方经济社会需求以使名实相符。

最后是研究方法的创新：

本书借鉴组织合法性研究中有关合法性测度的相关方法，试图通过组织数量和规模的变化、资源数量和质量的变化等来反映政府及其他利益相关者对地方本科院校的支持水平变化，结合政府评价、社会评价和排名，综合反映地方本科院校作为群体所面对的质疑、挑战和合法性困境的构成。并且本书还在借鉴西方高等院校重建合法性的相关策略和经验的基础上，通过对案例高校代表性人员的访谈和问卷调查来探索地方本科院校对合法性危机的感知及应对策略，对合法性的测度与综合分析做了一定努力，在研究方法上具有创新性。

（二）本书的局限

虽然本书在地方本科院校合法性危机的测度方面做了一定尝试，但是基于合法性理论本身所具有的抽象性，和本人在量化研究方面经验的欠缺，在合法性危机的测度方面仍然面对很多困难，难以达到准确测度的目标,因此辅助以一定的理论分析,以政府评价、社会评价和排名以及学术界和媒体的一些观点,来综合反映地方本科院校作为群体所面对的质疑和挑战。此外,由于本人研究能力所限,在对地方高校的案例调查中所使用的自编问卷有不成熟之处,研究的深度有待进一步深化。笔者将在今后的研究中去弥补以上遗憾。

参考文献

中文文献

1. 著作类

[美] 约翰·S. 布鲁贝克：《高等教育哲学》，王承绪等译，浙江教育出版社1998年版。

[加] 比尔·雷丁斯：《废墟中的大学》，郭军等译，北京大学出版社2008年版。

[英] 杰勒德·德兰迪：《知识社会中的大学》，黄建如译，北京大学出版社2010年版。

[美] 菲利普·G. 阿特巴赫等：《为美国高等教育辩护》，别敦荣、陈艺波译，中国海洋大学出版社2007年版。

[法] 让-弗朗索瓦·利奥塔尔：《后现代状态：关于知识的报告》，车槿山译，生活·读书·新知三联书店1997年版。

[英] 安东尼·史密斯、弗兰克·韦伯斯特：《后现代大学来临?》，候定凯、赵叶珠译，北京大学出版社2010年版。

[美] 詹姆斯·杜德斯达：《21世纪的大学》，刘彤译，北京大学出版社2005年版。

[美] 詹姆斯·杜德斯达、达弗瑞斯·沃马克：《美国公立大学的未来》，刘济良译，北京大学出版社2006年版。

[美] 帕翠西亚·冈伯特：《高等教育社会学》，朱志勇、范晓慧译，北京大学出版社2013年版。

［美］伯顿·克拉克：《高等教育系统——学术组织的跨国研究》，王承绪等译，杭州大学出版社1994年版。

［美］伯顿·克拉克：《建立创业型大学：组织上转型的途径》，王承绪译，人民教育出版社2003年版。

［美］伯顿·克拉克：《大学的持续变革——创业型大学新案例和新概念》，人民教育出版社2008年版。

［英］E. 阿什比：《科技发达时代的大学教育》，滕大春、滕大生译，人民教育出版社1983年版。

［美］克拉克·克尔：《高等教育不能回避历史——21世纪的问题》，王承绪译，浙江教育出版社2001年版。

［美］玛丽埃伦·韦默：《以学习者为中心的教学：给教学实践带来的五项关键变化》，洪岗译，浙江大学出版社2006年版。

［美］E. 格威狄·博格、金伯利·宾汉·霍尔：《高等教育中的质量与问责》，毛亚庆、刘冷馨译，北京师范大学出版社2008年版。

［日］大塚丰：《现代中国高等教育的形成》，北京师范大学出版社1998年版。

［美］W. 理查德·斯格特：《组织理论：理性、自然和开放系统》，黄洋等译，中国人民大学出版社2010年版。

［美］W. 理查德·斯科特：《制度与组织》，姚伟、王黎芳译，中国人民大学出版社2010年版。

联合国教科文组织和世界银行：《发展中国家的高等教育：危机与出路》，蒋凯译，教育科学出版社2001年版。

OECD：《OECD展望：高等教育至2030》，重庆大学出版社2011年版。

金耀基：《大学之理念》，生活·读书·新知三联出版社2001年版。

张应强：《高等教育现代化的反思与建构》，黑龙江教育出版社2000年版。

张应强：《精英与大众——中国高等教育60年》，浙江大学出版社2009年版。

王建华：《我们时代的大学转型》，教育科学出版社2012年版。

顾永安等：《新建本科院校转型发展论》，中国社会科学出版社 2012 年版。

陈新民：《区域经济视野下的新建本科院校转型研究》，浙江大学出版社 2014 年版。

叶芃：《地方高校定位导论》，湖北人民出版社 2007 年版。

潘艺林：《从超越到世俗——西方高等教育的当代转型》，山东教育出版社 2011 年版。

朴雪涛：《现代性与大学——社会转型期中国大学制度的变迁》，人民出版社 2012 年版。

黄启兵、毛亚庆：《大众化高等教育质量保障：基于知识的解读》，北京师范大学出版社 2011 年版。

史静寰、罗燕、赵琳等：《本科教育：质量与评价（2009—2011）》，教育科学出版社 2014 年版。

汪霞、孙俊华、宗晓华等：《高校课程结构调整与大学生就业问题研究》，南京大学出版社 2013 年版。

丁么明主编：《孝感学院志（1943—2008）》，湖北人民出版社 2009 年版。

储常林主编：《西北高等农林教育史》，中国农业出版社 1995 年版。

刘颖：《除旧布新：新中国成立初期中共对高等教育的接管与改造》，人民出版社 2010 年版。

李江源：《我是一个工农兵学员——泛政治化教育中的受教育者》，福建人民出版社 2006 年版。

樊平军：《知识视野中的中国大学专业设置研究》，北京师范大学出版社 2011 年版。

金生鈜：《规训与教化》，教育科学出版社 2004 年版。

曲士培：《中国大学教育发展史》，北京大学出版社 2006 年版。

罗丹：《规模扩张以来高校专业结构变化研究》，广东高等教育出版社 2010 年版。

中国高等教育学会组编：《改革开放 30 年中国高等教育发展经验专题

研究（1978—2008）》，教育科学出版社 2008 年版。

刘道玉：《中国高校之殇》，湖北人民出版社 2010 年版。

陈兴明：《中国大学"苏联模式"课程体系的形成与变革》，社会科学文献出版社 2012 年版。

周光礼主编：《中国高等教育质量评估体系有效性研究——基于社会问责的视角》，湖南人民出版社 2012 年版。

陈洪捷：《德国古典大学观及其对中国大学的影响》，北京大学出版社 2006 年版。

韦森：《社会制序的经济分析导论》，上海三联书店 2001 年版。

麦可思中国大学生就业研究课题组：《2009 年中国大学生就业报告》，社会科学文献出版社 2009 年版。

麦可思研究院：《2016 年中国大学生就业报告》，社会科学文献出版社 2016 年版。

2. 期刊、学位论文

展立新、陈学飞：《理性的视角：走出高等教育"适应论"的历史误区》，《北京大学教育评论》2013 年第 1 期。

黄厚明：《大学合法性危机：大学治理的原因探究》，《高教研究》（西南科技大学）2009 年第 1 期。

钱志刚：《学术权力合法性危机与大学组织结构变革》，《教育发展研究》2012 年第 13—14 期。

许士密：《现代大学文化的合法性危机》，博士学位论文，华中科技大学，2011 年。

俞冰、刘标、许庆豫：《高等教育现代化的危机与消解》，《清华大学教育研究》2012 年第 5 期。

陈晓梅：《高校"合法性危机"及其根源的思考》，《高等农业教育》2015 年第 2 期。

曹云亮：《高校管理制度合法性危机现象探析》，《现代教育管理》2012 年第 4 期。

张永胜：《论大学治理权合法性的危机与重建》，《国家教育行政学院学报》2010 年第 9 期。

文东茅：《转制学校的合法性危机与重建》，《教育发展研究》2008 年第 7 期。

严智雄：《高职院教育的认同危机及其后果——江西省一所独立设置的公办高职院为例》，博士学位论文，华东师范大学，2011 年。

彭华安：《析独立学院制度合法性危机》，《国家教育行政学院学报》2011 年第 10 期。

邬大光：《高等教育大众化理论的内涵与价值——与马丁·特罗教授的对话》，《高等教育研究》2003 年第 6 期。

冯用军：《后大众化阶段行业特色型和综合研究型高水平大学发展研究——基于"985 工程"序列大学的人才与科技贡献力的维度》，《教育界》2010 年第 2 期。

蒋文亮、卜雪梅：《高等教育后大众化时代创新人才培养的特点及规律研究》，《文教资料》2010 年第 6 期。

蒋毅坚：《我国高教面临"后大众化"挑战》，《社会科学报》2010 年 6 月 10 日第 5 版。

冯用军：《后大众化阶段社会阶层对高教入学机会的影响——以辈出率为中心》，《现代教育管理》2010 年第 9 期。

冒荣、宗晓华：《合作博弈与区域集群——后大众化时代我国高等教育发展机制初析》，《高等教育研究》2010 年第 4 期。

张文格：《后大众化阶段我国高等教育发展面临的危机及根源》，《现代教育管理》2011 年第 10 期。

温正胞：《"大众化"之后的高等教育质量保证：驱动力量与模式的转变》，《江苏高教》2010 年第 1 期。

王建华：《大学转型的解释框架》，《中国地质大学学报（社会科学版）》2011 年第 1 期。

马廷奇：《大学组织的变革与制度创新》，博士学位论文，华中科技大学，2004 年。

王玉丰：《常规突破与转型跃迁——新建本科院校转型发展的自组织

分析》，博士学位论文，华中科技大学，2008 年。

韩高军、郭建如:《划转院校组织转型研究——以湖北某高校为例》，《教育学术月刊》2011 年第 5 期。

韩高军:《创业型大学视角下的行业院校转型》，《中国高校科技》2013 年第 3 期。

钟秉林:《教师教育的发展与师范院校的转型》，《教育研究》2003 年第 6 期。

张斌贤:《论高等师范院校的转型》，《教育研究》2007 年第 5 期。

孙泽平、漆新贵:《新建本科院校如何实现应用转型》，《教育发展研究》2011 年第 21 期。

王洪才:《中国应如何发展应用技术大学?》，《高校教育管理》2014 年第 6 期。

胡天佑:《应用技术大学面临的理论与实践问题》，《高校教育管理》2014 年第 6 期。

陈斌:《建设应用技术大学的逻辑与困境》，《中国高教研究》2014 年第 8 期。

王坤、蒋国平:《基于创业型大学的高校组织转型障碍问题》，《现代教育管理》2010 年第 8 期。

任玉珊:《应用型工程大学的组织转型》，《高等工程教育研究》2010 年第 6 期。

孙阳:《"教育现代化"的可能诠释：知识社会学路径的话语研究》，《华东师范大学学报（教育科学版）》2014 年第 1 期。

许庆豫、俞冰、刘标:《江苏省与 OECD 高等教育现代化比较》，《教育与经济》2012 年第 3 期。

刘小强、王锋:《关于 60 年来我国专业制度的反思》，《高等工程教育研究》2010 年第 1 期。

卢乃桂、操太圣:《中国改革情境中的全球化：中国高等教育市场化现象透析》，《北京大学教育评论》2003 年第 1 期。

赵婷婷:《大学市场化趋势与大学精神的传承》，《高等教育研究》

2001年第5期。

杨东平：《关于高等教育的"中国模式"》，《江苏高教》2011年第1期。

曹珊：《全球化背景下美国高等教育人才培养与劳动力市场互动关系研究》，博士学位论文，南京师范大学，2014年。

苗素莲：《全球化时代西方高等教育组织变革理论述评》，《高教探索》2009年第3期。

黄容霞：《全球化时代的大学组织变革（1980—2000）——组织转型的制度根源》，博士学位论文，华中科技大学，2012年。

漆新贵、蔡宗模：《论高等教育全球化的张力》，《高等教育研究》2013年第1期。

周洪宇、鲍成中：《第三次工业革命与人才培养模式变革》，《教育研究》2013年第10期。

杜传忠、刘忠京：《我国高等教育结构与产业结构的适应性分析》，《理论学刊》2014年第9期。

张振助：《高等教育与区域互动发展研究——中国的实证分析及策略选择》，《教育发展研究》2003年第9期。

杜玉波：《适应经济社会发展需要，高等教育亟待转变发展方式》，《光明日报》2014年8月5日第13版。

刘晖：《转型期的地方大学治理》，博士学位论文，厦门大学，2007年。

史静寰、涂冬波、王纾等：《基于学习过程的本科教育学情调查报告2009》，《清华大学教育研究》2011年第4期。

赵琳、史静寰、王鹏等：《高等教育质量的院校类型及区域差异分析——兼论高等教育资源配置与质量格局》，《清华大学教育研究》2012年第10期。

贾永堂、杨红旻：《改革开放以来高等教育分权模式的问题与治理》，《高等教育研究》2015年第3期。

陈扬、许晓明、谭凌波：《组织制度理论中的"合法性"研究述评》，

《华东经济管理》2012 年第 10 期。

尚航标、田国双、李卫宁:《组织社会学新制度主义与管理研究》,《东北农业大学学报(社会科学版)》2011 年第 1 期。

赵孟营:《组织合法性:在组织理性与事实的社会组织之间》,《北京师范大学学报(社会科学版)》2005 年第 2 期。

杨移贻:《后大众化阶段高等教育的审视》,《深圳大学学报(人文社会科学版)》2009 年第 5 期。

王洪才、曾艳清:《后大众化与我国高等教育发展战略选择》,《华中师范大学学报》(人文社会科学版)2010 年第 3 期。

李立国:《中国高等教育大众化发展模式的转变》,《清华大学教育研究》2014 年第 2 期。

张应强、肖起清:《中国地方大学:发展、评价与问题》,《现代大学教育》2006 年第 6 期。

张应强:《从政府与大学的关系看地方本科高校转型发展》,《江苏高教》2014 年第 6 期。

3. 其他论文

和飞、胡海建:《高等教育后大众化阶段"崇术为上"办学思想研究》,载胡海建、李曙光《后大众化高等教育创新驱动研究》,光明日报出版社 2016 年版。

徐海涛:《中国地方性大学组织整合机制及其行为模式——基于 J 大学的案例研究》,《中国院校研究案例第三辑》,华中科技大学出版社 2011 年版。

外文文献

Stanley Hoffman, "Participation in Perspective", Stephen R. Graubard & Geno A. Ballotti, *The Embattled University*, E. George Braziller, 1970.

H. L. Hodgkinson and M. B. Bloy (Eds.), *Identity Crisis in Higher Education*, San Francisco: Jossey-Bass, 1971.

Harold Taylor, *Student without Teachers: The Crisis in the University*, New

York: McGraw Hill Book Company, 1969.

Akira Arimoto, "Cross-National Study on Academic Organizational Reforms in the Post-Massification Stage", *Research in Higher Education-Daigaku Ronshu*, 1996 (25).

Robert Zemsky, "Seminar on Post-Massification", *Academic Reforms in the World: Situation and Perspective in the Massification Stage of Higher Education*, Reports of the 1997 Six-Nation Higher Education Project Seminar, RIHE International Seminar Reports, 1997, No. 10, pp. 1 – 20.

Patricia J. Gumport, Maria Iannozzi, Susan Shaman, Robert Zemsky, "Trends in Higher Education from Massification to Post-Massification", *Academic Reforms in the World: Situation and Perspective in the Massification Stage of Higher Education*, Reports of the 1997 Six-Nation Higher Education Project Seminar, RIHE International Seminar Reports, 1997, No. 10, pp. 65 – 93.

M. C. Suchman, "Managing legitimacy: Strategic and Institutional Approaches", *Academy of Management Review*, 1995, 20, pp. 571 – 610.

R. Barnett, "Higher Education: Legitimation Crisis", *Studies in Higher Education*, 1985, 10 (3), pp. 241 – 255.

Chancellor Robert Birgeneau, "The Crisis of the Publics: An International Comparative Discussion on Higher Education Reforms and Possible Implications for U.S. Public Universities", C. Judson King, John Aubrey, Douglass Irwin Feller (eds), *CSHE ROPS*, the Center for Studies in Higher Education, University of California-Berkeley, 2007, p. 9.

Amy Thurlow, Jean Helms Mills, "Telling Tales Out of School: Sense Making and Narratives of Legitimacy in an Organizational Change Process", *Scandinavian Journal of Management*, 2015 (31), pp. 246—254.

V. L Meek and F. Wood, "Higher Education Governance and Management: Australia", *Higher Education Policy*, 1998, 11 (2 –3), pp. 165 – 181.

Jitendra V. Singh, David J. Tucker, Robert J. House, "Organizational Legitimacy and the Liability of Newness", *Administrative Science Quarterly*, 1986, (2), pp. 171 – 193.

Kwangho Jung, M. Jae Moon, "The Double-Edged Sword of Public-Resource Dependence: The Impact of Public Resources on Autonomy and Legitimacy in Korean Cultural Nonprofit Organizations", *The Policy Studies Journal*, Vol. 35, No. 2, 2007.

Ana Cruz-Suarez, Alerto Prado-Roman, Miguel Prado-Roman, Cognitive Legitimacy, Resource Access, and Organizational Outcomes, (http://rae. fgv. br/sites/rae. fgv. br/files/artigos/itive _ legitimacy _ resource _ access_and_organizational_outcomes. pdf) .

T J. Watson, "Rhetoric, Discourse and Argument in Organizatinal Sense Making: A Reflective Tale , *Organizational Studies*, 1995, 16 (5), pp. 805 – 821.

National Center for Education Statistics, *Digest of Education Statistics* 2015 (*NCES*2016 – 014), Washington D. C. : US Department of Education, 2009.

SHEEO, *State Higher Education Finance FY* 2007 (http: //www. sheeo. org/ pubs/ pubs_results. asp? issueID = 20)

John W. Meyer, W. Richard Scott, "Centralization and the Legitimacy Problems of Local Government", In *Organizational Environments: Ritral and Rationality*, edited by John W. Meyer and W. Richard Scott, Beverly Hills, CA, Sage, 1983, pp. 199 – 215, 201.

附 录

案例高校合法化策略调查情况

① 案例高校 1

修辞策略：举行省部共建新闻媒体集中见面会，召开省部共建暨建设"有特色、高水平、区域示范性大学"推进会，开展省部共建全校大讨论，成立省部共建研究中心，研究制定《省部共建实施细则》，筹备"省部共建高峰论坛"，在北京等地开省部共建校友会，前往其他大学和教育部省部共建工作研究中心等共建高校和机构调研交流等。在国内各级各类媒体 300 余次报道下，树立了学校良好的外部形象，显著提升了学校的知名度和和美誉度，也得到了教育部领导的充分肯定。

制度化策略：全面深化综合改革；在高水平的竞争仍体现在学科建设和科研创新方面的思路下，学校新制定的"十三五"规划中将学科建设提到至关重要的地位，制定了本校学科建设实施方案，分三层进行建设：现有一级博士点的准备冲击国家级重点学科的重点资助学科、省级重点学科、校内较有实力的特色学科或新兴学科，这三层有着不同的建设目标，12 年启动，16 年验收；依托优势学科构建国家、省、校三级特色专业与综合改革试点专业建设体系；在经费充足的情况下各项量化指标要体现出高精尖的前沿性，例如强调大学学术影响的高被引率等，以绩效贡献为衡量标准进行各项内部考核；在人才培养方面，按"学程分段、学业分流，强化实践、突出创新，以人为本、因材施教、分类培养"的人才培养理念确立培养模式，制定培养方案。所谓分类培养，即将全日制本科生分为师范生和非师范生两大类，根据专业性质与学生个性发展需要，对学生按照师资型、学术型、应用型三类创新性人才进行分类培养，前三年主要完成通识教育和宽口径学科基础教育及专业教育，在实践教学四年不断线的基础上，第四年集中安排实践性教学环节。该校本科培养方案具有以下特点：(1) 淡化专业界限，做到宽口径，厚基础；(2) 注重对学生创新精神和实践能力培养，强化创新实践环节，积极组织参加各种师范毕业生教学技能大赛，积极促进师资型人才教学技能、学术型人才创新实践能力和应用型人才专业实践能力的提升；(3) 个性化。方案设置特色课程模块，尊重学生个性，因材施教、分类培养，体现以人为本；(4) 创品牌。结合学校特色，设置教师教育模块，打造师范生特色品牌，打通师范与非师范专业的互通立交桥；(5) 交叉性。调整全校公选课的设置，增强不同学科之间的交叉融合；(6) 一体化。加强专业实习和教育实习，促进了实习就业一体化。积极引进博士等高层次拔尖创新人才。

文化建设策略：先后召开 12 次工作座谈会，组织全校中层以上领导干部集中封闭培训，以"省部共建后的思考"为题连续举办 3 期工作研讨会，发动大家站在省部共建大平台上，深入思考在新的历史起点上，如何实现学校事业的新发展，构建大学文化。

②**案例高校 2**

修辞策略：突出"高水平特色骨干高校"的定位，在 H 省主流媒体上发表相关文章，突出学校借助地方经济区建设等核心战略，适应国家转型发展和产业升级的内在要求，深度发掘和培育学校发展关键资源和关键能力，整合优质要素，实现大学研究、创新、传承、引领的特质等事迹，并被媒体评为 H 省公众最满意的十佳本科院校、H 省最具影响力的十大教育品牌、H 省考生心目中最理想的高校、H 省高等教育质量社会满意本科院校等。

制度化策略：调整专业结构，砍掉基础数学等一些扩招时匆忙上马、目前就业前景不好，且和学校的主要发展方向不一致的专业，发展空乘等和地方经济结合较为紧密的新专业；纺织学院在人才培养方面构建适应于大纺织理念的宽口径的"通才教育模式"，根据教育部高等学校纺织服装教学指导委员会对高校的学科专业建设、教材建设、实验室建设等方面的指导性意见和毕业生多样化的就业需求，进行课程体系建设：首先是以专业基础理论知识和基本技能的课程为主体，突出的是专业对学生的一致性要求；其次是选修课程、参加技能竞赛、参与教师的科研课题以及进行毕业设计等个性化培养的环节，突出的是专业对学生的个性化要求。重在培养学生的基础知识和通用性能力，例如发现和解决问题能力，增强不同岗位间的可迁移性；参加"卓越工程师教育培养计划"和工程教育专业认证（CEEAA），根据《华盛顿协议》规定的关于毕业生素质的认证要求和标准，从"知识维度""解决工程问题能力维度""通用能力维度""态度维度"等4个维度加强教学质量的规范管理。从2015—2016学年开始，核心课程由外校出题，教考分离，倒逼教师提高教学质量。建立和完善高层次科研奖励制度，积极引进博士等高层次拔尖创新人才。

文化建设策略：围绕着学校定位和发展目标，学校召开了一系列会议，统一认识，建设新的学校文化。

③**案例高校3**

修辞策略：重视对外宣传工作，除了编辑出版校史和年鉴外，还编辑出版专门的媒体新闻报道专辑，对更名、校庆等学校重大事件进行广泛的宣传。特别是近年来，围绕着教学研究型大学的定位，在中央电视台、《光明日报》、《人民日报》、《经济日报》、农业部网站等国内各大媒体上对本校现代生物育种协同创新中心及中心的领军人物、科研团队进行新闻报道。在宣传中心和领军人物的成就的同时，努力宣讲自身的定位，强调自身的农科特色，提出"有所不为有所为"，"不求我像谁，但求我是谁"，通过农业科技创新方面的成就，寻求与经济社会发展需求的契合，推动学校的重点学科建设，为升格为大学奠定基础。

制度化策略：不同院系差异化定位，分类发展，具体做法就是全校院系分为三类：农科院系作为本校优势学科，作为研究型院系来进行建设，在经费上要进一步加强对高、精、尖科研项目的投入，进行重点突破，发展交叉学科和新专业，要减少本科招生规模，增加研究生招生规模；对于工科院系，学校要将其作为技术应用型进行建设，加强其技术开发与市场转化，积极对外提供各种技术服务，在与企业的紧密合作中进行人才培养；对于经济管理等报考量大，招生形势好的院系，要作为技能型学科进行建设，加强其通用性技能的培养，适应就业市场的要求；对于马克思主义学院等承担着全校公共课任务的院系，要作为教学型院系进行建设。根据这些院系不同的定位与发展方向，完善学校人事制度方面的规定，例如将具有博士学位的人才引进权力下放到院系，激励各院系积极引进高层次人才，而将具有硕士学位的人才引进权力收归学校，严格把控人员编制。将农科等办学特色作为学校战略规划的重要组成部分，编入学校的发展规划，修订出台了20余项有关办学特色的制度条例，促进办学特色科学、持续发展。

文化建设策略：对于每次更名和转型，学校都进行由上至下的全校讨论，通过教代会、党代会来统一内部意见。提出"我作为学院，你作为大学，本质上都是育人，是平等的，你有985、211的辉煌，我有拿国家大奖的荣光"，来增强内部自信。

④案例高校4

修辞策略：由于学校建校历史仅40年，属于比较年轻的高校，又因为地处偏僻、经济社会发展都相对滞后的地区，为了扩大学校的影响，学校积极采取"走出去"和"请进来"的办法，一方面召开转型发展专题研讨会，邀请许多专家来共同探讨转型发展道路，诊断学校发展中存在的问题，另一方面派中层干部去浙江大学等高校培训。此外，该校还将建设高水平应用型本科高校的经验通过中央电视台、

《人民日报》、《光明日报》、《中国教育报》、H省日报、新华网、人民网等国家、省、市主流媒体进行宣传报道，并将这些报道编辑成书，为学校转型发展营造舆论氛围。

制度化策略：在探索学校转型发展的过程中，以《某校转型发展实施方案》为总览，制定《某校转型发展专业建设实施方案》、《某校转型发展产学研合作教育实施方案》、《某校转型发展教师队伍建设实施方案》、《某校转型发展实验室建设实施方案》等。并且要求各个学院对照学校的实施方案，制定自身的转型发展方案。根据学校"以工、商类学科专业为主，多学科专业协调发展"的转型发展思路，构建以"工学、经济、管理"为主的应用型专业格局。通过扩大招生，逐步提高特色优势专业集中度，并改造应用特色不突出的基础性人文社科类专业和理科类专业。全面推进模块化教学，为不同来源的学生制定"（4-X）+X"分类分层多样化的人才培养方案，即部分课程自主选修，实行3—7年弹性学制的学分制和主辅专业兼修制。根据不同专业的特点，实行分段培养、分类教学，鼓励支持部分专业实施"工学交替""项目化教学"等合作育人模式。建立"平台+模块"课程体系，该课程体系由通识教育平台、专业教育平台、素质能力拓展平台和实践教学平台四个平台构成。主张"适基础""实口径"，适当压缩理论课时，增加实践课时。理论教学学分设置原则上要求必修课与选修课比例为7∶3。实践教学学分设置原则上要求人文社科类专业实践教学学分占总学分百分比为25—30%、理工类专业实践教学学分占总学分百分比为30—35%，特殊专业可以根据专业特点适当提高。实践教学"四年不断线"，贯穿其他三个平台，构建以能力培养为本的课程体系，强化知识应用能力、实践动手能力、职业能力、创新与创业能力和学习能力的培养。"课程重塑"：要求课程根据学校定位、二级学院定位和学生的个性发展需求来明确课程目标、重塑课程结构，对照人才培养方案里的知识能力要求，将教材变成一个个知识点，建设在线课程。成立了由本校主办的具有独立法人性质的大学科技园，引导教师和学生创新创业。积极引进博士等高层次人才。

文化建设策略：学校经专家指导、学习考察、内部讨论、广泛宣传等一系列举措，努力增强教职工对转型发展的思想认识和行动自觉，要求学校转型发展目标和发展方案在教职工中形成共识，共同促使办学思路真正转到服务地方经济社会发展上来，转到产教融合、校企合作、协同创新上来，转到培养具有创新精神和实践能力的应用型人才上来。

⑤**案例高校5**

修辞策略：2016年在本校召开H省地方高校转型发展座谈会和现场推进会，省领导参加并进行讲话，认为该校已经成为H省新建本科院校和师范类院校向应用型转型的成功典型。省发改委、编办、财政厅、教育厅、工信厅、科技厅的领导，部分省辖市分管教育的副市长，还有全省30多家转型发展试点高校和新建本科院校参加会议。将转型经验总结成"某某模式"，在国内多家媒体上进行宣传，很多高校来本校考察和学习经验。学校宣传部门还推出《转型发展进行时》专题报道，聚焦学校及各单位在教育教学改革、创新引领、产学研合作、应用型人才培养、管理体制改革等各个方面的新思路、新做法。

制度化策略：把产教融合作为转型的切入点，进行了专业结构调整和教学改革。专业结构调整主要是五项措施。一是新建，只要是符合地方产业发展需求的专业，没有基础创造条件也要上，二是调整，逐步停招那些优势不突出、特色不明显的专业，三是改造，根据产业发展需要，凝练专业方向，突出专业特色，四是拓展，对传统专业进行延伸，培育相关的应用型专业，比如从原来的物理学专业逐步发展出了电气工程及自动化等专业，从经济学专业拓展出了市场营销、电子商务、工商管理、财务管理等专业；五是压缩，压缩艺术之类招生规模过大，不符合学校发展需求的专业。要求每个二级学院、每个专业都有比较稳定的行业企业合作伙伴，而且要求人才培养方案对接行业需求，课程内容对接职业标准，教学过程对接生产流程。尤其在课程方面对教学内容进行重新设计，压缩基础知识教学，积极与企业共建横向课程，增设以行业应用技术为背景的模块化课程。土木工程学院等院系开展"工地备课"，要求硕士或博士毕业后直接到校任教的缺乏实践经验的青年教师每学期至少到工地现场学习5次以上；改革学生考试方式，以赛代考。化工学院根据学生自身意愿，将其分流进入采用"3+1"技术应用型人才培养模式的工程实验班和"3+X"创新应用型人才培养模式的创新实验班，并根据相应模式对课程设置、教学内容、教学方法以及学生学习评价等方面进行了全面改革。电机电气专业，除了建立科技创新实验班、科技竞赛工作室和创客空间工作室外，还参照华盛顿协议修订培养方案，为进行工程教育认证做准备。成立了校地合作办，探索产教融合的长效机制；实施校地人才共建的"双百工程"，计划在5年内，学校分批派选100名教师到地方企事业单位挂职锻炼，从地方行业企业选聘100名专家到学校兼职；积极引进博士等高层次人才。

文化建设策略：为加强内部共识，该校每年暑假都要举办中层干部集中研讨班，围绕学校发展中迫切需要解决的问题进行研讨，统一认识。

⑥案例高校6

修辞策略：加强对外宣传报道，大力宣传学校提升转型发展的新思路、新举措、新成果、新经验、新典型，使各级领导、社会各界及时了解学校提升转型发展工作的进展，赢得更多理解和支持。2014—2016年，学校连续承办了3届教育部相关战略论坛，学校的整体综合实力、办学水平和社会影响力得到持续提升。并通过麦可思的社会评价中本校排名的显著提升，进一步提高社会认可度，很大改善了招生状况。

制度化策略：制定了《某某学院转型发展及应用技术大学建设实施方案》(2013)、《某某学院提升转型发展水平十个新突破工作方案》(2014)。各院系和相关职能部门都出台了《提升转型发展水平工作方案》。按照应用技术型高校建设标准，制定并组织实施"学科专业群建设行动计划""应用型课程与教材建设行动计划""双师型师资队伍及教研团队建设行动计划""实践教学及实践平台建设行动计划""服务地方行动计划",以"五个行动计划"支撑"建设方案"。

根据行动计划,建立行业和企事业单位专家参与的专业设置评议制度,建立、健全专业随产业发展动态调整及退出机制,根据产业结构调整和高成长性产业,进一步调整优化专业结构,在建好现有4个专业集群的基础上,再重点培育2—3个特色专业集群,形成了结构优化、特色鲜明、紧密对接地方产业链的应用型专业体系,改造传统师范类专业,例如将数学改造成应用数学,物理学改造为新能源科学与工程,到2015年所有师范类专业全部改造完成,应用型专业基本占到80%。按照高层次技术技能型人才的培养规格,修订与完善人才培养方案,推行项目化教学、案例式教学,推行多元化教学方法。建立行业企业专家参与课程和教材建设制度,制定应用型课程和教材标准,鼓励教师编写适合本专业、课程定位的校本教材,完善以就业为导向、以促进学生能力提升为目标的课程评价机制,重点抓好合格课程、优质课程和精品课程建设。加快校内现有实验实训室的整合、改造与提升,与企业、行业、科研机构共享共建教、学、做一体化的实验实训室,建立校企一体、产学研一体的工程技术中心、实验中心和实习实训基地,完善学生校内实验实训、企业实训实习和假期实习制度。全面开展创新创业教育,将创新创业融入人才培养顶层设计、课程体系、专业建设、课外实践活动、学生发展评价体系,并成立创新创业学院,设立大学生创新创业孵化基金,建设校内大学生创新创业园、科技产业园、"梦工场""网商园"等校内综合实训和创新创业平台,形成了以"众创空间"为引领,院系"微创空间"为主体的"1+N"创客空间集群。坚持引进与培养相结合、专职与兼职相结合,打造"双师双能型"教师队伍,实施"双聘人才引入计划""教师实践能力提升计划""创新创意教育种子师资培训计划"和"双师双聘双百工程""院企人才合作工程",要求年轻教师评副教授职称必须有一年以上的行业、企业岗位实践经历,为青年教师提供挂职锻炼等机会。

文化建设策略：2011年，学校专门搞了一个教育思想观念大讨论，采取"请进来、走出去"的办法，邀请了教育部高教司的领导、行业老总和专家，以及国内应用型本科做得比较好的高校领导来校做辅导，现实说法。暑假派出大量一线干部、教师深入行业企业进行调研，进一步转变教育思想观念。建立专门网站，另外也申请立项一批省、校级教育教学研究项目开展研究与实践，提高干部与教师推进应用型大学建设的自信心与自觉性。

⑦**案例高校 7**

修辞策略：注重对外宣传工作，一方面通过《国内动态清样》《求是》和《光明日报》等多家媒体宣传本校毕业生就业工作，另一方面组织新闻媒体座谈会，邀请《中国教育报》《光明日报》《中国科学报》以及展望杂志社、中国新闻网、今日头条等国内知名媒体和本省主流媒体、电视台和广播电台等新闻媒体代表，宣传本校抓住教育综合改革和国家大力发展应用技术型大学的难得机遇，建设"特色鲜明、优势突出、符合行业和区域经济社会发展需要、在全国有一定知名度的示范性应用技术型大学"的总体目标，以及在人才培养、科学研究、社会服务等方面的情况。由于该校应用型特色突出，在长期办学过程中总结出的"2+1"产学合作人才培养模式被教育部作为典型在全国推广。该校多次邀请各级领导和媒体参观协同创新创业中心，宣传校企合作经验。学校每年邀请知名企业家、生涯教育专家、优秀校友，举办"零距离对话企业高管"就业论坛活动，还为校友企业组织招聘专区。

制度化策略：在专业建设方面，合理规划该校专业布局与结构，积极实施专业结构调整，将该校具有传统优势的机械工程、电气工程学科建设成为处于省属应用技术类高校领先地位的学科，将该校具有特色的电线电缆专业打造成国内有影响力的专业，主动服务 H 省 5 大国家战略经济发展需求。该校 2016 年升本时首批设置 5 个本科专业，2017 年又获批 7 个本科专业，所开设的本科专业已达 12 个，实现了该校以工学为主，经济学、管理学等多学科协调发展的学科专业体系。电缆工程是该校获准设立的第一个目录外本科专业。在本科教育要求下规范教学，建立并完善以教学为中心的各项制度，严抓教学质量。如在评优制度中学校优先考虑教学效果优秀的一线教师，出台《某某学院教师教学质量优秀奖奖励办法（试行）》，修订《某某学院教学督导工作条例》《某某学院听、评课制度》《教学检查制度》等各项教学管理规章制度。完善教学管理运行机制，管理服务教学。在原有的教学质量监控与保障体系运行与实践的基础上，建立并完善了"3364"教学质量保证体系。2017年又被命名为该校的"课堂教学质量提升年"，并制定了相关实施方案。着力构建"全过程、多平台、多形式"的实践教学体系，与华为、富士康等国内知名企业展开订单培养等形式的合作，进一步开展师资互聘、共建培训平台等深层次的合作，并主动融入国家自主创新示范区建设。进一步加强"双师型"教师队伍建设；积极引进博士等高层次人才。

文化建设策略：多次开展教育思想大讨论，谋划学校未来发展，调动广大师生参与学校建设的积极性，要求各部门、各单位、全体教职员工树立大局意识，站在学校发展战略的高度去思考和谋划。

后　　记

　　本书是在我的博士学位论文的基础上编写的，也是本人主持的全国教育科学"十三五"规划项目2016年教育部重点课题"后大众化时代地方高校的危机与转型"（DIA160349）的研究成果。早在攻读博士学位之前就听说过所谓"博士学位论文写作是人生六苦之一"的说法，这是句玩笑话，也是句大实话。但这苦，不是我们自找的么？不是我们心甘情愿的么？尤其是对于我这样的年已不惑又重新做起学生的女士来说，苦是一方面，更重要的是能够在这学术的象牙塔中重新体味学习的快乐，在即将面临高考的孩子面前以身作则地讲述学习的真谛，有多幸运啊！这是我人生中最为宝贵的经历，在即将结束这段美好时光之际，回想过往的一切，无比感恩曾给予我学习与奋斗动力的师长与朋友们！

　　首先要感谢的是我的母亲，她是一个普通工人，也许并不明白学术是什么，但我永远记得，早在我要辞去工作报考硕士研究生时她就说过："有我一口糊涂粥喝，就有你一口饭吃"。报考时我刚成家，等到考上硕士研究生时有了孩子，孩子没出满月我就开始马不停蹄去上课，折腾三年，换了工作，改变了命运，这些都离不开她对我的爱与支持。而今她去世已十余年了，一直想为她写点什么，今天终于夙愿得偿。虽然这部作品还有很多不足，但是我尽力了，希望今后仍有机会继续完善它。

　　感谢我的导师贾永堂教授，他以渊博的学识，开阔的视野，温厚宽容的胸怀，循循善诱的指导，为我树立了学术道路上的榜样。难忘每一次师门聚会时的研讨，无论是在教室里，还是在登山途中，出差的火车上，亦或饭桌前，老师为我们讲解时总是忘记了时间和地点的局限，只为了能让学术的火花点亮我们心灵的夜空，让我们每一个人都能开悟。对我而言，最难忘的是论文修改阶段，大到研究视角、论文结构，小到英文的表达和标点的运用，老师都认真地审阅了一遍又一遍，每一次提出的建议都令我受益匪浅。在老师的教诲下，我对自己的缺点有了清醒的认知，也明白了今后努力的方向。可以说，我的每一个小小的进步，都凝结着老师付出的心血。四年的时光虽一晃而过，但这辈子还很长，老师就如同灯塔一样，为我破解眼前的迷雾，激励我继续前进。我一直在想，如果今后我也带了研究生，自己能否像贾老师一样，那么耐心地对待每一个学生？让每一个学生，即使顽劣如我，也能找到自己成长的空间！我会以贾老师为榜样，无论科研还是教学，都兢兢业业，无愧于高校教师这一身份，让自己名实相符。

感谢华科教科院所有老师们，是你们为我这四年提升了价值，让我没有白白度过，让我在踏出校门之时能够骄傲地讲起我的母校，讲起教科院令人神往的学术氛围和激情澎湃的学习时光。感谢张应强教授、陈廷柱教授、刘献君教授、沈红教授、李太平教授，在各位老师的课堂上我也许不够聪慧机敏，也不够刻苦用功，但作为一个普通学生，从各位老师的教导中我除了学习到了真正的知识，还学习到了严谨的治学态度，令我受益终生。感谢曾伟老师、骆四铭老师、柯佑祥老师、郭卉老师、李函颖老师、朱新卓老师、雷洪德老师，感谢各位曾经对我的论文和汇报提出过批评和建议的老师，是你们的宝贵意见让我不断进步。感谢刘雅老师、夏薇老师对我们学习生活的关心和帮助。

还要感谢我在硕士阶段时的导师严全治教授，从学习到工作，他都给了我很多指导和帮助。包括在我的博士论文写作阶段，在他的引荐下我才能顺利地对地方高校进行了调查和访谈。感谢在我的调查中曾给予我帮助的诸位领导和老师，是你们在忙碌的工作中仍抽出时间接受我这么一个普通学生的访谈，对我畅所欲言并提出一些宝贵建议。

感谢河南科技学院诸位领导和同事对我的支持，感谢牛书成书记、王清连校长，虽然在我毕业时你们已经去了其他高校任职或退休，但是在我就读博士阶段曾无私地帮助了我，让我能顺利评上副高职称。感谢宋飞琼处长、申家龙所长、李建芹院长和孟景舟书记等教育科学学院历任领导对我的关心和帮助。

感谢我的诸位同门，感谢崔波博士、刘旭明博士、杨林玉博士、肖岚博士、黄厚南博士、肖家杰博士、李存岭博士、孔维申博士、陈琳博士、罗华陶博士、熊进博士、刘磊博士、张瑜珊博士、商守卫博士，硕士生毛献凯、韩亚莉、方珊珊、刘红、官青、李倩、靖成、叶博隆、曹丹丹、张珊、蔡琳、石艺、陈立群、余晴、蔡亮等，想说有缘同入一个师门，真好！

感谢华科教科院 2013 级博士班的全体同学，尤其是高等教育学专业博士班的小集体，想说在一起学习和共同奋斗过，真好！

最后，我还要感谢我那 80 多岁的年迈父亲和我的两位兄长，感谢我的先生辛学东和女儿，是你们给了我很多理解和支持，让我这么一个老学生能够心无旁骛地完成学业。不能不说的是，我的先生对我影响至深：最初考学的主意是他帮我定的，毕竟人到中年需要考虑的因素太多，让我难下决心；开学第一天，我的先生和女儿替我扛着行李，替我办理了各种手续，我竟然成了最享清福的人。多年来风雨同舟，相互扶持，可以说没有他就没有今天的我。

路漫漫其修远兮，吾将上下而求索。攻读博士学位只是人生道路上的一个阶段，以后还有很长的路要走，也许还有新的方向要去尝试，还有新的挑战要去面对。希望将来到我人生的终点时，我能毫不惭愧地说我这一辈子很努力，也很幸运，曾有过一些艰难坎坷，也有过一些病痛折磨，但是都没能挡住我的步伐，世界这么大，风景这么美，我已经都看过了！

杨红旻

初完成于 2017 年 6 月

再修订于 2019 年 9 月